Wieland · Das war der Volksgerichtshof

Das war der Volksgerichtshof

Ermittlungen
Fakten
Dokumente

Günther Wieland

Centaurus-Verlagsgesellschaft
Pfaffenweiler 1989

CIP-Titelaufnahme der Deutschen Bibliothek
Wieland, Günther:
Das war der Volksgerichtshof: Ermittlungen – Fakten –
Dokumente/Günther Wieland. – Pfaffenweiler:
Centaurus-Verl.-Ges., 1989
ISBN 3-89085-365-X

Ausgabe der Centaurus-Verlagsgesellschaft mbH.
Pfaffenweiler 1989

Printed in the German Democratic Republic
Gesamtherstellung: Staatsdruckerei der DDR, Berlin

Inhalt

III.
Das Nachkriegsschicksal der Mörder in der Robe

Anhang

Vorwort

Wenig mehr als ein Jahrzehnt bestand der sogenannte Volksgerichtshof, der die oberste Instanz der politischen Justiz in Nazideutschland war. Trotz dieser knappen Spanne Zeit ging er in die Geschichte als das schändlichste Bluttribunal ein, das wir kennen. Seine Akten zu lesen bereitet auch im Abstand von einem halben Jahrhundert Qualen. Die Dokumente belegen, daß Hitlers besessenste Richter und Staatsanwälte von Menschenverachtung und Haß auf alle Andersdenkenden bestimmt wurden.

Die Veröffentlichung stützt sich weitgehend auf Unterlagen, die aus der Feder solcher „NS-Rechtswahrer" – wie sie sich selbst nannten – stammen. Im Interesse der Authentizität wurden diese Dokumente – trotz der darin enthaltenen Diffamierung der Opfer der Nazijustiz – im vollen Wortlaut übernommen. Gerade jenen Lesern, die die Nazidiktatur nicht selbst erlebt haben, dürfte es hilfreich sein, an Hand dieser Quellen nachzuvollziehen, wie der deutsche Faschismus alle Menschenrechte und jegliche Menschenwürde fortgesetzt mit Füßen trat. Ohnehin war es nur in Einzelfällen möglich, aus der großen Zahl der Menschen, die einst vor den Schranken dieses Tribunals standen, oder aus dem Kreis jener, die als Angehörige der Angeklagten an Verhandlungen teilnehmen durften, Überlebende zu ermitteln und zu befragen. Ihnen danke ich für die gewährte Unterstützung ebenso wie den Mitarbeitern in den Archiven der DDR und jenen Persönlichkeiten im In- und Ausland, die diese Arbeit mit Rat und Tat gefördert haben.

Berlin, am 4. Dezember 1988 Günther Wieland

Abkürzungen

AZ
Aktenzeichen

DJ
„Deutsche Justiz“

DNB
Deutsches Nachrichtenbüro

DR
„Deutsches Recht“

IML, ZPA
Institut für Marxismus-Leninismus beim Zentralkomitee der SED, Zentrales Parteiarchiv

JW
„Juristische Wochenschrift“

NJ
„Neue Justiz“

RGBl.
Reichsgesetzblatt

StuR
„Staat und Recht“

VGH
Volksgerichtshof

VjfZ
„Vierteljahreshefte für Zeitgeschichte“

VOBl.
Verordnungsblatt

ZAkDR
„Zeitschrift der Akademie für Deutsches Recht“

ZStA
Zentrales Staatsarchiv

I.
Die Geschichte des Tribunals

Auftakt im Preußenhaus

Am Sonnabend, dem 14. Juli 1934, versammelte sich morgens gegen 10.00 Uhr im Preußenhaus in der Berliner Prinz-Albrecht-Straße 5 eine sorgsam ausgewählte Gesellschaft der Naziprominenz.

Einst Abgeordnetenhaus des inzwischen aufgelösten Preußischen Landtages, diente das Gebäude nun dazu, Stätte des mit aufwendigem Prunk und landesweiter Publizität betriebenen ersten Auftritts des neugeschaffenen Volksgerichtshofs[1] zu sein. Ursprünglich hatte der Festakt, wie im Reichsgesetzblatt nachzulesen war, bereits zwölf Tage früher stattfinden sollen. Die illustre Versammlung mußte jedoch verschoben werden, was man nicht vergaß, in gleicher Weise publik zu machen.[2] Denn Ende Juni/Anfang Juli 1934 dirigierten die Naziführer gerade das Gemetzel anläßlich des sogenannten Röhmputsches.[3] Zum Feiern blieb da keine Zeit. Erst nach Abschluß der Mordaktion fand man Gelegenheit, das neue oberste Ausnahmetribunal ins Amt einzuführen.

Inmitten zahlreicher anderer Gäste erschienen dazu der Reichsführer SS Heinrich Himmler, der seit 1932 amtierende konservative Reichsjustizminister Franz Gürtner, Reichsverkehrsminister Paul Eltz von Rübenach, Reichsjustizkommissar Hans Frank, der zwölf Jahre später als Hauptkriegsverbrecher in Nürnberg hingerichtet wurde, die Staatssekretäre Gottfried Feder, Erhard Milch und Roland Freisler. Aus Leipzig, dem Amtssitz des Reichsgerichts, reisten dessen Präsident Erwin Bumke und Oberreichsanwalt Karl Werner an, der 1933 die Anklagevertretung im Reichstagsbrandprozeß geleitet hatte. SA, SS, die Nazipartei, die Wehrmacht und die Justizverwaltung waren gleichfalls mit zahlreichen Repräsentanten vertreten. Schließlich waren die zweiunddreißig Mitglieder des neuen Tribunals anwesend, um öffentlich

1 Obwohl die Bezeichnung „Volksgerichtshof" zutiefst demagogisch war – es handelte sich um einen weder mit dem Volk noch dem Recht verbundenen Gerichtshof –, wird der Begriff im folgenden ohne Anführungszeichen gebraucht.

2 Vgl. RGBl. I 1934 S. 492 und S. 617.

3 Daß SA-Stabschef Ernst Röhm einen Putsch plante, ist nie bewiesen worden. Wohl schwebte ihm vor, SA und Reichswehr unter seiner Führung zu vereinigen. Röhm stützte sich auf unzufriedene Anhänger, die die Realisierung antikapitalistischer NSDAP-Losungen forderten. Auf Befehl Hitlers, der so die Widersacher beseitigte und zugleich die Spitzen der Reichswehr vollends für sich gewann, wurde Röhm mit einer Reihe anderer SA-Führer, darunter Georg Strasser, der bis Dezember 1932 als zweiter Spitzenrepräsentant der Nazipartei gegolten hatte, ermordet. Die Zahl der Opfer des Blutbades vom 30. Juni bis 2. Juli 1934 liegt bei etwa 1 000. Zu ihnen gehörten auch mißliebige bürgerliche Politiker und Militärs, die in keinerlei Beziehung zur SA standen: so der Leiter der Katholischen Aktion Erich Klausener, der frühere bayerische Ministerpräsident Gustav Ritter von Kahr sowie Hitlers Vorgänger als Reichskanzler, General Kurt von Schleicher, mitsamt seiner Ehefrau und einer Hausangestellten, die die Mörder wohl überrascht hatte und das mit dem Leben bezahlte.

ihren Diensteid zu leisten. Bei zwölf von ihnen handelte es sich um hauptamtliche Richter, die ebenso wie die zwanzig nebenamtlichen Beisitzer von Hitler auf Vorschlag des Justizministers ernannt worden waren.

Als vorläufigen Präsidenten der neuen Institution führte Gürtner den dienstältesten der drei Senatsvorsitzenden, Dr. Fritz Rehn, in sein Amt ein. Für diesen stellte es trotz der statusrechtlichen Einschränkung, nur kommissarisch berufen worden zu sein, einen enormen Aufstieg in der Hierarchie der Nazijustiz dar, den Präsidentenstuhl des obersten Ausnahmegerichts in Nazideutschland erklommen zu haben. Der Name des zuvor als Landgerichtsdirektor amtierenden Rehn war bis dahin – jedenfalls außerhalb der Hauptstadt – nahezu unbekannt geblieben. Dabei verfügte dieser durchaus über einschlägige Erfahrungen für seine neue Funktion: Er hatte das ein Jahr zuvor geschaffene Sondergericht[4] Berlin geleitet.

Rehn zur Seite standen nun die aus München und Düsseldorf an die Spree übergewechselten Senatsvorsitzenden Wilhelm Bruner[5] und Eduard Springmann sowie neun weitere Berufsrichter. Von den zwanzig „ehrenamtlichen" Beisitzern schickte allein das Reichswehrministerium vier, zu denen sich noch fünf hohe Militärs gesellten. Die restlichen elf repräsentierten als Staatsräte, Gruppen- und Obergruppenführer sowie Vertreter von Gauleitungen die verschiedensten braunen Organisationen.

War der Volksgerichtshof vom ersten Tag an organisatorisch vom Reichsgericht getrennt, traf das auf die ihm zugeordnete Anklagevertretung in den ersten Jahren nicht zu: Diese war vielmehr eine in Berlin etablierte Außenstelle der in Leipzig ansässigen Reichsanwaltschaft[6]. Leiter der Berliner Filiale war jener Reichsanwalt Paul Jorns („eine der Skandalfiguren der Justiz jener Zeit"[7]), der schon in der Weimarer Republik Landesverratsdelikte bearbeitet

4 Zu den ersten gesetzgeberischen Maßnahmen der Regierung Hitler gehörte die Bildung von Ausnahmegerichten: Die dort Angeklagten standen nicht vor den vom Gerichtsverfassungsgesetz bestimmten örtlich und sachlich zuständigen Richtern, sondern wurden besonders ausgewählten NS-„Rechtswahrern" überantwortet. Die ersten Ausnahmegerichte des Nazistaates waren die mit Verordnung vom 21. März 1933 (RGBl. I 1933 S. 136) gebildeten Sondergerichte, von denen zunächst in jedem Oberlandesgerichtsbezirk je eines existierte. Zu den ursprünglich 26 Sondergerichten kamen ab 1935 weitere hinzu. Nach der Entfesselung des zweiten Weltkrieges am 1. September 1939 und der damit einhergehenden Verschärfung des gesamten Strafrechts stiegen sowohl die Anzahl als auch die Kompetenzen der Sondergerichte sprunghaft. So stammten 1943 in Hamburg 73 Prozent aller Strafurteile von diesen Tribunalen. Neben den Sondergerichten gab es in der Nazizeit weitere Ausnahmegerichte: SS- und Polizeigerichte, Volkssturmgerichte, Standgerichte – und nicht zuletzt den Volksgerichtshof.

5 Nach Rehns Tod (18. September 1934) amtierte Bruner als geschäftsführender Präsident, bis er 1936 zum Reichsgericht in Leipzig überwechselte.

6 Die von Oberreichsanwalt Karl Werner geleitete Reichsanwaltschaft war die beim Reichsgericht in Leipzig bestehende Anklagebehörde.

7 I. Müller, Furchtbare Juristen. Die unbewältigte Vergangenheit unserer Justiz, München 1987, S. 147.

hatte. Zur Reichsanwaltschaft war Jorns berufen worden, nachdem er 1919 als Untersuchungsführer des Garde-Kavallerie-Schützen-Corps die Mörder Karl Liebknechts und Rosa Luxemburgs begünstigt hatte. Ihm assistierten nun die Oberstaatsanwälte Wilhelm Eichler und jener Felix Parrisius, der 1933 gemeinsam mit Oberreichsanwalt Werner die Anklage im Reichstagsbrandprozeß vertreten und sich dabei den Machthabern als besonders anstelliger Eiferer und Zuträger erwiesen hatte.[8]

Bereits die personelle Besetzung ließ erkennen, wie die Spruchpraxis des neuen Tribunals angelegt sein würde: „Vom Volksgerichtshof wird Blut, Blut und nochmals Blut zu erwarten sein“[9], sagte Arthur Wolff in Paris voraus. Gleichfalls dort kommentierte der langjährige Vorsitzende der Deutschen Friedensgesellschaft, Hellmuth von Gerlach: „Die nationalsozialistische Justiz hat ihr Antijustizgebäude mit der Einrichtung des Volksgerichtshofs gekrönt.“[10]

Schon vor der Gründung des Volksgerichtshofs hatten führende Zeitungen in zahlreichen Ländern („The Times“, London; „Svenska Dagbladet“, Stockholm; „El Sol“, Madrid; „Chicago Tribune“ u. a.[11]) mit ähnlichen Kommentaren gegen die vorgesehene Errichtung eines solchen Tribunals protestiert, so daß Justizminister Gürtner nicht umhin kam, darauf einzugehen. Nach seinen Worten entstammten die empörten Stellungnahmen der Weltöffentlichkeit „entweder einer bedauernswerten Unkenntnis der für den Volksgerichtshof geltenden Verfahrensbestimmungen und einem Mangel an Verständnis für deutsches Rechtsempfinden oder aber der böswilligen Absicht, jede Regung des neuen Deutschland in ihr Gegenteil zu verdrehen“. Von den Eidesleistenden gab Gürtner vor zu wissen, „daß Sie alle von dem heiligen Ernst dieses hohen Amtes durchdrungen sind“. Mit gleichem Pathos rief er ihnen schließlich zu: „Walten Sie Ihres Amtes als unabhängige Richter, verpflichtet allein dem Gesetz, verantwortlich vor Gott und Ihrem Gewissen.“[12]

Dies war die Geburtsstunde jenes Tribunals, das mit dem Blut jedes Dritten – ab 1942 sogar jedes zweiten – seiner Angeklagten das schwärzeste Kapitel in der Geschichte der bürgerlichen deutschen Justiz schrieb.

8 Vgl. Der Reichstagsbrand, Bd. 2, München 1978, S. 151 ff.
9 Die Neue Weltbühne vom 28. 6. 1934, S. 823 f.
10 Die Neue Weltbühne vom 24. 5. 1934, S. 641 f.
11 Vgl. dazu I. Rösler/G. Wieland, „Vor 50 Jahren: Bildung des faschistischen Volksgerichtshofs“, StuR, 1984/7, S. 589 ff.
12 DNB, Nr. 209 vom 14. 7. 1934, S. 12 ff.

Reichstagsbrand und Volksgerichtshof

Westliche Historiker und Juristen stellten oft das Entstehen des Volksgerichtshofs so dar, als sei es vor allem oder gar ausschließlich auf den Ausgang des Reichstagsbrandprozesses zurückzuführen, der seit dem 21. September 1933 vor dem damals für die Aburteilung von Hochverratsdelikten zuständigen 4. Strafsenat des Reichsgerichts in Leipzig angestrengt wurde. Dabei beriefen sich diese Autoren[1] auf die geringe zeitliche Distanz zwischen dem Leipziger Prozeß und jenen Debatten der Naziführer, die letztlich zu dem neuen Tribunal geführt hatten. Vor allem verwiesen sie auch auf die wütenden Kommentare, mit denen die Nazipresse das Urteil vom 23. Dezember 1933 attackiert hatte.

Bekanntlich verurteilte damals das Leipziger Richtergremium zwar den im brennenden Reichstag festgenommenen holländischen Anarchisten Marinus van der Lubbe, dessen Zurechnungs- und Verhandlungsfähigkeit immer wieder angezweifelt worden ist[2], unter eklatantem Bruch des fundamentalen Rechtssatzes „nullum crimen, nulla poena sine lege" (kein Verbrechen, keine Strafe ohne Gesetz)[3] zum Tode, sprach jedoch die vier angeklagten Kommunisten frei. Diese – die bulgarischen Genossen Georgi Dimitroff, Blagoi Popoff und Wassil Taneff sowie der KPD-Reichstagsabgeordnete Ernst Torgler – kamen aber nicht frei, sondern wurden als „Schutzhäftlinge" in das Berliner Gestapogefängnis Prinz-Albrecht-Straße 8 überführt.[4]

Das NSDAP-Zentralblatt „Völkischer Beobachter" apostrophierte den Richterspruch sofort als ein Fehlurteil, „das die Notwendigkeit einer grundlegenden Reform unseres Rechtslebens, das sich vielfach noch in den Gleisen überwundenen volksfremden liberalistischen Denkens bewegt, erweist"[5].

Daß diese Forderung keineswegs ein erst nach dem Reichstagsbrandprozeß erhobenes Nazipostulat war, räumen zunehmend auch jüngste Veröffentlichungen in der BRD und in Berlin (West) ein, die sich von der Behaup-

1 So vor allem W. Wagner, Der Volksgerichtshof im nationalsozialistischen Staat, Stuttgart 1974, S. 17.

2 Diese Zweifel sind auch durch das in der Monatsschrift für Psychiatrie und Neurologie, 1934/4, S. 185ff., veröffentlichte Gutachten von Prof. Karl Bonhoeffer und Dozent Jürgen Zutt nicht ausgeräumt worden.

3 Dieser Rechtssatz fand erstmalig in Artikel 8 der Pariser Erklärung der Rechte der Menschen und Bürger von 1789 seinen Niederschlag. Er wurde seitdem in vielen Verfassungen verankert, in der Verfassung der DDR in Artikel 99 Absatz 2. Das Delikt der Brandstiftung war zur Tatzeit in Deutschland nicht mit der Todesstrafe bedroht. Erst durch § 5 des Gesetzes über die Verhängung und den Vollzug der Todesstrafe vom 29. März 1933 (RGBl. I 1933 S. 151) wurde die Todesstrafe rückwirkend für anwendbar erklärt.

4 Nachdem die UdSSR den drei Bulgaren die sowjetische Staatsbürgerschaft verliehen hatte, ließen die Nazis sie am 27. Februar 1934 zur Ausreise in die Sowjetunion frei.

5 Völkischer Beobachter vom 24. 12. 1934.

tung distanzieren, der Volksgerichtshof sei vorrangig ein Resultat der Leipziger Freisprüche gewesen.[6]

In der Tat hat das Verlangen, eine eigenständige höchstrichterliche Instanz zu schaffen und ihr terroristische Befugnisse zum Unterdrücken und Verfolgen aller politischen Gegner zu verleihen, die Nazibewegung von Anfang an begleitet. Die Errichtung eines Nationalgerichtshofs, wie es ursprünglich hieß, war eine Uraltforderung der NSDAP. Schon in Artikel 19 ihres ersten Parteiprogramms vom 24. Februar 1920 hieß es: „Wir fordern Ersatz für das der materialistischen Weltordnung dienende römische Recht durch ein deutsches Gemeinrecht." Waren die Vorstellungen, was darunter zu verstehen sei, zunächst noch recht verschwommen formuliert, so zeigte der Naziputsch in München vom 9. November 1923 schon recht deutlich, welche Funktion der Strafjustiz zugedacht war. Obwohl der ganze Spuk in der bayerischen Hauptstadt nur Stunden währte, reichte diese Zeit aus, um einen Erlaß über die Bildung eines „Nationaltribunals als Oberster Gerichtshof" zu Papier zu bringen. Wie dort judiziert werden sollte, hatten die Verfasser – zu denen übrigens jener Wilhelm Frick gehörte, der ein Jahrzehnt später zu den Geburtshelfern des Volksgerichtshofs und 1945/1946 zu den Angeklagten im Nürnberger Hauptkriegsverbrecherprozeß zählte – genau beschrieben: „Die Rechtsprechung dieses Gerichts erstreckt sich auf schuldig oder nicht schuldig. Nicht schuldig gibt Freisprechung, schuldig den Tod. Die Urteile werden binnen drei Stunden nach ihrer Aussprechung vollzogen. Revision findet nicht statt."[7] Wie das im ganzen Lande praktiziert werden sollte, belegen die Dokumente, die bei dem am Putsch beteiligten bayerischen Oberstlandesgerichtsrat Theodor von der Pfordten gefunden wurden. Nach der von ihm entworfenen Verfassung sollte für das gesamte Reichsgebiet der Belagerungszustand ausgerufen werden. Die aus der gleichen Feder stammende Standgerichtsordnung sah die sofortige Errichtung von Tribunalen vor, die unter Leitung eines Offiziers oder „einer zum Richteramt befähigten Person" tagen sollten. Der Ankläger sollte das Urteil vollstrecken. Rechtsmittel waren nicht vorgesehen.[8]

Als Hitler während der nach dem Münchener Putsch verbüßten Festungshaft das Buch „Mein Kampf" schrieb, griff er auf diese Entwürfe zurück und forderte, „daß einst ein deutscher Nationalgerichtshof etliche Zehntausende der organisierenden und damit verantwortlichen Verbrecher des Novemberverrats (gemeint war die Revolution von 1918 – d. Verf.) und alles dessen,

6 So H. Hillermeier, Im Namen des Deutschen Volkes. Todesurteile des Volksgerichtshofes, Darmstadt/Neuwied 1980, S. 30, und B. Jahntz/V. Kähne, Der Volksgerichtshof. Darstellung der Ermittlungen der Staatsanwaltschaft bei dem Landgericht Berlin gegen ehemalige Richter und Staatsanwälte am Volksgerichtshof, Berlin (West) 1987, S. 1.

7 Zitiert nach: H. H. Hofmann, Der Hitlerputsch. Krisenjahre deutscher Geschichte 1920–1924, München 1961, S. 186.

8 Vgl. a. a. O., S. 293f.

was dazugehört, abzuurteilen und hinzurichten hat"[9]. Aus diesem Ziel machte die Nazipartei nie ein Hehl. Selbst vor dem Reichsgericht erklärte Hitler, als man ihn im September 1930 als Zeugen hörte: „Wenn wir siegen, werden bestimmt die Köpfe der anderen rollen."[10]

Von Augenzeugen ist überliefert, wie Hitler am Abend des 27. Februar 1933 im brennenden Reichstag geifernd zur schließlich zwölf Jahre währenden deutschen Bartholomäusnacht aufrief. So berichtete der erste Gestapochef, der Reichskanzler habe geschrien: „Es gibt jetzt kein Erbarmen mehr ... Jeder kommunistische Funktionär wird erschossen, wo er angetroffen wird. Die kommunistischen Abgeordneten müssen noch in dieser Nacht aufgehängt werden."[11] In der Tat setzten in diesen Stunden die Massenverhaftungen der Angehörigen der revolutionären Vorhut der deutschen Arbeiterklasse, aber auch weiterer Antifaschisten ein, denen in den nächsten beiden Monaten etwa 50 000 Menschen zum Opfer fielen. Die Machthaber erwogen, wegen des Reichstagsbrandes an Stelle der „langfristigen Prozeßvorbereitung der Politischen Polizei ... ein summarisches Standgerichtsverfahren"[12] zu betreiben.

Robert M. W. Kempner, der ehemalige stellvertretende Hauptankläger der USA in Nürnberg, bestätigte: „Hitler, sein Staatssekretär Lammers und das Reichsjustizministerium rätselten unmittelbar nach der Brandstiftung, wie man den angeblichen Reichstagsbrandtätern am wirksamsten einen großen Prozeß machen könnte. Das Kabinett beauftragte das Reichsjustizministerium, drei Strafrechtler zu Rate zu ziehen. Sondergericht? Anwendung der soeben eingeführten Todesstrafe, ex post facto? (rückwirkend – d. Verf.) Schnellgericht? Schon nach vier Tagen erhielt Staatssekretär Franz Schlegelberger ein sechsseitiges gemeinsames Gutachten der Professoren Oetker, Nagler und von Weber."[13] Kempner beantwortete zugleich, warum die Nazis 1933 schließlich doch einem Prozeß vor dem Reichsgericht den Vorzug gaben: Ein Sondergericht hätte die Öffentlichkeit eher beunruhigt. Dagegen sollten mit einem Urteil der konservativen Reichsgerichtsräte (der 4. Senat unter dem ehemaligen sächsischen Justizminister Wilhelm Bünger galt als deutschnational) die revolutionären Vertreter der Arbeiterklasse als „mordbrennerischer Auswurf der Menschheit"[14] diskriminiert, und zugleich sollte das Naziregime im In- und Ausland aufgewertet werden. Dieses Vorhaben scheiterte am Mut, an der Standhaftigkeit und Überlegenheit des bulgari-

9 A. Hitler, Mein Kampf, München 1941, S. 410.
10 Leipziger Neueste Nachrichten vom 26. 9. 1930.
11 Zitiert nach: R. Diels, Lucifer ante portas, Stuttgart 1952, S. 194.
12 O. Groehler, „Ein flammendes Menetekel", Einheit, 1983/9, S. 811 ff.
13 R. M. W. Kempner, „Der Prozeß um den Reichstagsbrand", Recht und Politik (Frankfurt [Main]), 1983/1, S. 13 ff.
14 So Ernst Niekisch, zitiert nach: Rückkehr unerwünscht – Joseph Drexels „Reise nach Mauthausen" und der Widerstandskreis Ernst Niekisch, Stuttgart 1978, S. 256.

schen Arbeiterführers Georgi Dimitroff und seiner Genossen sowie der aus Zuchthäusern und Konzentrationslagern in Handschellen vorgeführten deutschen Kommunisten, die – wie der KPD-Reichstagsabgeordnete Theodor Neubauer – trotz drohender neuer Folter dazu beitrugen, den blutigen Naziterror zu entlarven. Georgi Dimitroff erklärte im Frühjahr 1934: „Stolz wie ein Löwe ist der Nationalsozialismus in Leipzig eingezogen, aber von oben bis unten beschmutzt ist er von dort zurückgekehrt."[15]

Daß sich die Naziführer dieser Schlappe bewußt waren, beweist auch der wütende Brief des Reichsinnenministers Frick vom 18. Januar 1934 an seinen Kollegen vom Justizressort: „Der Verlauf des Strafverfahrens gegen van der Lubbe und Genossen hat bewiesen, daß das ordentliche Verfahren vor dem Reichsgericht für die Aburteilung derartiger Schwerverbrechen nicht geeignet ist, die eine rasche und abschreckend wirkende Sühne verlangen. Es war zweifellos ein schwerer Fehler, es so lange hinzuziehen. Mit der erstrebten Gründlichkeit ist in der Wirkung auf die Öffentlichkeit, namentlich des Auslandes genau das Gegenteil erreicht worden." Um künftig ähnliche Pannen auszuschließen, präsentierte Frick seine Lösungsvariante: Beim Reichsgericht sollte ein Sondergericht gebildet werden, das „durch Hinzuziehung von Vertretern der NSDAP und der SA die unbedingte Gewähr für ein schnelles und den Interessen des Staates Rechnung tragendes Verfahren und Urteil bieten" müßte. Abschließend forderte er mit dem vielsagenden Hinweis, sein Verlangen ergehe „im Einvernehmen mit dem Herrn Reichskanzler", den Justizminister auf, für die Bildung eines solchen Gremiums beim Reichsgericht zu sorgen.[16] Als Frick das schrieb, befaßten sich die Gesetzgebungsexperten des Justiz- und des Reichswehrministeriums ohnehin schon mit der weiteren – unmittelbar nach dem 30. Januar 1933 eingeleiteten – Verschärfung der Vorschriften über den Hoch- und Landesverrat. Der Referentenentwurf eines Allgemeinen Deutschen Strafgesetzbuches von 1933 lag Justizminister Gürtner bereits vor, als ihn Hitlers Staatssekretär Hans Heinrich Lammers für den 7. Februar 1934 um 11.15 Uhr zur Audienz in die Reichskanzlei beorderte.[17]

Ob Lammers dabei versehentlich nur den Begriff Landesverrat benutzte (gedacht war schließlich auch an die Verschärfung der Hochverratsbestimmungen), kann dahingestellt bleiben. Fest steht, daß die Pläne, das Strafrecht drakonisch zu verschärfen, keineswegs auf den Landesverrat, also die Delikte der nachrichtendienstlichen Tätigkeit, beschränkt waren.[18] Vielmehr ging es in erster Linie darum, jeglichen antifaschistischen Widerstand noch stärker als zuvor mit Hilfe der Bestimmungen über den Hochverrat zu kriminalisieren

15 Zitiert nach: Dimitroff contra Göring, Braunbuch II, Paris 1934 (Reprintausgabe, Berlin 1981, S. 361).

16 Vgl. ZStA Potsdam, Reichsjustizministerium, Nr. 5745, Bl. 12.

17 Vgl. den umstehend abgedruckten Brief vom 29. Januar 1934, ZStA Potsdam, Reichsjustizministerium, Nr. 6142/1, Bl. 5f.

18 Zur Auslegung der Tatbestände „Hochverrat" und „Landesverrat" vgl. den Abschnitt: „Das Tribunal tagt".

Der Staatssekretär
in der
Reichskanzlei.

StS.Nr.183/34.

Berlin W. 8, den 29.Januar 1934.
Wilhelmstr. 78.

Tr 827 R

An

Herrn Reichsjustizminister Dr.Gürtner.

Persönlich!

Hochverehrter Herr Minister!

Jndem ich auf unsere heutige Rücksprache Bezug nehme, beehre ich mich, Jhnen anbei mit der Bitte um Rückgabe ein Schreiben des Herrn Preußischen Ministerpräsidenten an mich vom 19.ds.Mts. nebst einer Anlage mit der Bitte um Kenntnisnahme zu übersenden. Der Herr Reichskanzler möchte von Jhnen, Herr Minister, gern einen Vortrag darüber haben,

inwieweit es sich empfiehlt,

1. für Fälle des Landesverrats die Vorschriften des Strafgesetzbuchs über mildere Bestrafung Jugendlicher zu ändern, gegebenenfalls mit rückwirkender Kraft,
2. die Fälle des Landesverrats durch Sondergerichte aburteilen zu lassen.

Jch habe Jhren Vortrag hierüber auf

Mittwoch, dem 7. Februar 11^{15} Uhr vormittags

angesetzt und nehme an, daß diese Zeit Jhnen genehm ist.

Mit der Versicherung meiner aufrichtigen Hochschätzung und Hitler=Heil bin ich

Jhr sehr ergebener

Dr. Lammers

und mit strengsten Strafen zu ahnden. So forderte Hamburgs Justizsenator Curt Rothenberger – sich auf dringende Vorstellungen des dortigen Generalstaatsanwalts und des Präsidenten des für Hochverratsdelikte zuständigen Senats des Hanseatischen Oberlandesgerichts[19] berufend – von Gürtner: „Bei der Bedeutung, die einer scharfen Bekämpfung insbesondere kommunistischer Umtriebe beizulegen ist, erscheint eine Erhöhung des Strafmaßes auf zehn Jahre Zuchthaus erforderlich. Dieses Strafmaß ist auch sonst schon vorgeschlagen worden. Ich halte es nicht für richtig, insoweit bis zur Neuregelung des Strafrechts zu warten, sondern meine, daß den politischen Bedürfnissen durch eine Sondermaßnahme Rechnung getragen werden muß."[20] An dieser „Sondermaßnahme" bastelte man in Berlin ohnehin schon: Bei Gürtners Rapport in der Reichskanzlei am 7. Februar waren die Würfel dafür gefallen, ein „Sondergericht für Einzelverbrechen von zentraler Bedeutung für das Reich"[21] zu gründen. In Anlehnung an den ehemaligen (in der Weimarer Republik existierenden) Staatsgerichtshof zum Schutze der Republik sollte es sich aus Reichsgerichtsräten und von der Regierung zu bestimmenden Beisitzern rekrutieren. Mit fieberhafter Eile wurden die Vorarbeiten zu dem Gesetz zur Änderung von Vorschriften des Strafrechts und des Strafverfahrens betrieben.

Am 26. und 27. Februar 1934 tagten im Justizministerium in der Berliner Voßstraße 5 die Gesetzgebungsexperten aller beteiligten Stellen: Die fünfköpfige Abordnung der Gastgeber führte Ministerialdirektor Ernst Schäfer an, das Reichswehrministerium hatte vier Angehörige entsandt – darunter jenen Walter Herzlieb, der ab 1934 zu den Beisitzern des Volksgerichtshofs gehörte und bis mindestens Herbst 1944 an einer Vielzahl von Todesurteilen mitwirkte.[22] Das Reichsinnenministerium schickte seinen Schutzhaftreferenten Werner Hoche. Der Oberreichsanwalt ließ sich durch jenen Reichsanwalt Karl Nagel vertreten, der im November 1931 vor dem Reichsgericht in dem Strafprozeß gegen den späteren Friedensnobelpreisträger Carl von Ossietzky als Ankläger fungiert hatte. Die Gestapo repräsentierte Oberregierungsrat Günther Patschowsky. Jeweils zwei Abgesandte saßen für das Auswärtige Amt und das Reichsluftfahrtministerium in der Runde. Schließlich waren das Reichskommissariat für die Gleichschaltung der Justiz in den Ländern sowie das

19 Das Reichsgericht und der Oberreichsanwalt waren befugt, derartige Verfahren an die Oberlandesgerichte bzw. die dortigen Staatsanwaltschaften abzugeben. Die Hamburger Justiz war bestrebt, möglichst viele politische Strafverfahren selbst zu verhandeln, und verhängte drakonische Strafen, wie nicht zuletzt die gegen die KPD-Funktionäre Fiete Schulze und Etkar André gefällten Todesurteile belegen.

20 ZStA Potsdam, Reichsjustizministerium, Nr. 6142/1, Bl. 104f.

21 a. a. O., Bl. 11

22 Walter Herzlieb gehörte zu den Beschuldigten des 1979 in Berlin (West) gegen ehemalige Angehörige des Volksgerichtshofs eingeleiteten Ermittlungsverfahrens. Er starb am 13. Oktober 1983 – kurz nachdem er an seinem Wohnort Hildesheim zu den gegen ihn erhobenen Beschuldigungen vernommen worden war.

Bayerische und das Preußische Justizministerium vertreten. Letzteres delegierte den späteren Vizepräsidenten des Volksgerichtshofs Wilhelm Crohne.

Die in dieser Beratung unterbreiteten Vorschläge fanden Niederschlag in einem zweiten Referentenentwurf, der den Gegenstand einer „kommissarischen Besprechung über die Neufassung der Strafvorschriften über Hoch- und Landesverrat“[23] bildete. Ursprünglich für den 9. März einberufen, fand die Konferenz schließlich auf Wunsch der Gestapo und der militärischen Abwehr drei Tage später statt. Sichtlich zufrieden mit dem Ergebnis konnte Ministerialrat Hans Richter unter der Anwesenheitsliste vermerken: „Die 2. Lesung an der Hand der 2. Fassung des vorläufigen Referentenentwurfs ergab allseitige Zustimmung.“[24]

In der Tat leitete der Justizminister zwei Tage später der Reichskanzlei den abgestimmten Entwurf zu, um ihn vom Kabinett verabschieden zu lassen. Dieser sah weitgehend verschärfte Strafen vor. Für mehrere Delikte drohte er ausschließlich die Todesstrafe an. Viele Tatbestände wurden ausgeweitet, das Recht auf Verteidigung eingeschränkt und insbesondere die Stellung Jugendlicher im Strafverfahren verschlechtert.[25] Gleichwohl war die Zuständigkeit in Hoch- und Landesverratssachen (jedenfalls für Erwachsene) formell noch nicht verändert. Nach wie vor sollte dafür das Reichsgericht zuständig sein.

Der Begriff „Volksgerichtshof“ tauchte erst zehn Tage später in dem von Justizminister Gürtner und Reichswehrminister Werner von Blomberg unterzeichneten Wortlaut des Gesetzes auf, der am 24. März 1934 vom Justizministerium verschickt wurde.[26] Die zahlreichen handschriftlichen Änderungen gerade in jenem Teil der Vorlage, der sich auf den neuen Gerichtshof bezog, und die Korrektur des Datums des Begleitschreibens (maschinenschriftlich war der 23. März eingesetzt) lassen erkennen, daß es sich dabei wohl um jenen Text handelte, der am 23. März 1934 Gegenstand einer Beratung bei Hitler war. Im Anschluß an eine Sitzung des Reichskabinetts hatte dieser mit Göring, Frick, Röhm, Gürtner darüber beraten.[27] In dieser Zusammenkunft lag ein Gesetzentwurf auf dem Tisch, der – im Gegensatz zu den vorangegangenen Texten – die Bildung des Volksgerichtshofs vorsah. Gleichwohl sollte dieser ursprünglich noch ein integraler Bestandteil des Reichsgerichts sein; denn § 1 des Artikels III bestimmte: „Zur Aburteilung von Hochverrats- und Landesverratssachen wird am Sitz des Reichsgerichts der Volksgerichtshof gebildet.“ Über dessen Zusammensetzung hieß es: „Der Volksgerichtshof

23 ZStA Potsdam, Reichsjustizministerium, Nr. 6142/1, Bl. 65.

24 a. a. O., Bl. 106

25 Zur permanenten Verschärfung des Jugendstrafrechts vgl. E. Rabofsky/G. Oberkofler, Verborgene Wurzeln der NS-Justiz. Strafrechtliche Rüstung für zwei Weltkriege, Wien 1985, S. 192 ff.

26 Vgl. ZStA Potsdam, Reichsjustizministerium, Nr. 6142/1, Bl. 158.

27 Vgl. W. Wagner, Der Volksgerichtshof im nationalsozialistischen Staat, Stuttgart 1974, S. 17.

Stichtag: 2. Januar 1934.

Seit dem 18. März 1933 bei den Oberlandesgerichten anhängig gewordenen Hochverratssachen.

(Rundfrage des Reichsjustizministeriums vom 22. Dezember 1933 [II r 3136 Ri.])

	Zahl der anhängig gewordenen Sachen	Zahl der ergangenen Urteile	Zahl der verurteilten Personen	Zahl der in Untersuchungshaft befindlichen Personen	Zahl der in Strafhaft befindlichen Personen
Preussen (einschließlich Anhalt, Lippe, Schaumburg-Lippe	846	473	1216	3541	1194
Bayern	99	20	56	28	44
Sachsen	609	87	213	696	210
Württemberg	27	24	64	49	59
Baden	8	6	9	170	9
Thüringen	197	69	136	220	130
Hessen	74	26	58	63	54
Hamburg (einschließlich Bremen, Lübeck, Mecklenburg u. Oldenburg)	387	89	142	300	134
Braunschweig	30	13	37	4	35

Übersicht
über die seit März 1933 im ganzen Reichsgebiet anhängigen Strafverfahren gegen Antifaschisten wegen angeblichen Hochverrats

entscheidet in der Hauptverhandlung in der Besetzung von fünf Mitgliedern, außerhalb der Hauptverhandlung von drei Mitgliedern, einschließlich des Vorsitzenden ... Der Vorsitzende des Senats und ein Beisitzer müssen Mitglieder des Reichsgerichts sein."[28] Daß schließlich handschriftlich alle Anknüpfungen an das Reichsgericht gestrichen wurden, bezeugt: In jener Runde bei Hitler entschieden die Naziführer, einen eigenständigen Volksgerichtshof zu schaffen, was schließlich am 24. April 1934 Gesetzeskraft erlangte.[29]

Damit war Fricks Gedanke von einem „Reichsgericht-Sondergericht" endgültig ad acta gelegt. Noch ungeklärt blieb zunächst, wo die neue Einrichtung ihren Dienstsitz erhalten würde. Nachdem Gürtner den Reichsgerichtspräsidenten schon am 24. Mai hatte wissen lassen, das neue Tribunal werde seinen Sitz in Berlin erhalten, wurde das schließlich mit der Verordnung über den Volksgerichtshof vom 12. Juni 1934[30] definitiv festgeschrieben. Über die Besetzung hatte man schnell recht detaillierte Vorstellungen: Die drei Senate sollten Vorsitzende leiten, die den Senatspräsidenten bei den Oberlandesgerichten gleichgestellt waren. Als beisitzende hauptamtliche Richter kamen vorwiegend Oberlandesgerichtsräte und Landgerichtsdirektoren in Betracht. Demgegenüber sollte sich die Anklagevertretung durchweg aus Mitarbeitern der Reichsanwaltschaft rekrutieren. In relativ kurzer Zeit waren die Namen der haupt- und nebenamtlichen Mitglieder des neuen Ausnahmegerichts zusammengestellt. Das neue justitielle Unterdrückungsinstrument konnte seine Tätigkeit aufnehmen.

Damit war die von der Nazibewegung seit ihren Anfängen erhobene Forderung verwirklicht, einen „Nationalgerichtshof" zu schaffen, der jeglichen Widerstand mit brutaler Gewalt brechen sollte. Die Aussage, daß der Volksgerichtshof lediglich die Antwort der Naziführer auf den Freispruch der kommunistischen Angeklagten im Reichstagsbrandprozeß gewesen sei, hält einer kritischen Prüfung nicht stand, auch wenn man davon absieht, daß diese These in den Verlautbarungen der Nazis selbst nicht zu finden war (die offizielle Version lautete, die erstinstanzliche Rechtsprechung habe das Reichsgericht in seiner Funktion als oberstes Rechtsmittelgericht nur behindert[31], so daß dessen Entlastung von Hoch- und Landesverratssachen geboten sei).

Der deutsche Faschismus konnte 1933 die vorgefundene Strafgerichtsbarkeit als ein intaktes und ihm im wesentlichen willfähriges Gebilde übernehmen, was zu seiner Aufwertung im In- und Ausland beitrug. Bald ergänzte er die traditionellen Justizorgane durch die ersten Ausnahmegerichte, nämlich die Sondergerichte, und es zeigte sich, wie reibungslos das Zusammenwirken zwischen beiden funktionierte. Diese Entwicklung ging einher mit der „stetige(n) Konzentration und Verschmelzung der außergerichtlichen Über-

28 ZStA Potsdam, Reichsjustizministerium, Nr. 6142/1, Bl. 173.
29 Vgl. RGBl. I 1934 S. 341.
30 RGBl. I 1934 S. 492.
31 Vgl. DJ, 1934/19, S. 595.

wachungs- und Terrororgane sowie ihre(r) arbeitsteilige(n) Kooperation mit den Einrichtungen der Strafjustiz"[32]. Dieser Prozeß wurde 1934 zielgerichtet fortgeführt mit der Bildung des Volksgerichtshofs, in dem sich das Zusammenwirken zwischen dem justitiellen und dem außergerichtlichen Terror im besonderen Maße manifestierte. Die im Reichstagsbrandprozeß verkündeten Freisprüche haben allenfalls die Schaffung des neuen Ausnahmetribunals beschleunigt, die ihm zugrunde liegende Willensbildung war jedoch bereits viel früher vollzogen worden.

Der geplante Thälmann-Prozeß

Im Frühjahr 1934 spekulierte die Nazipresse, mit welcher Hauptverhandlung das neue Tribunal wohl seine Tätigkeit aufnehmen würde. Mitte Mai fiel dann erstmals ein Name: „Nach dem Berichte einer Korrespondenz ist unter Umständen damit zu rechnen, daß der erste Prozeß vor dem neugeschaffenen Volksgerichtshof ... gegen den früheren Führer der KPD, Ernst Thälmann, sein werde."[1] Wenig später existierten schon konkrete Vorstellungen über den Termin der Hauptverhandlung: Sie sollte, auf läppische zwei Tage zusammengedrängt, am 14. und 15. Juli stattfinden.[2]

Bereits seit der Verhaftung des Arbeiterführers am 3. März 1933 in der Wohnung der Eheleute Hans und Martha Kluczynski in der Lützower Straße 9 in Berlin hatten die Nazis eine zielgerichtete Mordhetze entfacht. Ihre Führer verlangten ein „Volksgericht über Thälmann", dessen Urteil sie gleich vorwegnahmen: Parolen wie „Thälmann des Todes schuldig" oder „Herunter mit Thälmanns Kopf"[3] verrieten den abgrundtiefen Haß des deutschen Faschismus auf seinen politischen Gefangenen Nummer 1.

Schon am 1. Dezember 1933 hatte „Reichsrechtsführer" Hans Frank erklärt, der Prozeß gegen den KPD-Vorsitzenden stünde unmittelbar bevor. Dabei hatte er prophezeit, „die Welt werde vor Entsetzen über die Verbrechen der Kommunisten den Atem anhalten"[4]. Bald wurde es freilich im Gefolge des Ausgangs des Reichstagsbrandprozesses merklich ruhiger um das vorher so lauthals angekündigte Strafverfahren gegen Thälmann. Als schließlich die Meldung vom Mai 1934 wieder darauf zurückkam, war das wohl vor allem auf die Reaktion der internationalen Öffentlichkeit zurückzuführen. Deren Protest

32 K. Drobisch, „Über den Terror und seine Institutionen in Nazideutschland", in: Faschismus-Forschung. Positionen, Probleme, Polemik, Berlin 1980, S. 157.

1 Frankfurter Zeitung vom 15. 5. 1934.
2 Vgl. P. Przybylski, Mordsache Thälmann, Berlin 1986, S. 59.
3 Zitiert nach: Ernst Thälmann. Eine Biographie, Berlin 1980, S. 673.
4 Zitiert nach: a. a. O., S. 674.

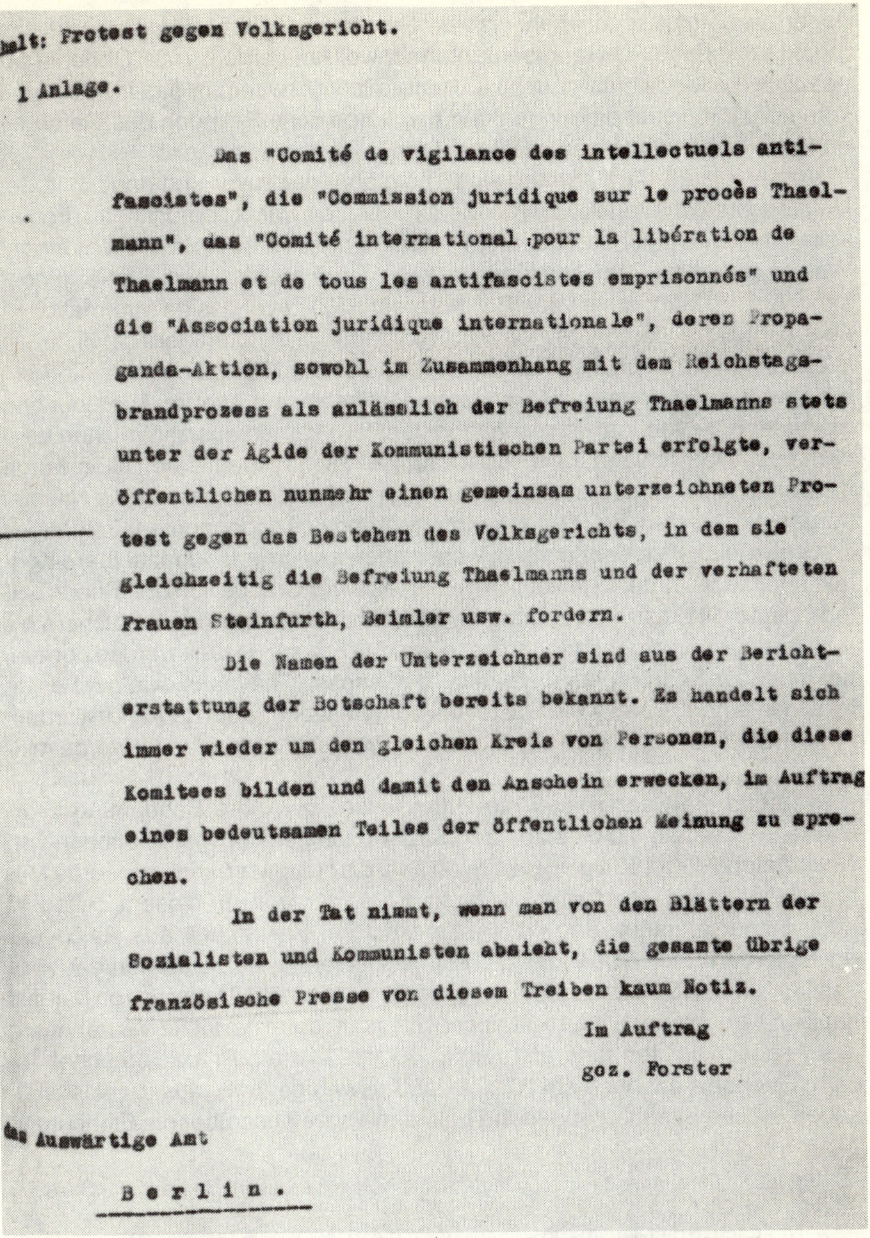

nhalt: Protest gegen Volksgericht.

1 Anlage.

Das "Comité de vigilance des intellectuels antifascistes", die "Commission juridique sur le procès Thaelmann", das "Comité international pour la libération de Thaelmann et de tous les antifascistes emprisonnés" und die "Association juridique internationale", deren Propaganda-Aktion, sowohl im Zusammenhang mit dem Reichstagsbrandprozess als anlässlich der Befreiung Thaelmanns stets unter der Ägide der Kommunistischen Partei erfolgte, veröffentlichen nunmehr einen gemeinsam unterzeichneten Protest gegen das Bestehen des Volksgerichts, in dem sie gleichzeitig die Befreiung Thaelmanns und der verhafteten Frauen Steinfurth, Beimler usw. fordern.

Die Namen der Unterzeichner sind aus der Berichterstattung der Botschaft bereits bekannt. Es handelt sich immer wieder um den gleichen Kreis von Personen, die diese Komitees bilden und damit den Anschein erwecken, im Auftrag eines bedeutsamen Teiles der öffentlichen Meinung zu sprechen.

In der Tat nimmt, wenn man von den Blättern der Sozialisten und Kommunisten absieht, die gesamte übrige französische Presse von diesem Treiben kaum Notiz.

Im Auftrag
gez. Forster

das Auswärtige Amt

Berlin.

Die Nazibotschaft in Paris informierte am 22. August 1934 das Auswärtige Amt über Proteste gegen die Errichtung des Volksgerichtshofs und die Inhaftierung Ernst Thälmanns und weiterer Antifaschisten.

gegen die damals schon mehr als vierzehn Monate währende widerrechtliche Inhaftierung des KPD-Repräsentanten schwoll unüberhörbar an. Ohnehin sahen sich die Machthaber aus aktuellem Anlaß gezwungen, das In- und Ausland über die Haftbedingungen und das körperliche Befinden des Gefangenen in täuschender Weise zu informieren.

Vom 9. bis 23. Januar hatte sich Thälmann, der zuvor und danach in der Untersuchungshaftanstalt Berlin-Moabit inhaftiert war, im berüchtigten Folterkeller des Gestapohauptquartiers in der Prinz-Albrecht-Straße befunden. Was er dort erlitten hat, schilderte er zehn Jahre später einem Kerkergenossen.[5] Am 17. März erhielt das Politbüro der KPD zuverlässige Informationen über die Mißhandlung des Parteivorsitzenden. Sein sofortiger Appell an die Werktätigen der Welt, die Anstrengungen zu dessen Befreiung zu verstärken, fand weltweiten Widerhall: Arbeiterdelegationen und andere Abordnungen (darunter eine von fünfzig namhaften Juristen) kamen aus zahlreichen Ländern nach Deutschland, um Ernst Thälmann zu sprechen. Ihnen allen wurde die Besuchserlaubnis verweigert. In einigen Fällen gestatteten es die Nazibehörden den Gästen, den Gefangenen während des sogenannten Freiganges im Gefängnishof zu beobachten, wobei ihnen freilich jeder unmittelbare Kontakt untersagt wurde.[6] Schließlich gelang es einer Gruppe von drei Saararbeitern, bis zu Thälmann vorzudringen. Obwohl die Gestapo den Besuchern bis aufs letzte Wort vorgeschrieben hatte, welche Fragen gestellt werden durften, rief einer der Saararbeiter unvermittelt: „Genosse Thälmann, wie geht es dir im allgemeinen?" Bevor die Gäste aus dem Besucherraum gedrängt wurden, antwortete Thälmann: „Ich bin mißhandelt worden. Ich wurde und werde mißhandelt."[7]

Während die Saararbeiter die Öffentlichkeit über ihre Begegnung informierten[8], bereitete die Gestapo den Strafprozeß gegen Ernst Thälmann vor. Noch Anfang Juni 1934 ging sie davon aus, die Hauptverhandlung werde Mitte Juli stattfinden. Reichsinnenminister Frick, der wohl zu diesem Zeitpunkt noch immer annahm, der Volksgerichtshof sei Bestandteil des Reichsgerichts, forderte am 7. Juni die sächsische Regierung auf, anläßlich des Prozesses „für den Schutz des Reichsgerichts zu sorgen"[9]. Dabei waren damals die Ermittlungen noch gar nicht abgeschlossen; denn die letzte Vernehmung des Angeschuldigten fand erst am 30. Juni 1934 statt. Propagandachef Joseph Goebbels bat noch am 20. Juli das Auswärtige Amt, „aus der ausländischen Presse Stimmen über den Thälmann-Prozeß und über die Einrichtung

5 Vgl. E. Thälmann, Antwort auf Briefe eines Kerkergenossen, Berlin 1961, S. 25ff.
6 Vgl. a. a. O., S. 34.
7 Zitiert nach: Ernst Thälmann. Eine Biographie, a. a. O., S. 679.
8 Vgl. „Rettet Thälmann, Torgler und Genossen! Erklärung der Saardelegation, die mit Thälmann sprach" Rundschau, 1934/31, S. 1191.
9 Zitiert nach: W. Bartel, Ein Held der Nation. Aus dem Leben Ernst Thälmanns, Berlin 1961, S. 126f.

Die ersten Urteile des Volksgerichtshofes

Zuchthaus- und Gefängnisstrafen für Hochverrat

Berlin, 1. August.

Die drei Senate des Volksgerichtshofes begannen am Mittwoch um 9 Uhr in Berlin im Preußenhaus, Prinz-Albrecht-Straße, mit ihren Sitzungen. Der frühere Preußische Landtag bot das Bild wie alle Tage. Das Aufgebot zu diesen Verhandlungen war verhältnismäßig klein. Auch der Publikumsbesuch war gering; die behandelten Fälle waren die üblichen, die weder eine interessante Sitzung noch sonstwie Auffallendes erwarten ließen.

Während der Landesverratssenat unter Ausschluß der Öffentlichkeit tagte, hatten sich bei den beiden Hochverratssenaten zwei Kommunisten wegen Vorbereitung zum Hochverrat zu verantworten, von denen der eine, der 32jährige Max Theiß, der als kommunistischer Funktionär in Perleberg versucht hatte, die Reichswehr zu zersetzen, zu einem Jahr neun Monaten Zuchthaus, und der andere, der 26 Jahre alte Johann Brinkheger aus Heesen in Westfalen, der sich wegen Zersetzung der Polizei zu verantworten hatte, zu zwei Jahren Gefängnis verurteilt wurde.

In den Strafmaßen kam zum Ausdruck, daß der Volksgerichtshof die Tätigkeit des Theiß, der als Funktionär seit vielen Jahren seine zersetzerische Tätigkeit ausübte und sich seiner Tätigkeit voll bewußt gewesen ist, schärfer beurteilte, als die des anderen gleichfalls am ersten Verhandlungstage verurteilten Angeklagten, der als sozial tiefstehender Mensch nicht die gleiche Verantwortung tragen konnte. Die Höhe des Strafmaßes aber zeigt eindeutig, daß auch die mittelmäßigen Fälle von Vergehen gegen die Sicherheit des Staates mit aller Schärfe verfolgt werden.

Die schimpflichsten Verbrechen, das Heer oder die Polizei zu zersetzen und sich des Hochverrats schuldig zu machen, müssen eine gerechte und schwere Sühne finden. Um diese Verbrechen zu geißeln, hatte auch der Vertreter der Reichsanwaltschaft, Oberstaatsanwalt Eichler, in der Anklage gegen Theiß ausgeführt, daß die Wehrmacht zu zersetzen, eine ehrlose Handlung sei, die nur mit Zuchthaus und nicht mehr mit Gefängnisstrafe gesühnt werden könne. Dementsprechend erkannte auch in diesem Falle das Gericht auf eine Zuchthausstrafe.

. . .

Damit hat der Volksgerichtshof seine ersten Urteile gefällt. Sie liegen in der gleichen Linie wie die Urteile, die die beiden in Frage kommenden Senate des Reichsgerichtes fällten. Durch die besondere Bedeutung des Volksgerichtshofes aber wird allen Staatsfeinden durch diese Urteile deutlich zum Ausdruck gebracht, daß harte und schwere Strafen diejenigen treffen, die es wagen sollten, sich in hochverräterische Unternehmen einzulassen und etwa zu versuchen, das Heer oder die Polizei zu zersetzen.

E. Bei.

Aus: Völkischer Beobachter, Berlin, vom 2. August 1934

des Volksgerichtshofs zu sammeln“[10]. Zu dieser Zeit waren jedoch längst die Würfel darüber gefallen, mit welchen Strafverfahren das neue Tribunal seine Tätigkeit beginnen würde. Eduard Rabofsky und Gerhard Oberkofler haben dargetan, daß es der seit 1933 an der Universität Berlin lehrende erzkonservative Wiener Strafrechtsprofessor Wenzeslaus Graf Gleispach war, der die entscheidende Anregung gab. Er schlug vor, „angesichts der erheblichen internationalen Bedenken gegen die Einführung einer politischen Ausnahmejustiz zunächst eine schrittweise Anhebung der Tätigkeit des Volksgerichtshofs mit solchen Prozessen vorzunehmen, die wenig Aufmerksamkeit beanspruchen würden“[11]. Genau das geschah.

10 ZStA Potsdam, Reichsjustizministerium, Nr. 5745, S. 77.

11 E. Rabofsky/G. Oberkofler, Verborgene Wurzeln der NS-Justiz. Strafrechtliche Rüstung für zwei Weltkriege, Wien 1985, S. 29.

Als am 1. August 1934 die ersten Verhandlungen vor dem Volksgerichtshof stattfanden, hatten sich zwei Kommunisten wegen angeblicher Vorbereitung zum Hochverrat zu verantworten, die in der Westprignitz bzw. in Westfalen Angehörigen der Reichswehr und der Schutzpolizei antifaschistische Flugblätter zugestellt hatten. Den 31jährigen Schlosser Max Theiß aus Perleberg schickte der 2. Senat für ein Jahr und neun Monate ins Zuchthaus, und der 26jährige Bergmann Johannes Brinkheger aus Heeßen erhielt vom 1. Senat, der unter Leitung des Präsidenten Rehn verhandelte, eine Gefängnisstrafe von zwei Jahren. Das NSDAP-Zentralblatt – das darauf verwies, gleichzeitig habe der Landesverratssenat unter Ausschluß der Öffentlichkeit getagt – wertete diese beiden Strafsachen „als mittelmäßige Fälle von Vergehen gegen die Sicherheit des Staates"[12], die mit aller Schärfe verfolgt werden müßten. Das entsprach haargenau dem Rat des Wenzeslaus Graf Gleispach, den Volksgerichtshof zunächst mit Fällen von ausschließlich regionaler Bedeutung zu befassen.

Gleichwohl hatten die Gewalthaber ihre Pläne vom spektakulären Prozeß gegen den Parteivorsitzenden der KPD nicht aufgegeben. Am 17. Dezember 1934 brachte schließlich die Berliner Filiale der Reichsanwaltschaft die Anklageschrift gegen Ernst Thälmann zu Papier.[13] Nachdem diese dem Volksgerichtshof vorlag, fand am 5. Februar 1935 im Justizministerium eine „kommissarische Besprechung über die Pressebehandlung des Thälmann-Prozesses" statt. In Wahrheit ging es freilich „um weit mehr als nur eine Sprachregelung"[14]. Gemeinsam mit Vertretern des Auswärtigen Amtes, des Innen- und des Propagandaministeriums berieten Gestapo und Justiz über das weitere Schicksal Thälmanns. Mit Ausnahme der beiden Goebbels-Abgesandten[15] plädierten die Beratungsteilnehmer dafür, den Prozeß klammheimlich abzublasen. Als Motiv formulierte Hans Bernd Gisevius vom Innenministerium: „Wenn das Haupt der KPD dann aber bestenfalls nur zu 15 Jahren Zuchthaus verurteilt würde, würde daraus ein Argument gegen die Größe der kommunistischen Gefahr und die Verdienste hergeleitet werden, die sich der Nationalsozialismus durch ihre Abwendung auch um die anderen europäischen Staaten erworben und auf die sich der Führer wiederholt berufen habe." Im Klartext hieß das: Wenn die von der Justiz verlangte „Generalabrechnung mit

12 Völkischer Beobachter vom 2. 8. 1934.

13 Ein Auszug der von Ernst Thälmann eigenhändig abgeschriebenen Anklage ist veröffentlicht in: Der Mord, der nie verjährt. Protokoll einer öffentlichen Anhörung am 12. 2. 1980, Berlin 1980, S. 50.

14 P. Przybylski, a. a. O., S. 78.

15 Einer von ihnen war Ministerialrat Wolfgang Diewerge, der – nach 1945 als Rechtsanwalt in Wiesbaden-Biebrich (BRD) tätig – am 17. Februar 1966 vom Landgericht Essen wegen Meineids zu einer Gefängnisstrafe von einem Jahr verurteilt wurde. Diewerge hatte zuvor unter Eid über die Umstände des Attentats auf den NS-Legationsrat Ernst vom Rath in Paris am 7. November 1938 falsch ausgesagt.

dem Kommunismus" nicht das Todesurteil bringen würde, sollte die ganze Verhandlung unterbleiben. Vielsagend ergänzte Gisevius: „Es gebe heute andere und unschädlichere Wege, Thälmann in sicherem Gewahrsam zu behalten."[16]

Dennoch verzichtete man nicht darauf, Thälmann am 15. März 1935 die Anklageschrift förmlich zuzustellen.[17] Darin erschöpfte sich allerdings die strafprozessuale Aktivität, bis schließlich der von Bruner geleitete 2. Senat die Demagogie am 1. November 1935 mit folgendem angeblichem Haftverschonungsbeschluß krönte: „Der Angeklagte Thälmann wird – unter Aufrechterhaltung des Haftbefehls, nur wegen Fluchtverdachts – mit dem weiteren Vollzug der Untersuchungshaft verschont. Dem Angeklagten wird aufgegeben, sich, nachdem er sich auf freiem Fuß befindet, täglich einmal auf dem zuständigen Polizeirevier seines Aufenthaltortes zu melden."[18] In Wahrheit warteten auf den Arbeiterführer bereits die Häscher der Gestapo, um ihn „bis auf weiteres im Interesse der öffentlichen Sicherheit" in sogenannte Schutzhaft zu überführen.[19] Diese dauerte an, bis er in der Nacht vom 17. zum 18. August 1944 im Konzentrationslager Buchenwald von einem Mordkommando der SS kaltblütig und heimtückisch erschossen wurde.

Das Tribunal tagt

Der Oberreichsanwalt sorgte dafür, daß dem Volksgerichtshof von Anfang an eine gehörige Zahl von Strafverfahren vorlag. Schon im Juli 1934 reichte er insgesamt 48 Anklagen ein, davon lauteten 39 auf Vorbereitung zum Hochverrat und 9 auf Landesverrat.

Hochverrat wurde gemäß §§ 80 ff. des Strafgesetzbuches vom 31. Mai

16 IML, ZPA, NL 3/39.

17 Vgl. P. Przybylski, a. a. O., S. 66.

18 Abgedruckt in: Der Mord, der nie verjährt, a. a. O., S. 56. Die Demagogie dieses Gerichtsbeschlusses liegt auf der Hand: Als die Nazirichter ihn formulierten, hatten sie zuvor mit der Gestapo abgestimmt, daß Ernst Thälmann nicht freigelassen, sondern fortan von der Gestapo gefangen gehalten werden sollte. Dabei unterlief ihnen sogar die Panne, daß der Häftling den Gerichtsbeschluß über seine angebliche Freilassung erst erhielt, als er den sogenannten Schutzhaftbefehl der Gestapo vom 1. November 1935 schon einen Tag in den Händen hatte. Bereits am 6. März 1933 hatte die Politische Polizei (Vorläufer der Gestapo) erstmals einen Schutzhaftbefehl gegen Thälmann erlassen. Dieser war gegenstandslos geworden, nachdem der KPD-Vorsitzende am 23. Mai 1933 in die gerichtliche Untersuchungshaft überführt worden war.

19 Vgl. a. a. O., S. 57.
Mit dem verlogenen Begriff „Schutzhaft" umschrieb man jene Haft, die in aller Regel in den Konzentrationslagern vollzogen wurde (vgl. dazu die Abschnitte: „Strafen, ausmerzen, ausrotten!" und „Strafprozeß oder Konzentrationslager").

1871[1] geahndet. Nach der Fassung des Gesetzes vom 24. April 1934 machte sich dieses Delikts schuldig, wer es unternahm, „mit Gewalt oder durch Drohung mit Gewalt das Gebiet des Deutschen Reiches ganz oder teilweise einem fremden Staat einzuverleiben oder ein zum Reich gehöriges Gebiet vom Reich loszureißen". Wegen Hochverrats hatte sich auch zu verantworten, wer den gewaltsamen Verfassungsumsturz herbeizuführen trachtete. Die Nazis hatten aber selbst die Weimarer Reichsverfassung vom 11. August 1919[2] faktisch außer Kraft gesetzt. Demgegenüber waren diejenigen, die sie als angebliche Hochverräter vor Gericht stellten, Männer und Frauen, die sich gerade gegen den Verfassungsumsturz des Hitlerregimes wehrten. Die gegen sie erhobenen Anklagen waren zutiefst rechtswidrig; denn wenn sich die Staatsmacht in den Händen von Hochverrätern befindet, die die verfassungsmäßige Ordnung beseitigt haben, können diejenigen, die diese Verfassung verteidigen, niemals Hochverrat begehen. Es gibt keinen Hochverrat gegenüber Hochverrätern!

Landesverrat war gemäß §§ 88ff. des Strafgesetzbuches strafbar. Nach herkömmlichem Rechtsverständnis machte sich dieses Delikts schuldig, wer einer ausländischen Macht Staatsgeheimnisse mit dem Ziel, „das Wohl des Reiches zu gefährden", zukommen ließ.

Beide Tatbestände wurden in der Nazizeit nahezu uferlos ausgeweitet. Wer Flugblätter verfaßte oder verbreitete, galt ebenso als Hochverräter wie derjenige, der Geld für die Angehörigen inhaftierter Antifaschisten sammelte. Als Landesverräter wurde selbst verurteilt, wer offiziell verbreitete Informationen ins Ausland weitergab. Sogar den Tatbestand des fahrlässigen Landesverrates praktizierten die Nazis.

Anklagen wegen Hochverrats gingen dem 1. und 2. Senat zu, während Landesverratssachen vor dem 3. Senat zu verhandeln waren. Dem 1. Senat stand stets der Präsident und dem 2. Senat der Vizepräsident des Volksgerichtshofs vor. An dieser Zuordnung hat sich während der Existenz des Tribunals trotz verschiedener personeller Wechsel nichts geändert.

Alle Senate des Volksgerichtshofs entschieden immer in erster und letzter Instanz; ihre Entscheidungen waren folglich endgültig. Gegen sie gab es kein Rechtsmittel, das heißt, kein anderes Gericht konnte angerufen werden, diese Urteile zu überprüfen.

Die Ankläger hielten sich zu Beginn der Tätigkeit des Volksgerichtshofs noch weitgehend an die Empfehlung des Hochschullehrers Gleispach und überantworteten dem neuen Tribunal vorwiegend solche Fälle, die nicht so stark im Brennpunkt der Öffentlichkeit standen. Bei den Angeklagten handelte es sich meist um Mitglieder, Funktionäre oder Anhänger der Arbeiterparteien – in erster Linie der KPD –, denen man zur Last legte, auf regionaler Ebene die

1 RGBl. 1871 S. 192.
2 RGBl. 1919 S. 1383.

Tätigkeit dieser Organisationen fortgeführt und damit den Tatbestand der Vorbereitung zum Hochverrat erfüllt zu haben.

Diese – oft zuvor von der Gestapo mißhandelten – Antifaschisten waren vor Gericht einer schikanösen Prozedur ausgesetzt. So beschnitt der mit zwei hauptberuflichen Richtern und drei „ehrenamtlichen“ Beisitzern besetzte Gerichtshof das Recht der Angeklagten auf Verteidigung in bis dahin ungekann-

Zu den ersten Verurteilten zählte der KPD-Abgeordnete des sächsischen Landtags Robert Siewert, der 1938 aus dem Zuchthaus Luckau in das Konzentrationslager Buchenwald überführt wurde. Am 19. September 1944 hielt er dort während der illegalen Trauerfeier für Ernst Thälmann die Gedenkrede. Nach 1945 war Robert Siewert Vizepräsident des Landes Sachsen-Anhalt und Mitglied der Zentralleitung der Antifaschistischen Widerstandskämpfer der DDR.

ter Weise; denn die Wahl eines Rechtsanwalts bedurfte der Zustimmung des Gerichtsvorsitzenden. Allein in dessen Macht lag es, wer als Verteidiger zugelassen wurde. Die Fachzeitschrift „Deutsche Justiz“ kommentierte das mit der gleisnerischen Behauptung: „Daß der Vorsitzende des Gerichts zu der Auswahl des Verteidigers seine Zustimmung geben muß, ist durch die Rücksichtnahme auf das Staatswohl geboten, das entspricht aber auch der Übung und den gesetzlichen Regeln über die Verteidigung in anderen Kulturstaaten."[3] In Wahrheit diente die Beschränkung des Rechts auf Verteidigung – die keineswegs den Gepflogenheiten „in anderen Kulturstaaten" entsprach – allein dem Ziel, unbequemen oder gar mißliebigen Advokaten den Zutritt zu verwehren.[4]

Die Spruchpraxis des Volksgerichtshofs hatte zugleich eine Pilotfunktion gegenüber anderen Nazigerichten, wie das Schreiben des preußischen Justizministers an den Reichsminister der Justiz vom 22. August 1934 beweist: „Mehrere Vorsitzende der mit der Bearbeitung von Hochverratssachen betrauten Strafsenate des Kammergerichts haben den Wunsch ausgesprochen, es möchten ihnen von den in Hochverratssachen ergehenden Urteilen des Volksgerichtshofs Abschriften zugängig gemacht werden. Sie haben ihre Bitte damit begründet, daß es für die Rechtsprechung ihrer Senate von wesentlicher Bedeutung sei, die Rechtsauffassung des Volksgerichtshofs zu den einschlägigen Gesetzesbestimmungen und namentlich die Strafschärfungs- und Strafmilderungsgründe kennenzulernen, welche in den einzelnen Fällen für die erkannten Strafen maßgeblich gewesen seien. In Übereinstimmung mit der Auffassung des Kammergerichtspräsidenten bitte ich, dem vorgetragenen Wunsche nach Möglichkeit Rechnung zu tragen." Abschließend bat der preußische Minister, „auch die übrigen Oberlandesgerichte (Breslau, Hamm, Kassel, Königsberg) mit Abschriften zu versehen"[5].

Für den Volksgerichtshof selbst brachte die Vielzahl der bereits in den ersten Monaten angestrengten Prozesse bald erhebliche Komplikationen. Es erwies sich, daß die Zahl der Beisitzer viel zu gering war. Den zwanzig nebenamtlichen Richtern standen nämlich zwölf Berufsrichter gegenüber. Da einerseits beide Gruppen im Verhältnis 3 : 2 an den Haupverhandlungen teilzunehmen hatten, andererseits aber die nichtjuristischen Mitglieder den Senaten nur jeweils kurzfristig zur Verfügung standen, waren so die Amtsgeschäfte nicht zu besorgen.[6]

Während diese Schwierigkeiten durch das Ernennen weiterer Angehöriger der verschiedensten Naziorganisationen und der Wehrmacht zu Beisitzern

3 DJ, 1934/30, S. 979.

4 Wie mit nicht systemkonformen Rechtsanwälten umgesprungen wurde, demonstrierte Staatsanwaltschaftsrat Hans Mittelbach von der Abteilung I des Berliner Polizeipräsidiums, dem Vorläufer der Gestapo. Der bis 1964 als Oberlandesgerichtsrat in Köln tätige Mittelbach verfaßte im Zusammenhang mit den Ermittlungen zum Reichstagsbrand am 13. Juni 1933 einen Vermerk über Rechtsanwalt W. Wille: „Zwecks evtl. Auswertung. Rechtsanwalt Wille wird auffällig oft in kommunistischen Angelegenheiten tätig. Ist er dort bekannt?" (Der Reichstagsbrandprozeß und Georgi Dimitroff, Bd. 1, Berlin 1982, S. 342.) Bei Mittelbach handelte es sich um jenen Angehörigen der Politischen Polizei, der sowohl den Schutzhaftbefehl gegen Ernst Thälmann vom 6. März 1933 wie den gegen Georgi Dimitroff vom 11. März 1933 erließ.

5 ZStA Potsdam, Reichsjustizministerium, Nr. 5745, S. 104.

6 Vgl. a. a. O., S. 66.

des Volksgerichtshofs bald ausgeräumt waren[7], erwuchsen den Nazijuristen zusehends neue Probleme, die sich immer mehr zuspitzten. Sie betrafen den im Frühjahr recht übereilt gewählten Standort des Tribunals.

Im Wilhelmsgymnasium

Da das Reichsjustizministerium noch im März 1934 meinte, das neue Gericht werde Bestandteil des Reichsgerichts in Leipzig sein, hatte man sich erst nach der Preisgabe dieser Konzeption plötzlich vor die Aufgabe gestellt gesehen, binnen kurzer Frist in der Hauptstadt für die NS-„Rechtswahrer" ein geeignetes Domizil zu finden.

Zwar hielt man schließlich das Preußenhaus dafür geeignet, doch waren sich alle Beteiligten von vornherein darüber einig, daß das nur eine Notlösung sein konnte. Diese bot freilich einen gewichtigen Vorzug: Das traditionsträchtige vormalige Parlamentsgebäude lieferte mit seinem altehrwürdigen holzgetäfelten Plenarsaal gerade den feierlichen Rahmen, den man für den Festakt vom 14. Juli 1934 suchte.

Ansonsten entsprach das Haus jedoch durchaus nicht den Erwartungen, die man an einen Justizpalast knüpfte. In der Tat gestaltete sich die „Ehe" zwischen den NS-Juristen und der als Hauswirt fungierenden Stiftung Preußenhaus von Anfang an wenig harmonisch, obwohl dieser Stiftung ausgerechnet der preußische Justizminister Hanns Kerrl als Präsident vorstand. Schon im September 1934 gab es Klagen über mangelnde Sorgfalt der neuen Mieter im Umgang mit den Einrichtungen des Hauses. Als die Hausverwaltung unangemeldet die von den Juristen genutzten Räume besichtigen ließ, verlangten Bruner und Jorns, mit „Rücksicht auf den geheimen Charakter der Akten"

7 Am 1. Januar 1935 verfügte der Volksgerichtshof über 43 nebenamtliche Beisitzer: 17 hohe Militärs, 3 Polizei- bzw. Gendarmerieoffiziere, 13 SA-, SS- und NSKK-Führer (NSKK = NS-Kraftfahrerkorps) sowie 10 Repräsentanten der Nazipartei, die meist auch staatliche Funktionen bekleideten (z. B. Regierungsrat, Mitglied des Reichstags). Die Annahme, der hohe Anteil von Offizieren sei auf deren Zuordnung zu dem 3., dem „Landesverratssenat" zurückzuführen, wie W. Wagner (vgl. Der Volksgerichtshof im nationalsozialistischen Staat, Stuttgart 1974, S. 25) erklärt, ist nicht zutreffend: Schon von den am 14. Juli 1934 Ernannten amtierten vier Offiziere in den beiden Hochverratssenaten. Im übrigen erklärte sich Reichswehrminister Werner von Blomberg am 14. August 1934 bereit, sieben weitere Offiziere als Beisitzer zu benennen, und bat darum, fünf von ihnen dem 3. Senat zuzuordnen (vgl. ZStA Potsdam, Reichsjustizministerium, Nr. 5745, S. 89). Schließlich informierte Rehn bereits am 31. Juli 1934 das Justizministerium, daß Beisitzer des 3. Senats zu Verhandlungen eines anderen Senats herangezogen werden mußten. Er übergab dazu eine Vorschlagsliste für künftige Vertretungen. Dieser war zu entnehmen, daß sämtliche dem Tribunal angehörenden Offiziere auch in anderen Senaten an Verhandlungen teilzunehmen hatten (vgl. ZStA Potsdam, a. a. O.).

Der Sitz des Volksgerichtshofs im ehemaligen Wilhelmsgymnasium in der Bellevuestraße 15

künftig solche Besuche rechtzeitig vorher anzukündigen, damit die „gebotenen Anordnungen oder Maßnahmen" getroffen werden könnten.[1]

Die Antwort ließ nicht lange auf sich warten. Reichlich einen Monat später mußte Bruner dem Reichsjustizminister melden, „daß der Volksgerichtshof das Preußenhaus demnächst räumen müsse; der Zeitpunkt werde noch schriftlich mitgeteilt werden, der Herr Präsident des Preußenhauses lasse aber schon jetzt darauf hinweisen, daß die Räumungsfrist eine außerordentlich kurze sein werde."[2]

Bereits am 5. Februar 1935 lag die schriftliche Kündigung auf dem Tisch. Wegen des bevorstehenden Einzugs des Reichsluftfahrtministeriums ersuchte Kerrl die NS-Juristen, die bislang von ihnen genutzten Räume „in kürzester Frist frei zu machen, spätestens aber bis zum 31. März d. Js. auszuziehen"[3]. So schnell ging es dann freilich doch nicht. Schließlich benötigte man für das oberste Ausnahmegericht eine ihm entsprechende neue Heimstatt. Diese fand man in der kastanienüberlaubten Bellevuestraße, in dem nach Wilhelm I. benannten, in den sogenannten Gründerjahren errichteten Gymnasium, in dem zuletzt der Reichswirtschaftsrat seine Sitzungen abgehalten hatte.[4]

Eine Berliner Zeitung schrieb 1934: „Vom Pennal zum Poenal."[5] In der Tat residierte in der vormals vom Berliner Großbürgertum so geschätzten Bildungseinrichtung nun jenes Nazigericht, dem der Ruf eines Terrorinstruments vorauseilte – ein Ruf, den es letztlich noch übertraf, so daß es als das blutgierigste Tribunal in die Geschichte einging.

Zu den ersten dort Angeklagten gehörte der KPD-Reichstagsabgeordnete Fritz Selbmann, der im November 1935 zu einer Zuchthausstrafe von sieben Jahren verurteilt wurde. In einem weiteren Prozeß erhielt sein Fraktionsgenosse Heinrich Schmitt, vor 1933 Betriebsratsvorsitzender in den Leunawerken, eine Zuchthausstrafe von fünfzehn Jahren.[6] Diese Urteile wie Tausende andere belegen: Es war die Funktion des Volksgerichtshofs, jegliche antifaschistische Betätigung im Lande mit rigorosen Strafen zu ahnden. Längst wa-

1 ZStA Potsdam, 30.16, Volksgerichtshof, Generalia, Nr. 37, S. 97.

2 a. a. O., S. 100

3 a. a. O., S. 101 – Kerrls forsches Vorgehen kam freilich nicht von ungefähr. Wie anläßlich des Nürnberger Hauptkriegsverbrecherprozesses bekannt wurde, war er sich Hitlers Rückendeckung sicher. Aus einem Vermerk vom 9. November 1934 ergibt sich die Lammers-Auskunft, Hitler „habe keine Bedenken gegen eine anderweitige Unterbringung" des Tribunals (ZStA Potsdam, Film 55 494).

4 In dieser von großzügigen Parkanlagen umsäumten höheren Lehranstalt ließen einst die in den benachbarten Villenvierteln residierenden Bankiers, Militärs, Wissenschaftler und Ministerialbeamten ihre Söhne ausbilden. Wer seine Abkömmlinge dort unterrichten lassen konnte, gehörte zu den gehobenen Schichten.

5 BZ am Mittag vom 18. 6. 1935.

6 Beide Antifaschisten überlebten. Fritz Selbmann bekleidete nach 1945 die Funktion des Wirtschaftsministers in Sachsen und gehörte später der DDR-Regierung unter Ministerpräsident Otto Grotewohl an.

Im Namen des Deutschen Volkes

Abschrift.

14a/9 J 1672/31.
1 H 52 / 35.

In der Strafsache gegen

den Bergarbeiter, Parteisekretär und früheren kommunistischen Preußischen Landtags= und Reichstagsabgeordneten Friedrich Wilhelm S e l b m a n n aus Leipzig - Neustadt, Eisenbahnstraße 35 I, geboren am 29. September 1899 zu Lauterbach i/Hessen, verheiratet, vorbestraft,
zur Zeit in Berlin in Haft,

wegen Vorbereitung zum Hochverrat

hat der Volksgerichtshof, 1. Senat, in der öffentlichen Sitzung vom 4. November 1935 nach mündlicher Verhandlung, an welcher teilgenommen haben

als Richter:

Landgerichtsdirektor Lämmle als Vorsitzender,
Landgerichtsdirektor Dr.Löhmann,
Oberstleutnant a.D. und Sturmbannführer von Laffert,
Oberstleutnant Stutzer,
Stadtrat Kaiser,

als Beamter der Reichsanwaltschaft:

Amtsgerichtsrat Mörner,

als Urkundsbeamter der Geschäftsstelle:

Justizbüroassistent Strehler

für Recht erkannt:

Der Angeklagte wird wegen Aufforderung zum Hochverrat zu einer Zuchthausstrafe von 7 - sieben - Jahren verurteilt und hat die Kosten des Verfahrens zu tragen.

Dem Angeklagten werden die bürgerlichen Ehrenrechte auf die Dauer von 5 - fünf - Jahren abgesprochen.

Polizeiaufsicht wird für zulässig erklärt.

Die erlittene Untersuchungshaft wird in Höhe von 2 - zwei - Jahren 6 - sechs - Monaten auf die erkannte Strafe angerechnet.

ren die Zeiten vorbei, in denen die Staatsgewalt noch bestimmte taktische und diplomatische Rücksichten im Umgang mit innenpolitischen Gegnern hatte walten lassen.

In bezug auf die Stellung des obersten Ausnahmegerichts sahen sich die Nazijuristen jedoch noch nicht am Ziel ihrer Wünsche. In der Bellevuestraße empfand man es als Makel, im Staatshaushalt keinen eigenen Etat zu besitzen, sondern als ein unselbständiges Anhängsel des Reichsjustizministeriums geführt zu werden. In dieser Sache ging als erster einer der einflußreichsten – von Gürtner bei der Gründung des Tribunals im Preußenhaus besonders hofierter – Beisitzer des Volksgerichtshofs, SA-Gruppenführer Wilhelm Weiß, in die Offensive. Ihm als stellvertretendem Hauptschriftleiter des „Völkischen Beobachters" fiel es leicht, im Zentralblatt der Nazipartei für das oberste Ausnahmetribunal einen eigenen Etat zu beanspruchen.[7] In Wahrheit ging es freilich um weit mehr, als buchhalterisch unabhängiger zu sein und dem Staatshaushalt mehr Gelder entnehmen zu dürfen. Die so lauthals erhobene Forderung war das Signal, den Volksgerichtshof nunmehr in jeder Beziehung gleichberechtigt gegenüber dem Reichsgericht in Leipzig zu etablieren.

„Strafen, ausmerzen, ausrotten!"

Die vom Volksgerichtshof beanspruchte Eigenständigkeit diente dem Ziel, endlich das Uraltpostulat der Nazipartei vom „Deutschen Nationalgerichtshof" zu verwirklichen. Welchen Stellenwert die Machthaber dem Tribunal in Berlin beimaßen, hatte Reichsjustizkommissar Frank in Gegenwart Hitlers während des Nürnberger Parteitages am 9. September 1934 verdeutlicht: „Wir haben durch die Stärke unseres Vorgehens gegen den Verbrecher im weitesten Sinne, vor allem durch den rücksichtslosen Vollzug der Todesstrafe, durch die Einführung der Sondergerichte, die Einführung des Volksgerichtes zum Schutze von Volk und Staat eine Disziplin all der minderwertigen Strömungen erreicht, die die Sicherheit des anständigen Teiles des deutschen Volkes im weitesten Maße gewährleistet." Mit zügelloser Demagogie verkündete Frank am gleichen Tage: „Wir sind daher auch stolz als nationalsozialistische Juristen auf unser Werk und laden die Juristen aller Länder der Erde ein, nicht in negativer Kritik sich gegenüber dem nationalsozialistischen Staat zu verhalten, sondern unsere Rechtslage zu studieren, denn ich erkläre sie für die modernste, über die zur Zeit ein Land der Erde überhaupt verfügen kann."[1]

7 Vgl. Völkischer Beobachter vom 19. 11. 1935.

1 JW, 1934/38, S. 2290.

Wie diese Rechtslage auszusehen habe, demonstrierte der Hallenser Rechtsanwalt Prof. Erwin Noack während einer Gautagung, die am 4. und 5. November 1934 in Dresden stattfand: „Unser zukünftiges Strafrecht muß in allen Beziehungen und immer wieder der Erhaltung, Sicherung und Vorwärtsentwicklung unserer Volksgemeinschaft dienen. Daher muß verlangt werden: a) daß die rassisch schlechten Elemente, also die Verbrecher von Geburt,

Amtseinführung neuer Mitglieder des Volksgerichtshofs im Jahr 1936 (von links nach rechts: Freisler, Schlegelberger, Thierack, Gürtner, Jorns)

rücksichtslos ausgemerzt werden; b) daß diejenigen Handlungen, die eine geistige Verseuchung unseres Volkes herbeizuführen geeignet sind, am schwersten bestraft werden und c) daß endlich Angriffe auf den Bestand der Gemeinschaft selbst nur durch Ausrottung des Verbrechers gesühnt werden können."[2] Dieses Programm des justitiellen Terrors sollte für den Volksgerichtshof bestimmend werden, so daß Freisler vorschlug, ihn zum Reichsstrafgericht zu erheben.[3] Das hätte bedeutet, dem Reichsgericht jeglichen Einfluß auf die Strafrechtspflege zu nehmen und seine Tätigkeit allein auf zivilrechtliche Entscheidungen zu beschränken – ein Ansinnen, das später erneut

2 JW, 1934/59, S. 3183.
3 Vgl. R. Freisler, „Der Volksgerichtshof – das Reichsstrafgericht", ZAkDR, 1935/3, S. 90.

gestellt wurde.[4] Überhaupt gab es über den Volksgerichtshof in den ersten Jahren seiner Existenz – ähnlich wie auch über außerjustitielle Terrorinstrumente des Nazistaates (Schutzhaft[5] und Konzentrationslager) – relativ viele Veröffentlichungen.[6]

Dabei war jedoch auffällig, daß sich die Berufsjuristen des Tribunals zunächst öffentlicher Äußerungen enthielten. Sie werteten indessen das Gewicht ihrer Institution durch einen neuen Senat auf: Ab November verfügte der Volksgerichtshof über vier derartige Gremien.[7] Dem eigenen Sicherheitsbedürfnis gab man Ausdruck durch das Einsetzen eines „Sicherheitsbeauftragten beim Volksgerichtshof" – eine Aufgabe, die der stellvertretende Leiter der Außenstelle der Reichsanwaltschaft Parrisius übernahm.[8]

Am 18. April 1936 schließlich erging jenes Gesetz, das das oberste Ausnahmetribunal des Nazistaates in den Rang eines ordentlichen, gerichtsverfassungsmäßigen Gerichts erhob, das völlig gleichberechtigt neben dem Reichsgericht stand. In diesen Tagen überschlugen sich die Ereignisse in der Bellevuestraße 15. Am 1. April war Georg Thierack als Präsident des Volksgerichtshofs eingesetzt worden. Der 1889 geborene „alte Kämpfer" der Nazibewegung (ein Attribut, das zu betonen er nicht müde wurde) war seit 1921 Staatsanwalt gewesen, 1933 sächsischer Justizminister geworden und hatte zuletzt das Amt des Vizepräsidenten des Reichsgerichts bekleidet (wo er freilich mangels ausreichender fachlicher Qualifikation eine unglückliche Figur abgegeben haben soll), bevor ihn der Ruf nach Berlin erreichte.

Mit Thierack zog – aus dem Reichsjustizministerium kommend – Karl Engert ein, der die Funktion des ständigen Vertreters übernahm, aus der ihm im Dezember 1937 die Rangbezeichnung Vizepräsident erwuchs. Da zugleich der bis dahin geschäftsführende Präsident Bruner ausschied, wechselte im Mai 1936 die gesamte Leitung des Volksgerichtshofs.

Auch in der Reichsanwaltschaft gab es zu dieser Zeit weitgehende personelle Änderungen: Jorns Dienstbezeichnung Reichsanwalt erhielt den Zusatz „beim Volksgerichtshof". Damit zeichnete sich die Abkoppelung der Berliner Filiale von der Dienststelle des Oberreichsanwalts in Leipzig ab. Parrisius wurde zum ständigen Vertreter des Reichsanwalts Jorns ernannt, der selbst

4 Vgl. K. Engert, „Fünf Jahre Volksgerichtshof", Völkischer Beobachter vom 14. 7. 1939.

5 Die „Schutzhaft" war eine administrative Repressivmaßnahme, die jeder richterlichen Kontrolle entzogen war und zeitlich unbefristet sowie unanfechtbar angeordnet wurde. Sie wurde in Konzentrationslagern (1933/1934 auch in anderen Prügelstätten sowie in gesonderten Abteilungen der Haftanstalten) unter so mörderischen Bedingungen vollzogen, daß eine Vielzahl der Gefangenen dabei den Tod fand.

6 Vgl. z. B. E. Schauwecker, „Der Volksgerichtshof für das Deutsche Reich", JW, 1936/23–24, S. 1569f.; G. Thierack, „Zwei Jahre Volksgerichtshof", DJ, 1936/29, S. 1094.

7 Damit existierte nunmehr ein zweiter Senat für Landesverratssachen.

8 ZStA Potsdam, 30.16 Volksgerichtshof, Generalia Nr. 37, S. 155.

Reichsgesetzblatt

Teil I

1936	Ausgegeben zu Berlin, den 20. April 1936	Nr. 40

Gesetz über den Volksgerichtshof und über die fünfundzwanzigste Änderung des Besoldungsgesetzes.

Vom 18. April 1936.

Die Reichsregierung hat das folgende Gesetz beschlossen, das hiermit verkündet wird:

Artikel 1

§ 1

Der Volksgerichtshof ist ordentliches Gericht im Sinne des Gerichtsverfassungsgesetzes.

§ 2

Der Volksgerichtshof wird an hauptamtlichen Mitgliedern mit einem Präsidenten und der erforderlichen Zahl von Senatspräsidenten und Räten besetzt.

§ 3

Der Präsident, die Senatspräsidenten und Räte werden auf Lebenszeit ernannt. Sie müssen die Befähigung zum Richteramt besitzen und das 35. Lebensjahr vollendet haben.

§ 4

Die ehrenamtlichen Mitglieder des Volksgerichtshofs werden vom Führer und Reichskanzler auf Vorschlag des Reichsministers der Justiz für die Dauer von fünf Jahren bestellt.

§ 5

Bei dem Volksgerichtshof werden Senate gebildet, deren Zahl der Reichsminister der Justiz bestimmt.

§ 6

Bei einer Häufung der Geschäfte können ständig angestellte Richter vorübergehend als Hilfsrichter zum Volksgerichtshof zugezogen werden, wenn dies zur Sicherung eines ordnungsmäßigen Geschäftsganges erforderlich ist. Die Abordnung eines Hilfsrichters darf vor Ablauf der Zeit, für die der Hilfsrichter einberufen ist, nur widerrufen werden, wenn das Bedürfnis, durch das sie veranlaßt wurde, weggefallen ist.

§ 7

Das Amt der Staatsanwaltschaft bei dem Volksgerichtshof wird durch einen oder mehrere Reichsanwälte oder Staatsanwälte ausgeübt. Sie sind nichtrichterliche Beamte, müssen aber zum Richteramt befähigt sein.

§ 8

Bei dem Volksgerichtshof wird eine Geschäftsstelle eingerichtet, die mit der erforderlichen Zahl von Urkundsbeamten besetzt wird.

Auszug

schließlich am 31. März 1937 nach dem Erreichen der Altersgrenze in Pension ging.

Bedeutungsvoller als die personellen Wechsel waren die Auswirkungen des bereits erwähnten zweiten Gesetzes über den Volksgerichtshof vom 18. April 1936.[9] Mit der Verleihung des Status einer gerichtsverfassungsmäßigen Einrichtung war verbunden, daß deren hauptberufliche Richter das 35. Lebensjahr vollendet haben mußten und nun auf Lebenszeit ernannt wurden, während das Gesetz von 1934 lediglich eine Amtszeit von fünf Jahren vorgesehen, eine zweite oder weitere Perioden aber weder erwähnt noch ausgeschlossen hatte.

Zugleich erhielt das oberste Ausnahmegericht nunmehr seinen eigenen Etat, was nach Thierack „dankbar ... von den beim Volksgerichtshof Beschäftigten begrüßt" wurde, zumal man damit „als ordentliches Strafgericht neben dem Reichsgericht" stehe. Daß gleichwohl das Berliner Tribunal noch längst nicht am Ziel aller Wünsche war, drückte dessen Präsident recht deutlich aus: „Freilich kann nur von einer recht bescheidenen Etatisierung gesprochen werden ... Die Vergleichszahlen mit dem Reichsgericht sprechen hier eine recht merkwürdige Sprache."[10]

Zu solchen Klagen bestand kein Anlaß, als am 19. Juni 1936 der Hitlererlaß über die Amtstracht der Justiz erging. Dort hieß es: „Die Amtstracht des Volksgerichtshofes entspricht der des Reichsgerichts, der Präsident trägt eine Amtskette in Gold. Die Farbe der Amtstracht ist rot ..."[11] Damit setzte die Naziführung ein sichtbares Zeichen der Gleichstellung, dem jeder entnehmen sollte, daß die NS-„Rechtswahrer" im vormaligen Wilhelmsgymnasium jenen Nationalgerichtshof darstellten, den die Nazipartei seit ihrer Gründung gefordert hatte.

Justiz auf Kriegskurs

Das Gesetz vom 18. April 1936 über den Volksgerichtshof zählte zu jenen Maßnahmen, mit denen das Naziregime seinen gesamten Repressivapparat der forcierten Kriegsvorbereitung anpaßte. Der zügellose Terror nach innen diente dazu, die gegen fremde Völker gerichteten Weltherrschaftspläne gegen jeglichen Widerstand im eigenen Lande zu sichern. Dazu erhielt die Gestapo immer weiter ausufernde Befugnisse, so daß deren stellvertretender Chef Werner Best bald frohlocken durfte, „in unmittelbarer normenfreier An-

9 RGBl. I 1936 S. 369 (vgl. umstehenden Auszug).
10 G. Thierack, „Aufgaben und Tätigkeit des Volksgerichtshofs", ZAkDR, 1936/19–20, S. 855ff.
11 DJ, 1936/26, S. 949.

Abschrift.

Der Reichsanwalt
beim Volksgerichtshof.

Berlin, den 12. März 1937.

1463 - 2.

Vfg.

Betrifft: Geschäftsverteilung.

A.) Die Dienstgeschäfte haben so zugenommen, daß die Abteilungsleiter zu der wünschenswerten Durcharbeitung der ihnen vorgelegten Sachen nicht mehr in der Lage sind. Es wird deshalb mit Wirkung vom 28. März 1937 eine vierte Abteilung eingerichtet.

B.) Geschäftsverteilung.

I.) Abteilung I (Landesverrat),

- Leiter: Oberstaatsanwalt P a r r i s i u s, gleichzeitig ständiger Stellvertreter des Behördenleiters -.

Landesverrat zu Gunsten Frankreichs, Belgiens und aller übrigen unter II nicht namentlich aufgeführten Staaten, sowie die Hälfte aller Sachen (abwechselnd mit II), in denen der Verrat nicht zu Gunsten eines bestimmten Staates begangen ist. Außerdem: Wehrmittelbeschädigung.

II.) Abteilung II (Landesverrat).

- Leiter: Oberstaatsanwalt Dr. F r a n z k i -.

Landesverrat zu Gunsten Rußlands nebst den östlichen Randstaaten, Polens und der Tschechoslowakei, sowie die Hälfte aller Sachen (abwechselnd mit I), in denen der Verrat nicht zu Gunsten eines bestimmten Staates begangen ist.

III.) Abteilung III (Hochverrat).

- Leiter: Oberstaatsanwalt W e y e r s b e r g -.

1.) Marxistische Organisationen aus den Bezirken der Oberlandesgerichte Hamburg, Oldenburg, Kiel, Rostock, Stettin, Marienwerder, Königsberg, Breslau, Dresden, Naumburg, Jena, Karlsruhe, Stuttgart mit Landgerichtsbezirk Hechingen und Amtsgerichtsbezirk Bad Wimpfen, München, Bamberg, Nürnberg, Zweibrücken;

2.) Nichtmarxistische Organisationen, soweit nicht der Abteilung IV zugewiesen.

3.) Wirtschaftssabotage;

4.) Reine Verbrechen gegen § 5 der VO. vom 28.2.1933 zum Schutze von Volk und Staat.

IV.) Abteilung IV (Hochverrat).

- Leiter: Oberstaatsanwalt H u h n s t o c k -.

1.) Marxistische Organisationen aus den Bezirken des Kammergerichts und der Oberlandesgerichte Braunschweig, Celle einschließlich der Landgerichte Bückeburg und Detmold, Kassel, Hamm, Düsseldorf, Köln, Frankfurt a.M. außer Landgericht Hechingen, Darmstadt außer Amtsgericht Bad Wimpfen;

2.) Von den nichtmarxistischen Organisationen: Schwarze Front, katholische Verbände, Bibelforscher, bündische Jugend, Jungdeutscher Orden.

Auszug

wendung der Staatsgewalt die erforderlichen Maßnahmen zu treffen“[1]. Normenfrei hieß: Polizei und Gestapo unterlagen bei der Verhängung der Schutzhaft keinerlei rechtlichen Bindungen. Zugleich wurden die Gefangenen in streng nach militärischen und zunehmend rüstungsökonomischen Kriterien errichteten großen Konzentrationslagern isoliert (Dachau, Buchenwald, Sachsenhausen und ab 1938/1939 Flossenbürg, Mauthausen sowie das an die Stelle der Lichtenburg tretende Frauen-KZ Ravensbrück).

Der Ausbau dieses außergerichtlichen Unterdrückungssystems wurde von einer immer engeren Verflechtung zwischen Gestapo und SS einerseits und der Justiz andererseits begleitet. Der Kriegsvorbereitung diente die weitere Verschärfung des politischen Strafrechts ebenso wie der Aufbau einer Kriegsgerichtsbarkeit, die steigende Zahl der Sondergerichte und insbesondere die Tätigkeit eines nunmehr verselbständigten obersten Ausnahmetribunals mit Sitz in der Hauptstadt.

Formell unterstand der Volksgerichtshof zwar dem Justizministerium, aber Thierack betrachtete sich nicht grundlos „als den Leiter einer seinem Führer allein verantwortlichen Reichsbehörde en miniature, seine Unterstellung unter das Reichsjustizministerium als eine unwichtige, administrative Fehlplanung“[2]. Daß dort drakonische Strafen die gängige Praxis waren, begründete der neue „Chefpräsident“ (ein Titel, auf den er gesteigerten Wert legte) so:

1 W. Best, „Erneuerung des Polizeirechts“, Kriminalistik, 1938/12, S. 28.

2 Zitiert nach: H. Heiber, „Zur Justiz im Dritten Reich. Der Fall Eliáš“, VjfZ, 1955/3, S. 281.

„Die Menschen, die hier zur Aburteilung kommen, stehen außerhalb des großen Werdens und auch des bisher Gewordenen in unserem Volk." Thierack apostrophierte die Antifaschisten als „Volksfeinde" und vergaß nicht hinzuzufügen, wem sie vor dem Tribunal gegenüberstanden: Er verwies auf die „jahrelangen Erfahrungen" der von der Staatsführung bestimmten Beisitzer des Volksgerichtshofs „als politische Kämpfer um die Wiedergeburt des deut-

Abschrift aus 320 - 2.13.

Verfg.

1.) Mit Wirkung vom 1. Januar 1939 ab ist nach der Verordnung vom 16. Dezember 1938 - RGBl.I S. 1877 - der Volksgerichtshof auch für die sudetendeutschen Gebiete in den einschlägigen Sachen, soweit die Tat nach dem 30. September 1938 begangen worden ist, zuständig.

2.) Die Bearbeitung dieser Sachen wird
dem 1. Senat
zugewiesen.

3.) bis 5.) pp.

Berlin, den 14. Januar 1939
Der Präsident des Volksgerichtshofs
gez. Dr. Thierack.

schen Volkes" bzw. als „erprobte Soldaten des Heeres"[3]. Mit dieser Phrase umschrieb Thierack, daß die Beisitzer die Gewähr boten, jederzeit an der terroristischen Verfolgung der Nazigegner teilzunehmen. Viele von ihnen waren Führer von Nazitrupps, die Antifaschisten in den Prügelstätten der SA und der SS brutal mißhandelt hatten.

Die Machtfülle des obersten Ausnahmetribunals wuchs in der folgenden Zeit vor allem in dreierlei Hinsicht: Erstens erweiterte der Einmarsch der Nazitruppen in Österreich und in das Sudetengebiet – wie zuvor der Anschluß des Saarlandes – die territoriale Kompetenz des Volksgerichtshofs. Zweitens erhielt er neue Delikte zur Aburteilung zugewiesen, und drittens verhängten die Nazirichter immer härtere Strafen, da man in der Phase der gesteigerten Kriegsvorbereitung keine Rücksichten mehr auf die internationale Reputation des Regimes nahm. So stieg die Zahl der Todesstrafen, die der Volksgerichtshof verkündete[4]:

3 G. Thierack, „Aufgaben und Tätigkeit des Volksgerichtshofs", ZAkDR, 1936/19–20, S. 856.

4 Zahlen nach B. Düsing, Die Geschichte der Abschaffung der Todesstrafe in der Bundesrepublik Deutschland, Offenbach (Main) 1952, S. 209 ff.

Jahr	Todesurteile	Vollstreckungen
1934	4	4
1935	9	8
1936	10	10
1937	32	28
1938	17	16

Allein im Juni 1937 fällte der 2. Senat – dem als Beisitzer der erwähnte SA-Gruppenführer und stellvertretende Chefredakteur des „Völkischen Beobachters“ Weiß angehörte – sechs Todesurteile gegen Funktionäre der KPD.

Am 7. und 8. Juni 1937 verhandelten die Nazijuristen gegen die Funktionäre des Kommunistischen Jugendverbandes Bruno Baum, Erich Honecker und Edwin Lautenbach, die „praktisch den führenden Kern des KJVD Berlin-Brandenburg“[5] darstellten. Das Urteil lautete: dreizehn, zehn sowie zwei Jahre und sechs Monate Zuchthaus. In der Begründung hieß es: „Die Angeklagten Baum und Honecker sind, wie Umfang und Intensität ihrer illegalen Arbeit für den KJVD und auch ihre Erklärungen in der Hauptverhandlung erweisen, überzeugte und unbelehrbare Anhänger des Kommunismus. Sie haben sich den ihnen gestellten hochverräterischen Aufgaben mit außerordentlicher Einsatzbereitschaft gewidmet. Aus der Stellung, welche sie in der illegalen Organisation einnahmen, geht die Wertschätzung hervor, deren sie sich bei den maßgeblichen Stellen erfreuten.“[6]

Erich Honecker schrieb dazu: „Hätten die Richter des ‚Volksgerichtshofs‘ vom tatsächlichen Ausmaß unseres antifaschistischen Wirkens in den Reihen der KPD und des KJVD gewußt, dann wäre das Urteil kaum so ausgefallen, weder für Bruno Baum noch für mich. So waren wir für den zweiten Senat des ‚Volksgerichtshofs‘ noch zu jung für den Henker.“[7]

In der Tat hatten eben diese Richter nur vier Tage zuvor in einem großangelegten Prozeß gegen fünf Kommunisten – darunter die beiden Reichstagsabgeordneten Robert Stamm und Max Maddalena – noch härtere Strafen verhängt. Robert Stamm und Adolf Rembte verurteilten sie zum Tode, Max Maddalena zu lebenslangem Zuchthaus und Walter Griesbach sowie Käte Lübeck zu Zuchthausstrafen von 15 bzw. 12 Jahren. Die beiden dem Henker Überantworteten seien „zwar ‚in der Politik‘ anständige Menschen gewesen“, wer sich jedoch „als Deutscher in dem schweren Daseinskampf seines wiedererstandenen und geeinten Volkes auf die Seite der inneren und äußeren Feinde schlage, sei ein Staatsfeind“[8].

5 E. Honecker, Aus meinem Leben, Berlin 1981, S. 82.
6 Zitiert nach: E. Honecker, a. a. O., S. 84.
7 ebenda
8 Zitiert nach: W. Wagner, Der Volksgerichtshof im nationalsozialistischen Staat, Stuttgart 1974, S. 113.

Bereits am 12. Juni 1937 verhängte der – diesmal in Stuttgart tagende – 2. Senat gegen vier Kommunisten, nämlich Liselotte Herrmann, Artur Göritz, Stefan Lovasz und Josef Steidle, die Todesstrafe. Die 27jährige Liselotte Herrmann – Mutter eines Kleinkindes – war die erste Frau, die die Nazijustiz zum Tode verurteilte. „Körbeweise gingen bei der Naziregierung, bei Hitler persönlich, bei den faschistischen Justizbehörden und bei der ‚Reichsfrauen-

Liselotte Herrmann

führung' Protestbriefe ein. Das Frauenkomitee gegen Krieg und Faschismus im holländischen Hilversum beispielsweise appellierte an die ‚Reichsfrauenführerin' Gertrud Scholtz-Klink, ihren Einfluß geltend zu machen, damit das Todesurteil nicht vollstreckt würde. ‚Liselotte Herrmann ist keine Missetäterin', so hieß es in dem Brief. ‚Wir haben ihr Tagebuch gelesen, das sie über ihr Söhnchen, von dem sie nun schon seit zwei Jahren durch die Verhaftung getrennt ist, in seinem ersten Lebensjahr geschrieben hat. So schreibt keine Missetäterin. Aus diesen Zeilen spricht ganz reine Mütterlicheit, deren keine Verbrecherin fähig ist.'"[9] Aber alle diese Appelle an die Naziführung waren vergeblich. Liselotte Herrmann ließ ihr Leben am 20. Juni 1938 in Berlin-Plötzensee unter dem Fallbeil. Im Nachruf des Zentralkomitees der KPD für die

Nach dieser Quellenangabe befindet sich das angeführte Urteil im Document Center in Berlin (West).

9 H.-J. Arendt, „Als erste Frau von Nazis hingerichtet. Zum 50. Todestag von Liselotte Herrmann", Neues Deutschland vom 18./19. 6. 1988, S. 13.

Im Namen des Deutschen Volkes

Abschrift.

8 J 49.117.131/36g

2 H 16.20.27/37 In der Strafsache gegen

1. den Modelltischler Stefan L o v a s z aus Stuttgart, zuletzt ohne festen Wohnsitz, geboren am 6. November 1901 in Zeltweg, Kreis Judenburg (Österreich), verheiratet, seit 17. Dezember 1935 in Untersuchungshaft,
2. den Kaufmann Alfred G r ö z i n g e r aus Stuttgart, Müllerstraße 112, geboren am 4. Juli 1904 in Stuttgart, verheiratet, seit 17. Dezember 1935 in Untersuchungshaft,
3. den Bootsbauer Josef S t e i d l e aus Stuttgart, Müblinweg 14, geboren am 24. Februar 1908 in St. Georgen, Kreis Tettnang, verheiratet, seit 24. Januar 1936 in Untersuchungshaft,
4. die Stenotypistin Liselotte H e r r m a n n aus Stuttgart, Hölderlinstraße 22, geboren am 23. Juni 1909 in Berlin, ledig, seit 11. Februar 1936 in Untersuchungshaft,
5. den Schlosser Artur G ö r i t z aus Manzell, Kreis Tettnang, geboren am 14. April 1907 in Schneidlingen, Kreis Quedlinburg, verheiratet, seit 2. Juni 1936 in Untersuchungshaft,

wegen Landesverrats u.a.

hat der Volksgerichtshof, 2. Senat, in der öffentlichen Sitzung vom 12. Juni 1937 in Stuttgart auf Grund der mündlichen Verhandlungen vom 8., 9., 10. und 11. Juni 1937, an welchen teilgenommen haben

als Richter:

Senatspräsident Engert als Vorsitzender,
Landgerichtsdirektor Dr. Zieger,
SA-Brigadeführer Hauer,
Studienprofessor Heinlein,
SS-Sturmbannführer Wittmer,

als Beamter der Staatsanwaltschaft:

Staatsanwalt Dr. Kaven,

als Urkundsbeamter der Geschäftsstelle:

Justizinspektor Steinhauser,

für Recht erkannt:

I. Die Angeklagten Lovasz, Steidle, Göritz und Herrmann werden

z u m   T o d e

verurteilt und zwar
Lovasz wegen Vorbereitung zum Hochverrat unter erschwerenden Umständen,
die übrigen drei Angeklagten wegen Landesverrats, begangen in Tateinheit mit Vorbereitung zum Hochverrat unter erschwerenden Umständen, - Steidle auch mit Verbrechen gegen § 5 der Verordnung des Reichspräsidenten gegen Verrat am deutschen Volke und hochverräterische Umtriebe vom 28. Februar 1933 -.

II. Der Angeklagte Grözinger wird wegen Vorbereitung zum Hochverrat unter erschwerenden Umständen unter Einbeziehung der durch Urteil des Landgerichts Stuttgart (Aktenzeichen I KMs 66/36) verhängten Gefängnisstrafe zu einer

Gesamtstrafe von 12 (zwölf) Jahren Zuchthaus

verurteilt.

III. Sämtlichen Angeklagten werden die bürgerlichen Ehrenrechte aberkannt und zwar den zum Tode verurteilten Angeklagten auf Lebenszeit, dem Angeklagten Grözinger auf die Dauer von 10 Jahren.

IV. Dem Angeklagten Grözinger wird ein Jahr der erlittenen Untersuchungshaft auf die erkannte Freiheitsstrafe angerechnet.

junge Genossin hieß es, daß mit diesem Mord „der Nationalsozialismus den endlosen Reihen seiner Verbrechen ein neues hinzugefügt" habe.[10]

Neben zahlreichen weiteren Prozessen gegen kommunistische Widerstandskämpfer gab es eine Reihe von Strafverfahren gegen Angehörige der Sozialdemokratischen Partei, der Sozialistischen Arbeiterpartei und anderer Organisationen der Arbeiterklasse. Ferner fanden Strafverfahren gegen Angehörige verschiedener Religionsgemeinschaften statt. Dazu gehörte vor allem der im April 1937 angestrengte sogenannte Katholikenprozeß gegen Kaplan Joseph C. Rossaint (seit 1961 Präsident der VVN – Bund der Antifaschisten der BRD) und sechs weitere Geistliche. Der Volksgerichtshof sprach gegen die Priester langjährige Freiheitsstrafen aus. Dennoch hat diese Hauptverhandlung, die auch in Nazideutschland Publizität erlangte, durch das mutige Auftreten der Angeklagten dazu beigetragen, antifaschistische Ideale gegen Terror und Barbarei zu verteidigen.

Anfang 1939 kam es zu Prozessen gegen die führenden Vertreter der

10 Zitiert nach: ebenda.

von dem Schriftsteller Ernst Niekisch ins Leben gerufenen Widerstandsbewegung, die den Nazis ebenso ablehnend gegenüberstand, wie sie sich für freundschaftliche Beziehungen zur UdSSR einsetzte. Als Thierack am 10. Januar 1939 das Urteil verkündete (Niekisch: lebenslanges Zuchthaus, zwei seiner Mitstreiter: Freiheitsstrafen bis zu drei Jahren und sechs Monaten), war dessen Begründung von einer Diktion geprägt, wie sie an diesem Tribunal zunehmend gang und gäbe wurde. So wimmelte es von Kränkungen des Hauptangeklagten. Seine Schriften nannte man „zum Druck vorgesehene Machwerke". Über ihn selbst hieß es, er sei ein Mensch „von rücksichts- und verantwortungslosem Geltungsbedürfnis", „fast krankhafter Überheblichkeit", und schließlich attestierte man ihm: „Haß und nackte Herrschsucht sind die Triebfedern alles seines Tuns."[11]

Neben den immer brutaler werdenden Strafen und der zunehmenden Diffamierung der Angeklagten (und der im Gerichtssaal gehörten antifaschistischen Zeugen) war für den Volksgerichtshof schließlich die bereits in diesem Zeitraum praktizierte Arbeitsteilung mit der Gestapo charakteristisch.

Noch am 27. August 1935 hatte der stellvertretende Gestapochef Best kritisiert: „In letzter Zeit sind mehrfach staatsfeindliche Personen, die wegen Hochverrats in Strafhaft einsaßen, nach Strafverbüßung aus der Anstalt entlassen worden, ohne daß ihre weitere Überwachung oder Inschutzhaftnahme zwecks Überführung in ein Konzentrationslager erfolgte. Um für die Zukunft diesen Übelstand zu vermeiden, ordne ich an, daß bei allen Personen, die vom Volksgerichtshof abgeurteilt werden, bei den Staatsanwaltschaften der Oberlandesgerichte wegen des voraussichtlichen Entlassungstages und des Entlassungslagers angefragt wird, damit die Rückführung dieser Staatsfeinde rechtzeitig von dort beantragt werden kann."[12]

Im Klartext bedeutete das: Die Gestapo betrachtete die vom Volksgerichtshof zu Freiheitsstrafen Verurteilten nur als an den Strafvollzug der Justiz gewissermaßen ausgeliehene Gefangene, die man – sobald sie ihre Strafe verbüßt hatten – in den Gewahrsam der Gestapo „rückführen" durfte. In der Tat gehörte es in der Folgezeit in den Strafvollzugsanstalten zur üblichen Praxis, die vom Volksgerichtshof Verurteilten – nachdem sie ihre Strafe bis zum letzten Tag verbüßt hatten – mit allen Förmlichkeiten zu entlassen, während die von der Justiz informierte Gestapo bereits vor den Toren der Hafteinrichtung auf ihren neuen Schutzhäftling wartete.[13]

Das funktionierte – von einigen wohl eher als „Pannen" zu wertenden Ausnahmen abgesehen – so reibungslos, als würde jemand von einem Flügel der Anstalt in den anderen verlegt. Ob ein Gefangener wirklich entlassen wurde,

11 Das vollständige – dort 143 Druckseiten umfassende – Urteil ist veröffentlicht in: Rückkehr unerwünscht – Joseph Drexels „Reise nach Mauthausen" und der Widerstandskreis Ernst Niekisch, Stuttgart 1978, S. 189ff.

12 IML, ZPA, St. 3/226.

13 Vgl. F. Selbmann, Alternative – Bilanz – Credo, Halle 1969, S. 298.

Abschrift aus
4200 - 2.41.

V.

1) Berichten(Durchschlag beifügen):
An
den Herrn Reichsminister der Justiz
in
Berlin W.8.
Wilhelmstraße 65.

Betrifft: Entlassung staatsfeindlicher
Personen aus der Untersuchungshaft.
Erlaß vom 23.Mai 1940 - 4611 -IIIa [3] 416.40 -.
Anlage: 1 Berichtsabschrift.

Die Frage, ob und inwieweit es angezeigt ist, wegen Verdachts staatsfeindlicher Betätigung gerichtlich verhaftete Personen nach Aufhebung des Haftbefehls der Geheimen Staatspolizei zu überstellen, habe ich, soweit es sich um die Aufhebung des Haftbefehls durch den Volksgerichtshof handelt, mit dem Präsidenten des Volksgerichtshofs besprochen. Von einer Anhörung der Geheimen Staatspolizei habe ich, um nicht der dortigen Entscheidung vorzugreifen, abgesehen.

Vorbehaltlich anderer Weisung werde ich künftig, wie folgt, verfahren:

In Übereinstimmung mit dem Präsidenten des Volksgerichtshofs werde ich, wenn auf Freisprechung oder Einstellung des Verfahrens erkannt oder die Strafe durch die erlittene Untersuchungshaft für verbüßt erklärt worden ist, die betroffenen Personen grundsätzlich der Geheimen Staatspolizei überstellen, außer wenn diese auf Rückführung ausdrücklich verzichtet hat. Kommt eine Freisprechung wegen erwiesener Unschuld in Betracht, so werde ich auf diesen Umstand die Geheime Staatspolizei vor der Überstellung hinweisen und bei ihr anfragen, ob sich eine Überstellung erübrigt. Sollte demgegenüber die Geheime Staatspolizei die Verhängung von Schutzhaft für geboten erachten, so werde ich die Überstellung veranlassen und, wenn nicht besondere Gründe die polizeiliche Maßnahme gerechtfertig erscheinen lassen, nach dort berichten. Bei Freisprechung aus sonstigen Gründen oder gerichtlicher Einstellung des Verfahrens auf Grund eines Straffreiheitsgesetzes werde ich bei der Überstellung die Geheime Staatspolizei von diesem Grunde in Kenntnis setzen. Sollte ich außer den Fällen der Freisprechung wegen erwiesener Unschuld sonst die Verhängung von Schutzhaft für unbegründet halten, so werde ich bei der Geheimen Staatspolizei nach Überstellung der betroffenen Person anfragen, ob und aus welchem Grunde sie die Schutzhaft angeordnet hat, und erforderlichenfalls berichten.

Entsprechend werde ich verfahren, wenn der gerichtliche Haftbefehl außerhalb einer gerichtlichen Hauptverhandlung aufgehoben wird.

2.) Abschrift des Berichts zu 1) erhalten die Abteilungsleiter und Sachbearbeiter mit dem Ersuchen, künftig gemäß den im vorstehenden Bericht enthaltenen Richtlinien zu verfahren.

Bei Freisprechung wegen erwiesener Unschuld wird die Anfrage bei der Geheimen Staatspolizei, damit keine unnötige Verzögerung in der Haftentlassung eintritt, zweckmäßig fernmündlich oder durch Fernschreiben zu erfolgen haben.

Sollte trotz Freisprechung wegen erwiesener Unschuld Schutzhaft verhängt werden, so ist mir Vortrag zu halten. Auch sonst sind mir Fälle, in denen erhebliche Bedenken gegen die Verhängung von Schutzhaft bestehen, vorzutragen.

3.) pp.

Berlin, den 29. Juli 1940.
Der Oberreichsanwalt beim Volksgerichtshof.
gez.: L a u t z.

hing nicht von der Verbüßung der gerichtlichen Strafe, sondern von der willkürlichen Entscheidung der mit der Justiz zusammenarbeitenden Gestapo ab.

Maßgeblichen Anteil an der geschilderten Praxis hatte ein Runderlaß des Reichsjustizministeriums vom 18. Januar 1937. Darin wurde – anknüpfend an eine Verfügung vom 18. Dezember 1934 – angewiesen: „In sämtlichen Strafsachen wegen Hoch- und Landesverrats (§§ 80, 88 ff. StGB) ist die bevorstehende Entlassung der verurteilten Hoch- und Landesverräter aus der Strafhaft den zuständigen Staatspolizeileitstellen einen Monat vor dem Entlassungstermin mitzuteilen.“[14] Somit hatte die Gestapo ausreichend Zeit, sich auf die Übernahme ihrer Opfer vorzubereiten.

Während es in der Folgezeit bei der Überstellung von entlassenen Strafgefangenen keine nennenswerten Differenzen gab, traten solche zwischen dem Volksgerichtshof und der Gestapo in einer anderen Frage bald zutage. Es war damals durchaus nichts Ungewöhnliches in deutschen Gerichtssälen, daß von der Justiz Freigesprochene anschließend vor den Augen der Richter festgenommen und als Schutzhäftlinge abgeführt wurden. Als dies am 3. März 1937 zwei Gestapobeamte im Volksgerichtshof mit einer gerade Freigespro-

14 IML, ZPA, PSt. 3/271.

chenen ebenfalls versuchten, kam es zum Eklat. Die Geheimpolizisten wurden zum Senatsvorsitzenden bestellt, der sie belehrte, „daß der Volksgerichtshof vom Führer und Reichskanzler eingesetzt und demnach als höchstes Gericht des Deutschen Reiches" – wie sich der NS-Jurist auszudrücken beliebte – „völlig souverän sei". Tatsächlich ließ die Gestapo an diesem Tag von der Freigesprochenen ab, freilich nur um sie zwei Tage später als „marxistisch geschulte Anhängerin der SPD" in ihrer Wohnung zu verhaften.[15]

Solche Widersprüche führten noch einige Zeit zu Gerangel zwischen den beteiligten Instanzen. Wie es letztlich endete, beweist der umstehend abgedruckte Brief des Oberreichsanwalts beim Volksgerichtshof an den Justizminister vom 29. Juli 1940, ein Dokument, das keines Kommentars bedarf!

Bei Kriegsbeginn: personelle Aufstockung und neue Kompetenzen

Das zitierte Schreiben vom 29. Juli 1940 trug die Unterschrift eines neuen Chefanklägers: Ernst Lautz. Seit dem Ausscheiden von Jorns hatte sich vieles in der Anklagebehörde beim Volksgerichtshof verändert. Am 7. August 1937 war der neue Behördenleiter Friedrich Parey, der bis dahin als Generalstaatsanwalt in Celle amtiert hatte, feierlich in sein Amt eingeführt worden. Schon wenig später hatte man Grund, erneut zu feiern: Auf Grund einer neuen gesetzlichen Regelung[1] durfte der Chef der Dienststelle den Amtstitel Oberreichsanwalt beim Volksgerichtshof tragen[2]. Jedoch konnte sich Parey dieses Titels nicht lange erfreuen. Am 3. November 1938 verunglückte er tödlich. Als Nachfolger fand man schließlich mit Ernst Lautz einen in der Berliner Justiz seit langem bekannten Ankläger. Lautz war vor 1933 Mitglied der Deutschen Volkspartei gewesen; am 1. Mai 1933 trat er der Nazipartei bei. Seit 1932 hatte er am Landgericht I in Berlin amtiert, war 1934 zunächst zum Stellvertreter des Generalstaatsanwalts am Landgericht Berlin aufgestiegen und übernahm am 1. September 1936 dessen Funktion. Ein Jahr später erhielt er das

15 Dieser Fall ist (ohne den Namen des Opfers zu nennen) dargestellt bei: L. Gruchmann, Justiz im Dritten Reich 1933–1940. Anpassung und Unterwerfung in der Ära Gürtner, München 1988, S. 600.

1 Vgl. Gesetz über die Einunddreißigste Änderung des Besoldungsgesetzes vom 9. Dezember 1937, RGBl. I 1937 S. 1355.

2 In diesen Stunden vergaßen die Staatsgewaltigen nicht, sich auch jener „Verdienste" zu erinnern, die der kurz zuvor ausgeschiedene Jorns bei der blutigen Ahndung revolutionärer Aktivitäten gehabt hatte: Er durfte sich nun als Oberreichsanwalt beim Volksgerichtshof a. D. bezeichnen.

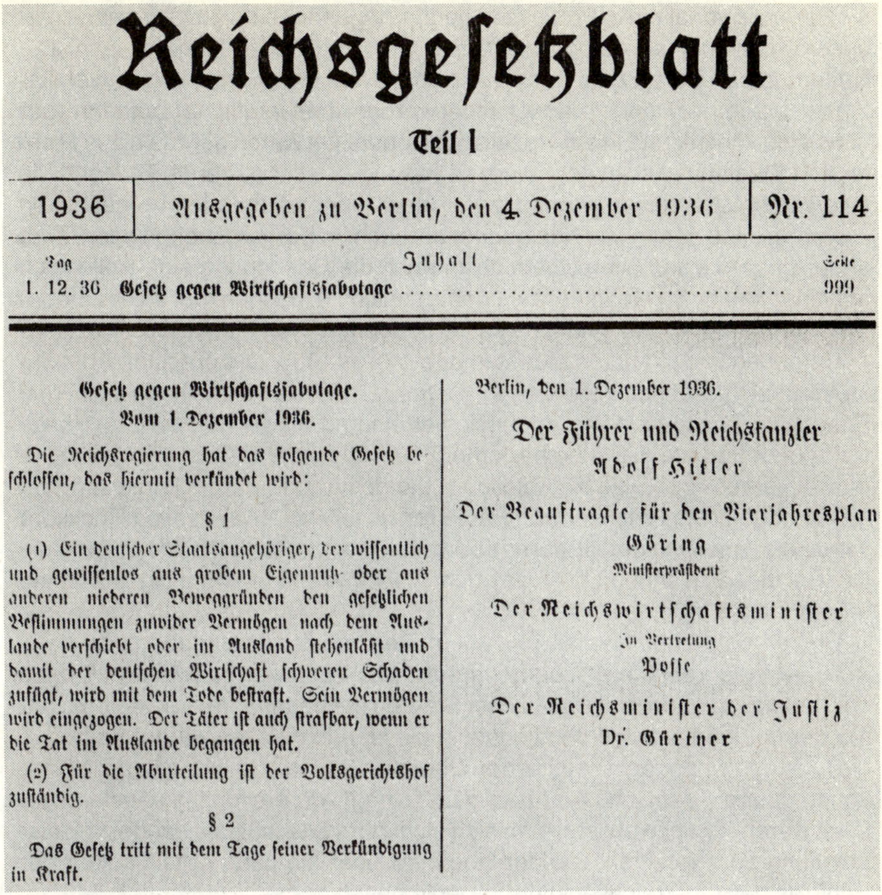

Reichsgesetzblatt

Teil I

1936	Ausgegeben zu Berlin, den 4. Dezember 1936	Nr. 114

Tag	Inhalt	Seite
1. 12. 36	Gesetz gegen Wirtschaftssabotage	999

Gesetz gegen Wirtschaftssabotage.
Vom 1. Dezember 1936.

Die Reichsregierung hat das folgende Gesetz beschlossen, das hiermit verkündet wird:

§ 1

(1) Ein deutscher Staatsangehöriger, der wissentlich und gewissenlos aus grobem Eigennutz oder aus anderen niederen Beweggründen den gesetzlichen Bestimmungen zuwider Vermögen nach dem Auslande verschiebt oder im Ausland stehenläßt und damit der deutschen Wirtschaft schweren Schaden zufügt, wird mit dem Tode bestraft. Sein Vermögen wird eingezogen. Der Täter ist auch strafbar, wenn er die Tat im Auslande begangen hat.

(2) Für die Aburteilung ist der Volksgerichtshof zuständig.

§ 2

Das Gesetz tritt mit dem Tage seiner Verkündigung in Kraft.

Berlin, den 1. Dezember 1936.

Der Führer und Reichskanzler
Adolf Hitler

Der Beauftragte für den Vierjahresplan
Göring
Ministerpräsident

Der Reichswirtschaftsminister
In Vertretung
Posse

Der Reichsminister der Justiz
Dr. Gürtner

gleiche Amt in Karlsruhe, ehe er schließlich am 4. Juli 1939 dem Ruf an den Volksgerichtshof folgte.[3]

Unmittelbar nachdem der deutsche Faschismus den zweiten Weltkrieg entfesselt hatte, setzte eine erhebliche personelle Verstärkung des Volksgerichtshofs und vor allem der dortigen Anklagebehörde ein.

Während es sich bei den ersten Angehörigen des Volksgerichtshofs um „alte Kämpfer" der Nazibewegung oder um ausgesuchte erzkonservative Juristen gehandelt hatte, die ihre Demokratiefeindlichkeit bereits in der Weima-

3 Wagner verweist auf die Feststellung im Nürnberger Juristenurteil, daß Lautz' tatsächlicher Dienstantritt am 20. September 1939 war (vgl. W. Wagner, Der Volksgerichtshof im nationalsozialistischen Staat, Stuttgart 1974, S. 28).

rer Republik vor allem in Prozessen gegen Angehörige der revolutionären Arbeiterorganisationen demonstriert hatten, rückten jetzt Jüngere nach: Die Neuernannten waren zwar noch durchweg in den Gymnasien und Universitäten der Weimarer Republik ausgebildet worden, ihre berufliche Laufbahn aber hatte sich vorwiegend in der Naziära vollzogen. Oft waren gerade diese Richter und Staatsanwälte in der Folgezeit besonders schnell bereit, Todesurteile zu erwirken. Zum einen eiferten sie so ihren länger dienenden Vorgesetzten sowohl im Haß gegen alle Nazigegner als auch im Karrierestreben nach. Zum anderen spielte wohl verschiedentlich auch die Überlegung eine Rolle, sich auf diese Weise im Gerichtssaal unentbehrlich zu machen, um so der Einberufung zum Militär und einem damit verbundenen Fronteinsatz zu entgehen.

Unter den in den letzten Monaten des Jahres 1939 zum obersten Ausnahmetribunal Versetzten befanden sich zum Beispiel Karl Bruchhaus und Ernst Friedrich. Ebenso tauchte der pensionierte Jorns wieder auf, der sich reaktivieren ließ und am 5. Dezember erneut zum Dienst antrat. Er übernahm zunächst vertretungsweise die Abteilung „Landesverrat", die der kurzfristig zum Militär abgestellte Reichsanwalt Paul Franzki leitete. Nach dessen Rückkehr wurde die Abteilung geteilt: Jorns übernahm die Abteilung II a und Franzki die II b. Bei dieser Trennung blieb es auch, als Jorns später endgültig ausschied (er starb am 5. Februar 1942).

Der erhöhte Arbeitsanfall in diesem Ressort der Anklagebehörde beim Volksgerichtshof war nicht zuletzt darauf zurückzuführen, daß den Nazis nach der Besetzung anderer europäischer Staaten (insbesondere Frankreichs) Akten der dortigen Nachrichtendienste in die Hände gefallen waren. So besaß die Gestapo einen recht detaillierten Überblick, auf welchen Kanälen Informationen über die deutsche Aufrüstung und Kriegsvorbereitung ins Ausland gelangt waren. Gleichwohl sah man sich nicht nur veranlaßt, die Landesverratsabteilung zu verstärken, wie der Überblick über die personelle Struktur der Behörde des Oberreichsanwalts in Berlin beweist:

Datum	Zahl	der Abteilungen davon: Hochverrat/Landesverrat	Besetzung Leiter/ Mitarbeiter
1. 4.1937	4	2/2	4/26
1.11.1938	5	2/2 und 1 (für beide Delikte zuständig)	4/35*
1. 1.1940	5	wie 1938	5/31**
1. 6.1940	6	3/3	6/37

* Die damals noch offene Abteilungsleiterstelle wurde am 1. 12. 1938 von dem aus München kommenden Reichsanwalt Paul Barnickel besetzt.

** Der kurzfristige Rückgang der Zahl der Staatsanwälte ist darauf zurückzuführen, daß mehrere zum Militär einberufen wurden.

Reichsgesetzblatt

Teil I

1939	Ausgegeben zu Berlin, den 26. August 1939	Nr. 147

Verordnung über das Sonderstrafrecht im Kriege und bei besonderem Einsatz (Kriegssonderstrafrechtsverordnung).

Vom 17. August 1938.

Kriegssonderstrafrecht

§ 1

Das sachliche Strafrecht

(1) Für alle Personen, die dem Militärstrafgesetzbuch unterworfen sind, gilt auch das Strafgesetzbuch für das Deutsche Reich.

(2) Auf diese Personen ist das für sie geltende Strafrecht auch dann anzuwenden, wenn sie die Tat im Ausland begehen.

Sondertatbestände

§ 2

Spionage

(1) Wegen Spionage wird mit dem Tode bestraft, wer heimlich oder unter falschem Vorwand in dem Kriegsgebiet der deutschen oder einer verbündeten Wehrmacht Nachrichten einzieht oder einzuziehen sucht in der Absicht, sie dem Feinde oder zu dessen Nutzen einem anderen mitzuteilen. Daneben kann auf Einziehung des Vermögens erkannt werden.

...

§ 5

Zersetzung der Wehrkraft

(1) Wegen Zersetzung der Wehrkraft wird mit dem Tode bestraft:

1. wer öffentlich dazu auffordert oder anreizt, die Erfüllung der Dienstpflicht in der deutschen oder einer verbündeten Wehrmacht zu verweigern, oder sonst öffentlich den Willen des deutschen oder verbündeten Volkes zur wehrhaften Selbstbehauptung zu lähmen oder zu zersetzen sucht;
2. wer es unternimmt, einen Soldaten oder Wehrpflichtigen des Beurlaubtenstandes zum Ungehorsam, zur Widersetzung oder zur Tätlichkeit gegen einen Vorgesetzten oder zur Fahnenflucht oder unerlaubten Entfernung zu verleiten oder sonst die Manneszucht in der deutschen oder einer verbündeten Wehrmacht zu untergraben;
3. wer es unternimmt, sich oder einen anderen durch Selbstverstümmelung, durch ein auf Täuschung berechnetes Mittel oder auf andere Weise der Erfüllung des Wehrdienstes ganz, teilweise oder zeitweise zu entziehen.

(2) In minder schweren Fällen kann auf Zuchthaus oder Gefängnis erkannt werden.

(3) Neben der Todes- und der Zuchthausstrafe ist die Einziehung des Vermögens zulässig.

Auszug

War der Volksgerichtshof ursprünglich eingesetzt worden, um vermeintlichen Hoch- und Landesverrat zu ahnden, so erfuhren seine Kompetenzen nach der Entfesselung des zweiten Weltkrieges eine bis dahin wohl unvorstellbare Ausweitung. Zwar war bereits 1935/1936 die Zuständigkeit des Tribunals über seine anfänglichen Aufgaben hinaus ausgedehnt worden, doch blieb das zunächst auf einige Delikte beschränkt, nämlich Wehrmittelbeschädigung[4], Verletzung der Anzeigepflicht[5] bei solchen Handlungen, die in die Kompetenz des Volksgerichtshofs fielen, und den 1936 neugeschaffenen Tatbestand der Wirtschaftssabotage[6], worunter man das Verbringen von inländischen Vermögenswerten ins Ausland bzw. das Belassen solchen Vermögens im Ausland verstand.

Diese Ausweitung der Befugnisse des Volksgerichtshofs war jedoch nicht vergleichbar mit derjenigen, die nach dem 1. September 1939 einsetzte. Zunächst einmal oblag es dem Volksgerichtshof, nun auch Verstöße gegen die Wehrkraftschutzverordnung[7] zu ahnden. Die Verordnung über die Zuständigkeit der Strafgerichte, die Sondergerichte und sonstige strafverfahrensrechtliche Vorschriften vom 21. Februar 1940[8] enthielt nicht nur eine Zusammenfassung aller bisherigen Kompetenzen des Tribunals, sondern fügte auch neue hinzu: Hatte ein Verdächtiger sich wegen mehrerer Tatbestände zu verantworten, die in die Zuständigkeit unterschiedlicher Gerichte fielen, war – soweit einer der Schuldvorwürfe in die Kompetenz des Volksgerichtshofs fiel – generell dieser zuständig. Das galt auch für im Zustand der Trunkenheit begangene Handlungen, die nach dem Tatbestand des § 330 a des Strafgesetzbuchs (Vollrausch) abzuurteilen waren.

Mit der Verordnung über die erweiterte Zuständigkeit des Volksgerichtshofs vom 10. Dezember 1941[9] erhielten die Nazijuristen in der Bellevuestraße schließlich die Befugnis, ursprünglich den Kriegsgerichten zustehende Fälle der Spionage nach § 2 der Kriegssonderstrafrechtsverordnung vom 17. August 1938[10] abzuurteilen. Voraussetzung dafür war, daß sich das Oberkommando der Wehrmacht bzw. der jeweils zuständige Gerichtsherr nicht für ein Kriegsgerichtsverfahren ausgesprochen hatte.

4 Vgl. RGBl. I 1935 S. 844 und S. 849.
5 Vgl. RGBl. I 1936 S. 532.
6 RGBl. I 1936 S. 999 (vgl. umstehenden Abdruck). Dieses Gesetz gegen Wirtschaftssabotage wies eine vordergründige antijüdische Zielrichtung auf und bereitete die „Endlösung der Judenfrage" auf ökonomischem Gebiet mit vor.
7 Vgl. RGBl. I 1939 S. 2319.
8 Vgl. RGBl. I 1940 S. 405.
9 Vgl. RGBl. I 1941 S. 776.
10 RGBl. I 1939 S. 1455 (vgl. umstehenden Auszug). Die Verordnung über das Sonderstrafrecht im Kriege und bei besonderem Einsatz wurde ebenso wie die gleichfalls am 17. August 1938 erlassene Verordnung über das militärische Strafverfahren im Kriege und bei besonderem Einsatz aus taktischen Gründen erst ein Jahr später im Gesetzblatt veröffentlicht.

6 L 204/44
3 J 1182/44

IM NAMEN DES DEUTSCHEN VOLKES

In der Strafsache gegen

den Arbeiter Albert E v e r s aus Beek (Niederlande), geboren am 24. Dezember 1908 in Hochheide/Hohberg, Bez. Duisburg,

zur Zeit in gerichtlicher Untersuchungshaft,

wegen Zersetzung der Wehrkraft

hat der Volksgerichtshof, 6. Senat, auf Grund der Hauptverhandlung vom 20. September 1944, an welcher teilgenommen haben

als Richter:
Senatspräsident Hartmann, Vorsitzer,
Landgerichtsdirektor Dr. Lorenz,
SS-Brigadeführer, Generalmajor der Polizei Heider,
Generalarbeitsführer von Mangold,
Hauptbereichsleiter Richter,

als Vertreter des Oberreichsanwalts:
Erster Staatsanwalt Klitzke,

für Recht erkannt:

Der Angeklagte, ein niederländischer Staatsangehöriger, hat im Dezember 1943 und im April 1944 je einen Hetzzettel mit üblem zersetzenden Inhalt in einem deutschen Fabrikbetrieb verbreitet. Er wird deshalb wegen Wehrkraftzersetzung in Verbindung mit landesverräterischer Begünstigung des Feindes zum Tode und zu lebenslangem Ehrverlust verurteilt.

Der Angeklagte trägt auch die Kosten des Verfahrens.

- - - - - - -

Die Richtigkeit der vorstehenden Abschrift wird beglaubigt und die Vollstreckbarkeit des Urteils bescheinigt.

Potsdam, den 22. September 1944

Schröder-Lay, Amtsrat
als Urkundsbeamter der Geschäftsstelle.

An den
Herrn Oberreichsanwalt
mit 3 begl. u. 3 einf. Abschriften.

Schluß der Sitzung um 11 Uhr.

In der Folgezeit wurden die Rechte des Volksgerichtshofs noch zweimal durch juristische Regelungen ausgedehnt: Die Verordnung zum Schutze der Rüstungswirtschaft vom 21. März 1942[11] überwies dem Volksgerichtshof jene Verfahren, die wegen unrichtiger Meldungen über Arbeitskräfte oder Vorräte angestrengt wurden, und die Verordnung vom 29. Januar 1943 zur Ergänzung und Änderung der Zuständigkeitsverordnung[12] überantwortete ihm die Fälle der Wehrkraftzersetzung und des Wehrdienstentzugs.

Die Macht des obersten Ausnahmetribunals erfuhr durch die Besetzung fremder Territorien und die damit einhergehende Expansion der deutschen Justizhoheit eine noch verhängnisvollere Ausweitung. Zu Recht betonte Walter Wagner: „Es war für die Millionen Menschen, die durch den Kriegsverlauf unter deutsche Herrschaft und damit in den Machtbereich der deutschen Justiz gelangt waren, bedeutungslos, ob ihre Heimat dem Deutschen Reich einverleibt wurde oder besetztes Gebiet blieb, ob sie Reichsangehörige geworden oder Ausländer geblieben waren, ob in ihren Wohnsitzen deutsches Recht eingeführt war oder nicht und ob sie sich von nun an den deutschen Anordnungen fügten oder Widerstand leisteten."[13] In der Tat standen vor den Schranken des Volksgerichtshofs im zunehmenden Maße ausländische Staatsangehörige: Franzosen, Belgier, Niederländer, Polen, Luxemburger, Jugoslawen und Bürger weiterer Länder.

Schließlich wirkten sich zwei weitere Gesetzgebungsakte verhängnisvoll für viele Antifaschisten aus: Bis dahin hatte der Volksgerichtshof – wie die anderen Sondergerichte – immer in erster und zugleich letzter Instanz entschieden. Das brachte für diejenigen Angeklagten, denen ein Todesurteil erspart blieb, wenigstens die Gewißheit, nicht nachträglich doch noch durch eine andere gerichtliche Entscheidung dem Henker überantwortet zu werden. Mit dem Gesetz zur Änderung von Vorschriften des allgemeinen Strafverfahrens, des Wehrmachtsstrafverfahrens und des Strafgesetzbuches vom 16. September 1939[14] wurde nunmehr der sogenannte außerordentliche Einspruch eingeführt. Mit ihm konnte jedes in Nazideutschland ergangene rechtskräftige Strafurteil innerhalb Jahresfrist von den Oberreichsanwälten am Volksgerichtshof bzw. am Reichsgericht angefochten werden. Die Ankläger brauchten lediglich geltend zu machen, gegen die Richtigkeit der zuvor ergangenen richterlichen Entscheidung beständen schwerwiegende Bedenken, die nicht näher begründet werden mußten. Es kam sodann zu einer Entscheidung des „Besonderen Senats", der sowohl am Volksgerichtshof als auch am Reichsgericht neu geschaffen worden war. Im Nazijargon wurde der „Besondere Senat" zuweilen auch als „Senat des Führers" charakterisiert. Am Volksgerichtshof bestand dieses Gremium aus dem Präsidenten oder dem Vizepräsi-

11 Vgl. RGBl. I 1942 S. 165.
12 Vgl. RGBl. I 1943 S. 76.
13 W. Wagner, a. a. O., S. 74.
14 RGBl. I 1939 S. 1841 (vgl. umstehenden Auszug).

Abschrift.
3 L 477/44
3 J 680/44

Im Namen des Deutschen Volkes!

In der Strafsache gegen
den Pfarrer Heinrich dalla Rosa aus St. Georgen, Gemeinde Obdachegg (Steiermark), geboren am 16. Februar 1909 in *Lana* bei Meran, zur Zeit in dieser Sache in gerichtlicher Untersuchungshaft,

wegen Wehrkraftzersetzung

hat der Volksgerichtshof, 3. Senat, auf Grund der Hauptverhandlung vom 23. November 1944, an welcher teilgenommen haben

als Richter:

Volksgerichtsrat Lämmle, Vorsitzer,
Kammergerichtsrat Köhler,
Gauamtsleiter Holezius,
SA-Obergruppenführer Heß,
SA-Brigadeführer Neugschwandtner,

als Vertreter des Oberreichsanwalts:

Erster Staatsanwalt Jaeger,

für Recht erkannt:

Heinrich dalla Rosa, ein Pfarrer aus der Steiermark, hat im Januar 1943 eine hochschwangere Lehrersfrau aufgefordert, sie solle ihren Mann von seiner Arbeit für die N.S.D.A.P. abbringen, da an unseren Sieg kein intelligenter Mensch mehr glaube und nach einem verlorenen Kriege gegen ihren Mann Vergeltungsmaßnahmen getroffen würden.

Hierdurch hat er sich für immer ehrlos gemacht und wird mit dem

Tode

bestraft.

denten, einem Berufsrichter und drei nebenamtlichen Richtern. In aller Regel führte eine Verhandlung vor diesem Senat zu einer drakonischen Strafverschärfung. Vom Volksgerichtshof ist bekannt, daß 1944 knapp 90 Prozent dieser Entscheidungen Todesurteile waren.

Die bereits erwähnte Verordnung vom 21. Februar 1940 schuf schließlich die Möglichkeit, vor dem Volksgerichtshof auch in solchen Sachen zu verhandeln, in denen ein anderes Gericht entschieden hatte, das gerichtsverfassungsmäßig dem Reichsgericht unterstand. War den Nazis die ursprünglich

Reichsgesetzblatt

Teil I

1939	Ausgegeben zu Berlin, den 19. September 1939	Nr. 183

Gesetz zur Änderung von Vorschriften des allgemeinen Strafverfahrens, des Wehrmachtstrafverfahrens und des Strafgesetzbuchs.

Vom 16. September 1939.

Die Reichsregierung hat das folgende Gesetz beschlossen, das hiermit verkündet wird:

1. Abschnitt
Änderung von Vorschriften des allgemeinen Strafverfahrens

. . .

Artikel 2

Außerordentlicher Einspruch

§ 3

Außerordentlicher Einspruch gegen rechtskräftige Urteile

(1) Gegen rechtskräftige Urteile in Strafsachen kann der Oberreichsanwalt beim Reichsgericht binnen einem Jahr nach Eintritt der Rechtskraft Einspruch erheben, wenn er wegen schwerwiegender Bedenken gegen die Richtigkeit des Urteils eine neue Verhandlung und Entscheidung in der Sache für notwendig hält.

(2) Auf Grund des Einspruchs entscheidet der Besondere Strafsenat des Reichsgerichts in der Sache von neuem.

(3) Ist das Urteil vom Volksgerichtshof erlassen, so steht der Einspruch dem Oberreichsanwalt beim Volksgerichtshof, die Entscheidung dem Besonderen Senat des Volksgerichtshofs zu. Dasselbe gilt bei Urteilen des Oberlandesgerichts in einer Strafsache, die der Oberreichsanwalt beim Volksgerichtshof an die Staatsanwaltschaft beim Oberlandesgericht abgegeben oder der Volksgerichtshof zur Verhandlung und Entscheidung dem Oberlandesgericht überwiesen hat.

(4) Besteht ein Zusammenhang mit einer Strafsache, die zur Zuständigkeit der Wehrmachtgerichte gehört, so kann das Verfahren durch eine Vereinbarung des Reichsministers der Justiz und des Chefs des Oberkommandos der Wehrmacht der Wehrmachtgerichtsbarkeit überwiesen werden. Auf Grund des Einspruchs entscheidet dann der Sondersenat des Reichskriegsgerichts (§ 410b der Militärstrafgerichtsordnung).

§ 4

Der Besondere Strafsenat des Reichsgerichts

(1) Der Besondere Strafsenat des Reichsgerichts besteht aus dem Präsidenten und vier Mitgliedern.

(2) Den Vorsitz führt der Präsident des Reichsgerichts und, wenn er verhindert ist, der Vizepräsident. Zwei Mitglieder müssen Senatspräsidenten oder Räte des Reichsgerichts sein.

(3) Die Mitglieder und ihre Vertreter werden auf Vorschlag des Reichsministers der Justiz vom Führer und Reichskanzler für die Dauer von zwei Geschäftsjahren bestellt.

§ 5

Der Besondere Senat des Volksgerichtshofs

(1) Der Besondere Senat des Volksgerichtshofs besteht aus dem Präsidenten und vier Mitgliedern.

(2) Den Vorsitz führt der Präsident des Volksgerichtshofs und, wenn er verhindert ist, der Vizepräsident. Ein Mitglied muß Senatspräsident oder Rat des Volksgerichtshofs sein.

(3) Die Mitglieder und ihre Vertreter werden auf Vorschlag des Reichsministers der Justiz vom Führer und Reichskanzler für die Dauer von zwei Geschäftsjahren bestellt.

§ 6

Verfahren

(1) Für das Verfahren vor dem Besonderen Senat gelten die Vorschriften über das Hauptverfahren des ersten Rechtszuges entsprechend. Der Senat kann von diesen Vorschriften abweichen, wenn er es für angemessen hält.

(2) Befindet sich der Verurteilte auf Grund des Urteils in Haft, so kann der Oberreichsanwalt an-

ordnen, daß er festgehalten wird, bis das Gericht über die Untersuchungshaft entscheidet.

§ 7

Außerordentlicher Einspruch gegen rechtskräftige Gerichtsbeschlüsse

Für rechtskräftige Gerichtsbeschlüsse, die das Verfahren abschließen, gelten die §§ 3 bis 6 entsprechend.

Artikel 3

Weitere Zuständigkeit des Besonderen Strafsenats des Reichsgerichts

§ 8

Erhebung der Anklage vor dem Besonderen Strafsenat des Reichsgerichts

(1) Der Oberreichsanwalt beim Reichsgericht kann in einer Strafsache, die nicht zur Zuständigkeit des Volksgerichtshofs gehört, die Anklage vor dem Besonderen Strafsenat des Reichsgerichts erheben, wenn er das wegen der Bedeutung der Sache für angezeigt hält.

(2) Auf die Anklage ordnet der Vorsitzende die Hauptverhandlung vor dem Besonderen Strafsenat des Reichsgerichts an.

Auszug

ausgeworfene Strafe zu gering, hielten sie den Oberreichsanwalt am Reichsgericht an, das entsprechende Urteil vom Reichsgericht aufheben zu lassen und die Sache zur erneuten Verhandlung an den Volksgerichtshof abzugeben, der dann das in aller Regel erstrebte Todesurteil fällte. So arbeiteten die Juristen des Reichsgerichts mit ihren Kollegen vom Volksgerichtshof Hand in Hand, um Antifaschisten auf das Schafott zu bringen.

Mit diesen Gesetzgebungsakten wurde nahtlos jener Prozeß der Verschärfung des gesamten Straf- und Strafprozeßrechts fortgesetzt, der mit der Bildung der Sondergerichte im Jahre 1933 und mit dem Gesetz zur Änderung von Vorschriften des Strafrechts und des Strafverfahrens vom 24. April 1934[15] – der Geburtsurkunde des Volksgerichtshofs – eingeleitet und mit zahlreichen weiteren Bestimmungen ausgestaltet worden war. Zutreffend wurde im US-amerikanischen Juristenprozeß in Nürnberg dazu festgestellt: Es handelte sich um „ein über das ganze Land verbreitete(s) und von der Regierung organisierte(s) System der Grausamkeit und Ungerechtigkeit unter Verletzung der Kriegsgesetze und der Gesetze der Menschlichkeit, begangen im Namen des Rechts unter der Autorität des Justizministeriums und mit Hilfe der Gerichte“[16]. Der Anteil des Volksgerichtshofs übertraf dabei den aller anderen Nazigerichte ganz entschieden.

15 Vgl. RGBl. I 1934 S. 341.
16 Fall 3. Das Urteil im Juristenprozeß, Berlin 1969, S. 136.

Beschluß

2 C 64/44
(2 StS 20/44)

In der Strafsache gegen den Einschaler Aloisius Hamerski aus Berlin, zur Zeit in dieser Sache im Strafgefängnis Plötzensee in Strafhaft,
wird auf die Nichtigkeitsbeschwerde des Oberreichsanwalts

beschlossen:

1.) Das Urteil des Sondergerichts in Berlin vom 20. Januar 1944 wird aufgehoben.

2.) Die Sache wird an den Volksgerichtshof abgegeben, weil der Angeklagte der öffentlichen Zersetzung der Wehrkraft (§ 5 Abs. 1 Nr. 1 KSStVO) verdächtig ist.

3.) Der Verurteilte, gegen den der Strafvollzug bereits eingeleitet ist, verbleibt weiterhin in Strafhaft.

Gründe

Durch das bezeichnete rechtskräftige Urteil ist der Angeklagte wegen Vergehens nach § 2 Abs. 2 HeimtückeG zu 2 Jahren Gefängnis verurteilt worden. Nach den Feststellungen des Sondergerichts hat der Angeklagte unter anderem geäußert,

> den Landwehrkanal habe Kaiser-Wilhelm erbaut; so was kriege natürlich Adolf-Hitler nicht fertig, der könne bloß die Leute in den Krieg hetzen

und ferner,

> daß derjenige, der noch an den Sieg glaube, verrückt sei.

Der Angeklagte tat diese Äußerungen auf seinen Arbeitsstellen gegenüber Lehrlingen des Betriebes, in dem er beschäftigt war, um die Jugendlichen im staatsfeindlichen Sinne zu beeinflussen. Er mußte nach den Urteilsfeststellungen damit rechnen, daß die Äußerungen in die Öffentlichkeit dringen würden.

Dieser Sachverhalt legt es nahe, daß der Angeklagte öffentlich den Willen des Deutschen Volkes zur wehrhaften Selbstbehauptung zu lähmen oder zu zersetzen gesucht und sich damit eines Verbrechens nach § 5 Abs. 1 Nr. 1 (zweiter Fall) der VO über das Sonderstrafrecht im Kriege und bei besonderem Einsatz vom 17. August 1938 (RGBl 1939 S. 1455) schuldig gemacht hat (RGSt Bd. 76 S. 118).

Das Sondergericht hätte deshalb seine Unzuständigkeit erklären und die Sache zur weiteren Prüfung dem nach § 5 Abs. 1 Nr. 8 der ZuständigkeitsVO vom 21. Februar 1940 in der Fassung von Art. I der VO vom 29. Januar 1943 (RGBl I S. 76) zuständigen Volksgerichtshof vorlegen müssen. Daß es das nicht getan hat, bedeutet einen Fehler bei der Anwendung des Rechts, der zu einer ungerechten Entscheidung geführt hat.

Die Anordnung über das Verbleiben des Verurteilten in Strafhaft beruht auf Art. I der VO vom 1. September 1941 (RGBl I S. 552).

Leipzig, den 14. Juni 1944

Reichsgericht, 2. Strafsenat

gez.: Hoffmann Wernecke

Ausgefertigt

Mayer

Obersekretär,

als Urkundsbeamter der Geschäftsstelle

2 C 64/44

(2 StS 20/44)

27. JUNI 1944

An

den Herrn Oberreichsanwalt

mit

1 Ausfertigung,

5 Abschriften, Haft!

1 Bande Akten.

L 310/44
J 1550/44

Jm Namen des Deutschen Volkes !

Jn der Strafsache gegen
len Einschaler Aloisius Hamerski aus Berlin, geboren am
21. Juni 1897 in Hutta, Krs. Konitz,

zur Zeit in dieser Sache in Haft,

egen Wehrkraftzersetzung,

at der Volksgerichtshof, 1. Senat, auf die am 28. August 1944 einge-
angene Anklage des Herrn Oberreichsanwalts in der Hauptverhandlung
om 25. September 1944, an welcher teilgenommen haben

als Richter :

Landgerichtsdirektor Stier, Vorsitzer,
Landgerichtsdirektor Dr. Schlemann,
Gauhauptamtsleiter Hartung,
NSKK-Brigadeführer Heinsius,
Oberabschnittsleiter Brunner,

als Vertreter des Oberreichsanwalts :

Landgerichtsrat Hager,

r Recht erkannt :

Der Angeklagte Aloisius Hamerski hat im August 1943
genüber Lehrlingen sich schwer defaitistisch geäußert und dadurch
sere Wehrkraft zu zersetzen gesucht. Er wird daher zum Tode
rurteilt und verliert die Ehrenrechte für immer.

So funktionierte die Arbeitsteilung zwischen Reichsgericht und Volksgerichtshof.
(S. 62–64)

Strafprozeß oder Konzentrationslager

In den Vorkriegsjahren hatte sich der Volksgerichtshof verschiedentlich – wenn auch recht zaghaft – gegen Eingriffe der Gestapo in seine Befugnisse gewehrt. Das war vor allem dann geschehen, wenn die Geheimpolizei von dem Tribunal Freigelassene aus eben jenem Grunde erneut griff, der Gegenstand des Strafverfahrens gewesen war, das mit dem Freispruch oder der Einstellung geendet hatte.

Als nach dem 1. September 1939 die Zahl der vom Oberreichsanwalt erhobenen Anklagen sprunghaft stieg (1939: 477, 1940: 1094 Anklagen[1]), vertra-

1 In der Literatur gibt es geringfügige Abweichungen über die Zahl der Anklagen und Urteile des Volksgerichtshofs. Soweit hier Angaben veröffentlicht werden, lehnen

ten die NS-„Rechtswahrer" eine entgegengesetzte Position. So beklagte Thierack am 14. August 1940 die Überlastung seiner Senate. Da diese durch „Bagatellfälle" verursacht wäre, präsentierte er dem Reichsjustizministerium seine Lösungsvariante: Der Oberreichsanwalt möge jeden Fall prüfen und die Verfahren gegebenenfalls wegen Geringfügigkeit gemäß § 153 der Strafprozeßordnung einstellen, um freilich die Beschuldigten „dann dem Sicherheitsdienst mit dem Anheimgeben zeitweiliger Unterbringung in einem KZ zur Verfügung" zu stellen.[2] In Wahrheit gab es „zeitweilige" KZ-Einweisungen nicht. Diese blieben – von ganz wenigen Ausnahmen abgesehen (sie betrafen Parteigänger der Nazis, die unliebsam aufgefallen waren) – immer unbefristet, woraus die Gestapo übrigens nie ein Hehl machte.[3] Dieser Brief des „Chefpräsidenten" belegt, wie unaufgefordert und nahtlos sich das oberste Ausnahmegericht in den Unterdrückungsapparat des Nazireiches einfügte. Es ging nicht darum, Bagatelltäter vor ungerechtfertigter Strafe zu bewahren. Das Anliegen bestand vielmehr darin, die effektivste Prozedur zu finden, um solche Personen ohne gerichtlichen Aufwand ihrer Freiheit zu berauben.

Zugleich belegt Thieracks Vorstoß, daß die Nazijustiz nicht nur skrupellos alle herkömmlichen juristischen und moralischen Wertvorstellungen preisgab, sondern daß sie die traditionellen Rechtsgüter direkt in ihr Gegenteil verkehrte: Einerseits sollte die Staatsanwaltschaft die Ermittlungen ja deshalb einstellen, weil die Schuld des Täters gering und die Folgen unbedeutend waren. Andererseits überantwortete man diese Opfer jedoch dem brutalsten Terrorinstrument, das es überhaupt in Hitlerdeutschland gab, nämlich den SS-Totenkopfeinheiten, die dieses Mord und Totschlag repräsentierende Symbol als Kennzeichen ihrer Terrorpraktiken für jedermann sichtbar an den Uniformen trugen.

In der Folgezeit wurde die Zusammenarbeit zwischen der Justiz und dem außergerichtlichen Terrorapparat des Nazistaates immer mehr ausgebaut[4] und erstreckte sich auch auf den Strafvollzug.

sie sich – jedenfalls soweit es den Zeitraum ab 1939 betrifft – an die bei B. Jahntz/ V. Kähne, Der Volksgerichtshof. Darstellung der Ermittlungen der Staatsanwaltschaft bei dem Landgericht Berlin gegen ehemalige Richter und Staatsanwälte am Volksgerichtshof, Berlin (West) 1987, S. 214, enthaltenen Zahlen an. Hierbei handelt es sich um die zuletzt veröffentlichte Statistik, die auch Urteile berücksichtigt, die erst in den letzten Jahren bekannt wurden.

2 Der Brief ist auszugsweise zitiert nach: W. Wagner, Der Volksgerichtshof im nationalsozialistischen Staat, Stuttgart 1974, S. 214, Anmerkung 471.

3 So betonte Otto Geigenmüller in seiner Himmler gewidmeten und 1937 in Würzburg erschienenen Arbeit „Die politische Schutzhaft im nationalsozialistischen Deutschland" auf S. 41: Die Schutzhaft „wird grundsätzlich so lange aufrecht zu erhalten sein, als ihr Grund es erfordert".

4 Bereits am 6. Mai 1933 hatte Preußens Justizminister Kerrl die Überstellung Freigelassener an die Polizei angewiesen. Seine Anweisung „betr. Entlassung staatsfeindlicher Personen aus der Untersuchungshaft" ist veröffentlicht in: NJ, 1979/11, S. 494.

130

Abschrift aus 43 - 2.86.

Der Reichsminister der Justiz
4300 - III a 4 586.42

Berlin W 8, den 16. April 1942
Wilhelmstraße 65

An

a) den Herrn Oberreichsanwalt
beim Volksgerichtshof

.....

Betrifft: Strafvollstreckung gegen jüdische Gefangene

Die Strafvollstreckung gegen Juden, welche evakuiert werden sollen, bitte ich auf Antrag der Staatspolizeistelle auszusetzen. Die Erteilung eines Gnadenerweises kommt aus diesem Anlaß nicht in Betracht.

Sollen jüdische Untersuchungsgefangene evakuiert werden, so bitte ich auf eine Aufhebung des Haftbefehls hinzuwirken, falls nicht die Todesstrafe zu erwarten ist oder der Entlassung aus anderen Gründen (z.B. der Beschuldigte wird noch zur Aufklärung weiterer Straftaten oder zur Überführung anderer Täter benötigt) Bedenken entgegenstehen.

Die zur Entlassung kommenden Gefangenen werden der Staatspolizei unmittelbar überstellt.

In Vertretung
gez. Dr. Freisler.

- - - - -

Vfg.

1.) Je eine Abschrift erhalten die Abteilungsleiter, Sachbearbeiter und Leiter der Abteilungen der Geschäftsstelle zur Kenntnisnahme und Beachtung.

2.) ....

Berlin, den 21. April 1942
Der Oberreichsanwalt beim Volksgerichtshof
gez. L a u t z .

- - - - -

Herrn StA. Ranke

Die Justiz behielt jüdische Gefangene nur dann, wenn ihnen ohnehin die Todesstrafe drohte.

Jüdische Untersuchungsgefangene übergab man bald grundsätzlich der Gestapo. Ausgenommen blieben lediglich die Beschuldigten jener Verfahren, in denen die Justiz Todesurteile zu verkünden trachtete. Für Juden war fortan der Gerichtssaal der Vorhof zur Hinrichtungszelle. Entgingen sie in Einzelfällen doch dem Schafott und erhielten – in aller Regel als Mitangeklagte zum Tode Verurteilter – hohe Zuchthausstrafen, überantwortete sie die Justiz unverzüglich der Gestapo, die ihren Transport in ein Konzentrations- oder Vernichtungslager veranlaßte. Beispielhaft ist dafür das Schicksal der jüdischen Widerstandskämpfer um den Jungkommunisten Herbert Baum, die am 18. Mai 1942 die Hetzausstellung „Das Sowjetparadies“ im Berliner Lustgarten in Brand gesetzt hatten. Am 10. Dezember 1942 verurteilte der 2. Senat des Volksgerichtshofs Heinz Birnbaum, Hella Hirsch, Marianne Joachim, Hildegard Loewy, Hanni Meyer, Helmut Neumann, Heinz Rotholz, Siegbert Rotholz und Lothar Salinger zum Tode. (AZ: 10 J 207/42g – 2 H 314/42[5].) Die 19- bzw. 20jährigen Alice Hirsch, Lotte Rotholz und Edith Fraenkel erhielten Zuchthausstrafen bis zu acht Jahren, wurden der Gestapo übergeben und in Vernichtungslager überführt. Ihre Todesdaten sind nicht zu ermitteln.

Am 29. Juni 1943 standen vor dem gleichen Senat drei weitere Kampfgefährten von Herbert Baum, der selbst – wie Walter Bernecker, Elfriede Schaumann und Herbert Meyer – schon während der Gestapohaft umgekommen war: Martin Kochmann, Felix Heymann und Herbert Budzislawski wurden zum Tode verurteilt und am 7. September 1943 hingerichtet. (AZ: 10 J 328/43g – 2 H 99/43.)

Gegen die ebenfalls in diesem Prozeß angeklagte Charlotte Paech wurde das Verfahren abgetrennt. Da nach der 13. Verordnung zum Reichsbürgergesetz vom 1. Juli 1943 (RGBl. I S. 372) strafbare Handlungen von Juden ausschließlich durch die Polizei zu verfolgen waren, kam es gegen sie nicht mehr zu einem Urteil. Charlotte Paech konnte 1944 während eines Luftangriffs aus der Haft fliehen und sich bis zur Befreiung verbergen.

Im Zusammenhang mit dem Brand in der Hetzausstellung im Lustgarten hatte bereits am 16. Juli 1942 ein erster Prozeß stattgefunden. Das Sondergericht Berlin verkündete das – am 18. August 1942 vollstreckte – Todesurteil gegen Joachim Franke, Werner Steinbrink, Hildegard Jadamowitz, Sala Kochmann, Hans Mannaberg, Marianne Baum, Heinz Joachim, Irene Walther, Suzanne Wesse und Gerhard Meyer.[6]

5 Die hier und im folgenden verwandten AZ-Signaturen beziehen sich auf die Registratur des Oberreichsanwalts und des Volksgerichtshofs. Die Urteile stehen entweder der Generalstaatsanwaltschaft der DDR zur Verfügung oder sind ihr im Zuge ihrer Ermittlungstätigkeit bekannt geworden.

6 Vgl. M. Pikarski, Jugend im Berliner Widerstand. Herbert Baum und Kampfgefährten, Berlin 1978, S. 120ff., und W. Scheffler, „Der Brandanschlag im Berliner Lustgarten im Mai 1942 und seine Folgen. Eine quellenkritische Betrachtung“, in: Berlin

Der Kooperation zwischen Justiz und SS im Strafvollzug lag jene Vereinbarung zugrunde, die Thierack am 18. September 1942 mit Himmler traf, als er diesen zu einer fünfeinhalbstündigen Besprechung in dessen „Feld-Kommandostelle" aufsuchte. Die Vereinbarung bezog sich auf die Auslieferung von Strafgefangenen „an den Reichsführer SS zur Vernichtung durch Arbeit"[7].

Die Gesamtzahl der so in die KZ Überführten ist nicht bekannt. Im Nürnberger Juristenprozeß erklärte der Angeklagte Engert unter Eid: „Zur Abgabe an die Geheime Staatspolizei sind etwa 12 000 Anstaltsinsassen vorgesehen gewesen."[8] Nach statistischen Erhebungen, die nur begrenzt möglich waren, fand etwa die Hälfte der „Ausgelieferten" (1720 von 3656 Personen) dabei den Tod.[9]

Daß die Juristen des Volksgerichtshofs sehr wohl erfuhren, was mit den von ihnen Verurteilten in den Konzentrationslagern geschah, belegt folgender Fall. Die Gestapo hatte am 30. August 1941 den 41jährigen polnischen Fotografen Franz Szczepaniak verhaftet und in das Landgerichtsgefängnis Lissa eingeliefert, weil er zu Angehörigen der Wehrmacht gesagt hatte, es tue ihm leid, daß so viele kräftige junge Männer hingeschlachtet würden. Es sei leicht, einen Krieg zu beginnen, ihn aber siegreich zu beenden, sei eine ganz andere Sache. Schließlich habe der Fotograf – so warf man ihm vor – die polnische Nationalhymne gesummt und gesagt, noch sei Polen nicht verloren.

Dieses harmlose Gespräch reichte, um Szczepaniak als fanatischen Polen und unbelehrbaren Feind des Deutschtums, wie es später im Urteil hieß, vor dem Volksgerichtshof anzuklagen. Dessen 2. Senat verkündete am 10. Februar 1942 unter Vizepräsident Engert ein noch über den Strafantrag der Staatsanwaltschaft hinausgehendes Urteil: „Der Angeklagte wird wegen Zersetzung der Wehrkraft in Verbindung mit landesverräterischer Begünstigung des Feindes und Vorbereitung zum Hochverrat zu zehn Jahren Zuchthaus verurteilt." Am 16. April verfügte Oberstaatsanwalt Hans Volk, daß diese Strafe als verschärftes Straflager zu vollziehen sei, was die Überführung in ein Konzentrationslager bedeutete. Zugleich ordnete der Ankläger an, „daß die in die Zeit des Kriegszustandes fallende Vollzugszeit in die Strafzeit nicht eingerechnet wird". Nachdem der Verurteilte am 29. Januar 1943 in Mauthausen umkam, verständigte die Lagerkommandantur die Gestapoleitstelle Posen und diese schließlich den Oberreichsanwalt in Berlin. (AZ: 8 J 89/419 – 2 H 155/41.)

Der Fall Franz Szczepaniak beweist zugleich, in welchem Maße belanglo-

in Geschichte und Gegenwart. Jahrbuch des Landesarchivs, Berlin (West) 1984, S. 91 ff.

7 ZStA Potsdam, Film 391.

8 Zitiert nach: Fall 3. Das Urteil im Juristenprozeß, Berlin 1969, S. 205.

9 Vgl. Justiz und NS-Verbrechen. Sammlung deutscher Strafurteile wegen nationalsozialistischer Tötungsverbrechen, Bd. IX, Amsterdam 1972, S. 304.

se Äußerungen kriminalisiert und vom Volksgerichtshof mit schweren Strafen belegt wurden. Ausdruck dessen ist auch das Urteil gegen den Arbeiter Ludwig Ulfig. Über dessen Staatsangehörigkeit war man sich zwar nicht klar. Vorsorglich wurden ihm aber die staatsbürgerlichen Ehrenrechte aberkannt für den Fall, daß er – was man nicht für ausgeschlossen hielt – später „die Reichsangehörigkeit erlangen wird". Forsch begründete das der 4. Senat: „denn die Tat gestattet es auf keinen Fall, daß der Angeklagte jemals in den Genuß der Ehrenrechte eines Reichsbürgers kommen kann". Die so geschmähte Tat bestand im wesentlichen darin, daß der Angeklagte entweder 1931 oder 1932 dem Konsul eines Nachbarstaates von sich aus erzählt hatte, in der Nähe eines Dorfes an der Oder habe die Reichswehr einen Artillerieunterstand gebaut. Er hatte sich erboten, diesen Unterstand dem Diplomaten zu zeigen.

Obwohl selbst der Oberreichsanwalt festhielt, daß Ulfigs Mitteilungen „objektiv keine Staatsgeheimnisse" beinhalteten, reichte der Sachverhalt aus, um den laut Urteil vom 17. September 1940 des Lesens und Schreibens kaum Kundigen (er hatte nie eine Schule besucht) lebenslang ins Zuchthaus zu schicken[10] und – wie es im gleichen Tenor hieß – „den Verratslohn von 100 Zloty und 10 Reichsmark" einzuziehen. (AZ: 11 J 14/40g – 4 L 50/40.)

Ebenso scheute man sich nicht, ausgesprochene Wirtshausprahlereien vor das oberste Ausnahmetribunal zu bringen. So hatte der 23jährige Schlossergeselle Bernhard Liebnitz im September 1939 im Gasthaus „Zum Goldenen Anker" in Freiburg/Breisgau einer attraktiven Serviererin mit angeblichen Fronterlebnissen zu imponieren versucht. Als er am nächsten Abend erneut ins Lokal kam, geriet er freilich an den falschen Gesprächspartner: Kaufmann Eichin – Stammgast im „Goldenen Anker" – rief die Polizei, als der bierselige junge Mann die Maginotlinie[11] für uneinnehmbar erklärte und hinzufügte, die deutsche Luftwaffe habe Gelbkreuzbomben geworfen.

Am 22. Februar 1940 legte der 2. Senat dem Schlossergesellen eine Zuchthausstrafe von zehn Jahren mit dem Bemerken auf, „mit Rücksicht auf die Jugend des Angeklagten" sei dieses Strafmaß „noch angemessen". Die besondere Gefahr seines Verhaltens sah das Gericht darin, daß der Verurteilte seine Behauptungen „während des entscheidenden Existenzkampfes des deutschen Volkes gegen seine Erbfeinde England und Frankreich nahe der Grenze bei der von einer deutschfeindlichen Presse beherrschten Schweiz aufgestellt hat". (AZ: 11 J 337/39 – 2 H 3/40.)

10 Mit zunehmender Dauer des Krieges ging die Zahl der vom Volksgerichtshof verhängten lebenslänglichen Zuchthausstrafen zurück: 1939: 22, 1940: 50, 1941: 74, 1942: 79, 1943: 24, 1944: 15. Offiziell hieß es, man wolle keine „unnützen Esser" durchfüttern.

11 Zwischen 1928 und 1932 längs der französischen Ostgrenze nach Plänen des Kriegsministers André Maginot erbaute militärische Befestigungslinie. Die faschistische Wehrmacht umging sie 1940 unter völkerrechtswidrigem Bruch der Neutralität Belgiens, Luxemburgs und der Niederlande vom Norden her und durchbrach sie später auch an einigen Stellen im Süden.

Solche in beliebiger Zahl anführbaren Prozesse belegen, wie das Tribunal in der Berliner Bellevuestraße immer mehr zu drakonischen Strafen griff. Zugleich wird an den Verfahren deutlich, wie sich die Perversität der Spruchpraxis des Volksgerichtshofs bereits unter dem Präsidenten Thierack stetig steigerte. Ein krasser Ausdruck dieser Entwicklung war schließlich ein Prozeß, der im Herbst 1941 fernab von Berlin stattfand.

Der Prozeß in der Prager Petschek-Bank

Der bis dahin aufsehenerregendste Prozeß des Volksgerichtshofs fand am 1. Oktober 1941 in Prag statt, dauerte ganze vier Stunden und wies zahlreiche Besonderheiten auf. Angeklagt war Alois Eliáš , der noch vier Tage zuvor als Ministerpräsident der nazifreundlichen tschechischen Protektoratsregierung amtiert hatte. Eliáš, ein gelernter Ingenieur, war später zum Militär gegangen, hatte es dort bis zum Divisionsgeneral gebracht und gehörte der tschechischen Regierung zunächst als Verkehrsminister an, bis man ihm schließlich das Amt des Premiers übertragen hatte. Während im „Protektorat Böhmen und Mähren", das nach dem Einmarsch der faschistischen Wehrmacht ausgerufen worden war, breite Kreise der Bevölkerung Widerstand gegen die Nazieindringlinge leisteten, konnten die Besatzer mit der Loyalität des Vorsitzenden der tschechischen Regierung rechnen. In der Tat versuchte dieser den neuen Herren zu dienen, bemühte sich jedoch zugleich, bei seinen Landsleuten Einfluß und Ansehen nicht vollends zu verlieren. Als ihn aber ein tschechischer Militär dazu zu bewegen suchte, die Widerstandsorganisation „Obrana Národa" („Nationale Abwehr") zu unterstützen, lehnte Eliáš ab, freilich ohne die Gestapo über dieses Ansinnen zu unterrichten. Gleichwohl schöpfte die Geheimpolizei gegen ihn bald Verdacht, weil der faschistische Sicherheitsdienst behauptete, bei der Einnahme von Paris Akten gefunden zu haben, die angeblich auf einen Kontakt des Kabinettchefs zu tschechischen Emigranten hindeuteten.[1]

Daraus ergaben sich zunächst für Alois Eliáš keine Folgen. Das änderte sich jedoch, als der seit März 1939 auf der Prager Burg, dem weltberühmten Hradschin, residierende Reichsprotektor Constantin Freiherr von Neurath erkrankte, wie die NS-Presse meldete. Hitlers Erlaß über die vertretungsweise Führung der Geschäfte des Reichsprotektors in Böhmen und Mähren vom 27. September 1941[2] bestimmte den SS-Obergruppenführer und General der Polizei Reinhard Heydrich zum stellvertretenden Reichsprotektor.[3] Dessen

1 Vgl. H. Heiber, „Zur Justiz im Dritten Reich. Der Fall Eliáš", VjfZ, 1955/3, S. 275.
2 Vgl. RGBl. I 1941 S. 591.
3 Neurath nahm seine Dienstgeschäfte in Prag nicht wieder auf. Obwohl Heydrich of-

erste Amtshandlung war die Verhängung des zivilen Ausnahmezustandes[4] noch am gleichen Tage, an dem er eingesetzt worden war, sowie die Errichtung von Standgerichten, die schon am folgenden Tag die ersten Todesurteile verkündeten.

Zugleich ließ Heydrich am Tag seiner Ankunft in Prag den tschechischen Ministerpräsidenten verhaften. Diesen Coup hatte der SS-Obergruppenführer noch in Berlin vorbereitet: Am Abend des 25. September 1941 war er in die Wohnung des Präsidenten des Volksgerichtshofs gefahren, hatte Thierack – unter dem Siegel der strengsten Verschwiegenheit – in seine Pläne eingeweiht und dessen Zusage eingeholt, nach Prag zu kommen, um das von Heydrich verlangte Todesurteil gegen Alois Eliáš ohne Teilnahme eines Vertreters des Oberreichsanwalts (von dem man nur Zeitverzug befürchtete) zu fällen.

Während Chefankläger Lautz zu einer Konferenz auf den österreichischen Semmering fuhr, traf sich Thierack am 26. September in Riesa mit dem Untersuchungsrichter des Tribunals, Hans-Joachim Rehse, konferierte am 27. September nochmals mit Heydrich und flog drei Tage später mit den Angehörigen des 1. Senats nach Prag. Dorthin hatte der neue Reichsprotektor schon einen Tag zuvor den Verbindungsmann des Reichsjustizministeriums (dessen Chefs von dieser Reise freilich nichts ahnten) zum Sicherheitsdienst, Oberstaatsanwalt Günther Joël[5], beordert, nicht zuletzt um sich dessen Hilfe beim Abfassen der eilends zusammengezimmerten Anklageschrift zu versichern.

Am 1. Oktober 1941 eröffnete Thierack die Hauptverhandlung in dem zum Verhandlungssaal umfunktionierten Schalterraum der ehemaligen Petschek-Bank, die nun als Amtssitz der Gestapoleitstelle Prag diente, vor mehreren hundert geladenen Gästen (NS-Größen, Offiziere und Beamte der faschistischen Protektoratsbehörden sowie deutsche und tschechische Journalisten). Als Ankläger fungierte an Stelle der ausmanövrierten Reichsanwaltschaft der Chef der Gestapoleitstelle Prag, SS-Sturmbannführer Hans Geschke.

Es erwies sich freilich bald, daß die sechs Schuldvorwürfe umfassende Anklageschrift liederlich abgefaßt war. So lastete sie Eliáš an, er habe als Verkehrsminister die Flucht mehrerer Widerstandskämpfer ermöglicht, die – als Eisenbahner getarnt – in die Slowakei entkommen waren. Es ließ sich unschwer feststellen, daß der Angeklagte zur in Betracht kommenden Zeit überhaupt nicht Verkehrsminister gewesen war. Dennoch erfüllte der 1. Senat die in ihn gesetzten Erwartungen. Eliáš hatte zugegeben, gewußt zu haben, daß

fiziell nur vorübergehend nach Prag kommandiert war, stand von vornherein fest, daß er diese Funktion endgültig übernehmen würde.

4 Vgl. VOBl. des Reichsprotektors in Böhmen und Mähren 1941 Nr. 47 S. 527. Gleichartige Verordnungen für weitere Landesteile ergingen in den folgenden Tagen.

5 Joël, der schon damals einen SS-Dienstgrad bekleidete, avancierte 1943 zum Generalstaatsanwalt in Hamm. Sein letzter Rang in der SS war Obersturmbannführer.

der – in Häftlingskluft vorgeführte – im Juli 1940 verhaftete Oberbürgermeister von Prag, Otakar Klapka, eine illegale Kasse hatte führen lassen. Obwohl Eliáš nachdrücklich bestritt, darüber informiert gewesen zu sein, daß aus diesem Fonds Geld an eine Widerstandsbewegung geflossen sei, reichte das dem Volksgerichtshof, ihn wegen Feindbegünstigung und Vorbereitung zum Hochverrat zum Tode zu verurteilen. Am 19. Juni 1942 wurde das Urteil vollstreckt.[6]

Für Thierack aber sollte sich die Aktion in Prag bald lohnen. Noch am Abend des 1. Oktober würdigte Heydrich in einem Fernschreiben an den Hitler-Intimus Martin Bormann die Verdienste und das „politische Verständnis" des Chefpräsidenten. Als es galt, den schon seit dem 29. Januar 1941 verwaisten Stuhl des verstorbenen Reichsjustizministers Franz Gürtner[7] zu besetzen, griffen die Machthaber auf Georg Thierack zurück.

Aber auch für den an der Vorbereitung des Prozesses in der Petschek-Bank maßgeblich beteiligten Ermittlungsrichter Rehse zahlte sich dieser Einsatz aus. War er bislang bei Beförderungen trotz seiner in Verfahren gegen deutsche Kommunisten wie auch bei Untersuchungen gegen tschechische Widerstandskämpfer vielfach bewiesenen Diensteifrigkeit (er hatte auch die Ermittlungen gegen Erich Honecker und Bruno Baum geführt) übersehen worden, so schlug jetzt die große Stunde des Mannes mit den so extrem kleinen Körpermaßen. Aus Prag zurückgekehrt, verlangte Thierack, zeitweilig zurückgestellte Verfahren gegen zahlreiche, zum Teil bereits seit 1940 in Haft befindliche tschechische Widerstandskämpfer nunmehr beschleunigt durchzuführen. Dazu sei es erforderlich, den Volksgerichtshof, wie es in Thieracks Brief an das Justizministerium vom 18. Oktober 1941 hieß[8], „durch zwei bei der Aufklärung der tschechischen Straftaten bewährte Ermittlungsrichter" zu verstärken. Einer von beiden war Rehse, der in der Folgezeit – nach dem 20. August 1942 oft an der Seite Freislers, zum Teil diesen als Vorsitzenden vertretend – nicht weniger als 231 Todesurteile unterschrieb.[9] Schon zwei Ta-

6 Die Behauptung des NS-Diplomaten Otto Bräutigam in seinem „Kriegstagebuch", Eliáš sei begnadigt worden, ist unrichtig (veröffentlicht in: Biedermann und Schreibtischtäter. Materialien zur deutschen Täter-Biographie, Berlin [West] 1987, S. 131 ff. [Beiträge zur nationalsozialistischen Gesundheits- und Sozialpolitik, Bd. 4]).

7 L. Gruchmann wertet die Meldung der NS-Presse vom 29. Januar 1941, Gürtner wäre in der vorangegangenen Nacht „nach kurzer schwerer Krankheit infolge eines Herzschlages gestorben", als zumindest irreführend. Gürtner sei im Dezember von einer Dienstreise durch das okkupierte Polen, die ihn psychisch angegriffen habe, mit „einer nicht exakt definierbaren Erkrankung des Stoffwechselsystems, die eine Zersetzung des Blutes verursachte", zurückgekehrt. Die Angehörigen des Ministers „hegten daher – den allerdings nicht beweisbaren – Verdacht, daß Gürtner in Polen von der SS vergiftet oder infiziert worden sei" (Justiz im Dritten Reich 1933–1940. Anpassung und Unterwerfung in der Ära Gürtner, München 1988, S. 82).

8 Der Brief ist auszugsweise veröffentlicht bei: W. Wagner, Der Volksgerichtshof im nationalsozialistischen Staat, Stuttgart 1974, S. 489.

9 Vgl. F. K. Kaul, „Der Fall Rehse", NJ, 1969/5, S. 148ff., und NJ, 1969/6, S. 179ff.

ge später entsprach das Ministerium dem Wunsch Thieracks. Mit Wirkung vom 1. November 1942 erhielt der Volksgerichtshof einen 5. Senat.

Bereits am 24. Mai 1941 hatte der Oberreichsanwalt berichtet, die Gestapo habe ihm bis zum 20. Mai allein 3523 Angehörige der Widerstandsbewegung „Obrana Národa" zugeführt, von denen inzwischen 2592 von den Ermittlungsrichtern vernommen worden seien. Gegen etwa 2300 tschechische Beschuldigte habe er die Verfahren an die Generalstaatsanwälte in Breslau, Dresden und Litomerice (damals Leitmeritz) abgegeben, während die Untersuchungen gegen die restlichen 1200 Widerstandskämpfer noch bei seiner Behörde lägen.[10]

Da inzwischen fünf Monate vergangen waren, dürfte die Zahl dieser Verfahren noch höher gelegen haben, obwohl freilich nach der Ausrufung des zivilen Ausnahmezustandes durch Heydrich zunächst kaum Verfahren an den Oberreichsanwalt kamen: Im sogenannten Protektorat Böhmen und Mähren wüteten die Standgerichte, so daß man der Prozedur vor dem Volksgerichtshof nicht bedurfte, um tschechische Widerstandskämpfer umbringen zu lassen. Dies besorgten nun die Exekutionskommandos der SS.[11]

Blitzkrieg gescheitert – Terror gesteigert

Um die Jahreswende 1941/1942 standen die faschistischen Machthaber vor einer neuen Situation: Wie insbesondere die Winterschlacht um Moskau, die standhafte Verteidigung Leningrads und Rückschläge an anderen Kampfabschnitten zeigten, war die lauthals propagierte Blitzkriegsstrategie endgültig gescheitert. Nazideutschland mußte sich auf eine langfristige militärische Auseinandersetzung einstellen, zumal sich mit dem Überfall auf die UdSSR am 22. Juni 1941 und der Kriegserklärung an die USA vom 11. Dezember 1941 der Kampf zu einem Weltkrieg ausgeweitet hatte. Hinzu kam, daß in den von den Nazis besetzten Gebieten wachsende Partisanenverbände den Eindringlingen empfindliche Verluste zufügten.

Neben diesen äußeren Aspekten gab es aber auch gewichtige Veränderungen im Innern. Der organisierte antifaschistische Widerstand nahm zu. In den Rüstungsbetrieben kam es wiederholt zur Sabotage der Kriegsproduktion. Die Zahl der Flugschriften, die zum Sturz der Hitlerdiktatur aufriefen, stieg. Schließlich waren immer mehr Kriegsopfer sowohl an den Fronten als auch im Gefolge der Bombardements deutscher Städte zu beklagen, was bei großen Kreisen der Bevölkerung zur Kriegsmüdigkeit führte.

10 Vgl. W. Wagner, Der Volksgerichtshof im nationalsozialistischen Staat, Stuttgart 1974, S. 488.

11 Vgl. dazu P. Przybylski/H. Busse, Mörder von Oradour, Berlin 1984, S. 32ff.

In dieser Situation ging es den Gewalthabern darum, die Bevölkerung zu immer größeren Anstrengungen an der Front und in der Heimat aufzupeitschen, und zugleich ging man rigoros gegen jene vor, die sich den Kriegsplänen in den Weg stellten. In der Tätigkeit des Volksgerichtshofs war das deutlich ablesbar. Es nahm nicht nur die Zahl der Verfahren beträchtlich zu, sondern es wurde vor allem immer häufiger die Höchststrafe ausgesprochen.

Bekanntmachung.

Der am 20. März 1942 vom Volksgerichtshof wegen Vorbereitung zum Hochverrat und Rundfunkverbrechens zum Tode und zum dauernden Verlust der bürgerlichen Ehrenrechte verurteilte 35 Jahre alte

Herbert Bochow

aus Berlin ist heute hingerichtet worden.

Berlin, den 5. Juni 1942.

Der Oberreichsanwalt beim Volksgerichtshof.

Während die Zahl der Angeklagten 1942 im Vergleich zu 1941 auf das Doppelte stieg, erhöhte sich die Zahl der Todesstrafen im gleichen Zeitraum auf das Elffache! (Vgl. Übersicht über Urteile des Volksgerichtshofs im Abschn. „Fazit".)

Viele dieser Todesurteile ergingen gegen kommunistische Widerstandskämpfer. So wurden am 10. Januar 1942 der Instrukteur der KPD und Teilnehmer an der Berner Parteikonferenz von 1939 Arthur Emmerlich, der Politische Leiter der KPD-Ortsgruppe in Berlin-Bohnsdorf Alfred Grünberg, der frühere Betriebsratsvorsitzende Johannes Gloger und der parteilose Volksschullehrer Kurt Steffelbauer zum Tode verurteilt. Die von Emmerlich angeleitete Gruppe um Kurt Steffelbauer hatte am 5. Mai 1941 in Berlin ein Flugblatt „Hände weg von der Sowjetunion!" verteilt. Darin hieß es prophetisch: „Sollte die deutsche Militärmaschine einen Überfall wagen, dann wird der Angreifer erbarmungslos geschlagen werden und das auf seinem eigenen Territorium. Das sollten sich alle Sowjetfeinde merken." (AZ: 10 J 202/41 – 2 H 143/41.)

Schon Anfang 1941 waren der Bauarbeiter Albert Hensel, der technische Zeichner Karl Stein, der Schriftsteller Herbert Bochow und der Kunstmaler

Fritz Schulze, die illegal in Dresden und Leipzig gearbeitet hatten, verhaftet worden. Im März 1942 verkündeten die Nazijuristen gegen sie das Todesurteil. (AZ: 5 J 230/41 – 2 H 6/42 und 5 J 228/41 – 2 H 16/42.)

Genauso rigoros gingen die NS-„Rechtswahrer" gegen polnische Land- und Straßenarbeiter sowie deren Ehefrauen vor, die aus Humanität zwei aus einem Kriegsgefangenenlager geflüchteten Briten ein Nachtquartier gewährt und mit etwas Wegzehrung und Zivilkleidung ausgeholfen hatten. Für die 67jährige Pelagia Trocha sowie die Arbeiter Alexander Nowacki und Johann Litwicki brachte das die Todesstrafe. Schon zehn Tage später verlangte die Gestapo, daß die Verurteilten weder begnadigt noch ihre Leichname den Angehörigen ausgehändigt werden dürften. Die Beerdigung könnte zu propagandistischen Zwecken ausgenutzt werden. „Außerdem wäre es nicht tragbar, daß die mit Truppen- und Materialtransporten nach dem Osten schon überanspruchte Deutsche Reichsbahn noch mit Überführungen von polnischen Leichen beauftragt wird." (AZ: 2 J 530/41 g – 2 L 148/41.)

Nachdem zwölf sowjetischen Kriegsgefangenen im Kreis Konin die Flucht aus einem Gefangenentransportzug geglückt war, verurteilte der 2. Senat zwischen dem 26. und 28. Mai 1942 in acht Hauptverhandlungen insgesamt neun polnische Männer und Frauen zum Tode, weil sie den Entflohenen geholfen hatten. Wie sich Unmenschlichkeit mit bürokratischer Pingeligkeit paarte, beweist ein Schreiben des Strafgefängnisses Plötzensee an den Oberreichsanwalt vom 22. September 1942: „Durch die Erfüllung des letzten Wunsches der polnischen Bürgerin Marianna Pietrzak sind 2,18 RM Kosten entstanden." In der Tat ließ die Anklagevertretung prüfen, ob die Erben der Umgebrachten dafür aufkommen könnten! (AZ: 11 J 20/42 g – 2 L 83/42.)

Das war die Justiz, die Hitler in seiner berüchtigten Reichstagsrede am 26. April 1942 gefordert hatte.[1] Im gleichen Sinne sprach Reichspropagandaminister Joseph Goebbels am 22. Juli 1942 vor den Angehörigen des Volksgerichtshofs: Nachdem er einleitend den Stellenwert seiner Rede mit dem Hinweis unterstrich, Hitler habe sein Manuskript gebilligt, führte er – wie die Mitschrift von Wilhelm Crohne (der bald darauf als Vizepräsident in die Bellevuestraße einzog) belegt – inhaltlich aus: „Der Richter müsse bei seinen Entscheidungen weniger vom Gesetz ausgehen als von dem Grundgedanken, daß der Rechtsbrecher aus der Volksgemeinschaft ausgeschieden werde. Im Kriege gehe es nicht so sehr darum, ob ein Urteil gerecht oder ungerecht sei, sondern um die Frage der Zweckmäßigkeit ... Es sei nicht vom Gesetz auszu-

1 In dieser Rede verlangte Hitler verstärkte Leistungen für den Krieg. Er ging dabei auch auf die Justiz ein und ließ sich vom Reichstag das Recht einräumen, jeden Richter abzusetzen und zur Rechenschaft zu ziehen, der ihm nicht genehme Entscheidungen getroffen hatte (RGBl. I 1942, S. 247; vgl. umstehenden Abdruck des Reichstagsbeschlusses).

2 Zitiert nach: M. Broszat, „Zur Perversion der Strafjustiz im Dritten Reich", VjfZ, 1959/4, S. 438.

Reichsgesetzblatt

Teil I

1942	Ausgegeben zu Berlin, den 27. April 1942	Nr. 44

Tag	Inhalt	Seite
26. 4. 42	Beschluß des Großdeutschen Reichstags vom 26. April 1942	247

Beschluß des Großdeutschen Reichstags vom 26. April 1942.

Der Großdeutsche Reichstag hat in seiner Sitzung vom 26. April 1942, auf Vorschlag des Präsidenten des Reichstags, die vom Führer in seiner Rede in Anspruch genommenen Rechte einmütig durch nachfolgenden Beschluß bestätigt:

»Es kann keinem Zweifel unterliegen, daß der Führer in der gegenwärtigen Zeit des Krieges, in der das deutsche Volk in einem Kampf um Sein oder Nichtsein steht, das von ihm in Anspruch genommene Recht besitzen muß, alles zu tun, was zur Erringung des Sieges dient oder dazu beiträgt. Der Führer muß daher — ohne an bestehende Rechtsvorschriften gebunden zu sein — in seiner Eigenschaft als Führer der Nation, als Oberster Befehlshaber der Wehrmacht, als Regierungschef und oberster Inhaber der vollziehenden Gewalt, als oberster Gerichtsherr und als Führer der Partei jederzeit in der Lage sein, nötigenfalls jeden Deutschen — sei er einfacher Soldat oder Offizier, niedriger oder hoher Beamter oder Richter, leitender oder dienender Funktionär der Partei, Arbeiter oder Angestellter — mit allen ihm geeignet erscheinenden Mitteln zur Erfüllung seiner Pflichten anzuhalten und bei Verletzung dieser Pflichten nach gewissenhafter Prüfung ohne Rücksicht auf sogenannte wohlerworbene Rechte mit der ihm gebührenden Sühne zu belegen, ihn im besonderen ohne Einleitung vorgeschriebener Verfahren aus seinem Amte, aus seinem Rang und seiner Stellung zu entfernen.«

Im Auftrage des Führers wird dieser Beschluß hiermit verkündet.

Berlin, den 26. April 1942.

Der Reichsminister und Chef der Reichskanzlei
Dr. Lammers

gehen, sondern von dem Entschluß, der Mann müsse weg."[2] Der Damals noch als Chefpräsident amtierende Thierack versäumte nicht, Goebbels für diese Orientierung zu danken und ihn zu bitten, auch künftig der Justiz mit solch grundlegenden Ausführungen zur Verfügung zu stehen.

Freilich bedurfte es derartiger propagandistischer Auftritte bald nicht mehr, als nämlich für den zum Reichsjustizminister ernannten Thierack der bis da-

Abschrift

Dr. jur. Roland Freisler
Präsident des Volksgerichtshofes
Preußischer Staatsrat, M.d.R.

Berlin W 9, den 15. Oktober 1942
Bellevuestraße 15
Fernsprecher: 218341

Mein Führer!

Ihnen, mein Führer, bitte ich melden zu dürfen: Das Amt, das Sie mir verliehen haben, habe ich angetreten und mich inzwischen eingearbeitet.

Mein Dank für die Verantwortung, die Sie mir anvertraut haben, soll darin bestehen, daß ich treu und mit aller Kraft an der Sicherheit des Reiches und der inneren Geschlossenheit des Deutschen Volkes durch eigenes Beispiel als Richter und als Führer der Männer des Volksgerichtshofes arbeite; stolz, Ihnen, mein Führer, dem obersten Gerichtsherrn und Richter des Deutschen Volkes, für die Rechtsprechung Ihres höchsten politischen Gerichts verantwortlich zu sein.

Der Volksgerichtshof wird sich stets bemühen, so zu urteilen, wie er glaubt, daß Sie, mein Führer, den Fall selbst beurteilen würden.

Heil meinem Führer!

In Treue

Ihr politischer Soldat

gez. Roland Freisler

hin in jener Behörde als Staatssekretär tätige Roland Freisler am 20. August 1942 den Präsidentenstuhl im Volksgerichtshof einnahm und an Hitler seinen Amtsantritt meldete.[3]

3 Archiv Generalstaatsanwalt der DDR, 243-44-1980. Freislers handgeschriebener Brief gelangte über das Justizministerium an Hitler (vgl. die umstehend abgedruckte Abschrift des Briefes vom 15. Oktober 1942).

Die Ära Freisler

Als Freisler die Leitung des Volksgerichtshofs übernahm, stand er kurz vor der Vollendung des 49. Lebensjahres. Er wurde am 30. Oktober 1893 in Celle geboren, diente ab 4. August 1914 als Fahnenjunker im 167. Infanterieregiment in Kassel, kam an die Ostfront und geriet am 18. Oktober 1915 in russische Kriegsgefangenschaft. Als er 1920 in die Heimat zurückkehrte, schloß er sich bald dem nationalsozialistischen Völkisch-Sozialen Block in Kassel an, für den er 1924 in die dortige Stadtverordnetenversammlung einzog. Bereits am 9. Juli 1925 wechselte er jedoch zur Nazipartei über.[1]

Der inzwischen als Rechtsanwalt Zugelassene gehörte zu den aggressivsten und zynischsten Abgeordneten, über die die Nazibewegung verfügte. Freisler war in zahllose Händel verwickelt. Als man ihm in einer parlamentarischen Debatte vorhielt, er sei in nicht weniger als fünf Ehrengerichtsverfahren der Anwaltskammern von Kassel und Leipzig unterlegen und zweimal von ordentlichen Gerichten strafrechtlich zur Verantwortung gezogen worden, parierte er höhnisch: Es kommen noch mehr dazu.[2]

Seine brutale Rachsucht zeigte sich besonders nach der Machtübergabe an die Nazis. Schon im Braunbuch über die Naziverbrechen von 1933 tauchte der Name Freisler auf. In einem Bericht aus Kassel hieß es, daß am 17. März 1933 Mitglieder der jüdischen Gemeinde von Nazis mißhandelt wurden. Ursächlich dafür „waren regelmäßig kleinliche Gehässigkeiten eines Prominenten der NSDAP". So wurde Rechtsanwalt Max Plaut im Hauptversammlungslokal der Nazipartei wegen „beruflicher Verfehlungen" zu 200 Stockschlägen „verurteilt", denen er zehn Tage später erlag. Ebenso mußte ein weiterer jüdischer Advokat, Rechtsanwalt Dalberg, grausame Torturen erleiden. In dem zeitgenössischen Report hieß es dazu: „Bemerkenswert ist, daß Dalberg kurze Zeit vorher einen Streit mit dem damaligen Rechtsanwalt, jetzigen Ministerialdirektor Dr. Freisler gehabt hatte und daß ihm dies auch während der Mißhandlung vorgehalten wurde. Es besteht also kein Zweifel darüber, daß die Folterung des Rechtsanwalts Dalberg auf direkten Befehl dieses zur damaligen Zeit obersten Führers der Kasseler NSDAP und jetzigen hohen preußischen Beamten erfolgt ist. Dalberg wurde auch sein langer Vollbart abgeschnitten. Die Verletzungen von D. waren so schwer, daß die Ärzte einige Tage befürchteten, ein Bein müßte amputiert werden."[3]

Über antijüdische Provokationen, die wenige Tage später in Kassel statt-

1 Ausführliche Angaben über Freislers Lebensweg bei: G. Buchheit, Richter in roter Robe. Freisler Präsident des Volksgerichtshofs, München 1968.

2 Diese Auseinandersetzung fand am 22. Juni 1932 anläßlich einer Justizdebatte im Preußischen Landtag statt, dem Freisler seit jenem Jahr angehörte. Vgl. dazu den Bericht in: Die Justiz, Bd. VII/10–11, Juli/August 1932, S. 455ff.

3 Braunbuch über Reichstagsbrand und Hitlerterror, Basel 1933 (Reprintausgabe, Berlin 1980, S. 230f.).

Thierack (rechts) führt Freisler in sein Amt ein (1942).

fanden, berichtete eine Leipziger Zeitung: „Am 1. April, dem reichsweit verkündeten Tag des Boykotts jüdischer Geschäfte, zäunte die SA auf dem Friedrichsplatz vor dem Warenhaus Tietz ein Viereck mit Stacheldraht in Käfigform ab und versah es mit einem Schild ‚Konzentrationslager für widerspenstige Staatsbürger, die ihre Einkäufe bei Juden tätigen!' Im Innern des Drahtverschlages befand sich ein Esel."[4]

Mit dem Initiator solcher Aktionen hatten die Gewalthaber wahrlich jenen Mann auf den Präsidentenstuhl des obersten politischen Gerichtshofs in Nazideutschland befördert, der ihren Vorstellungen von einem sich als „Fallbeilmaschine"[5] verstehenden Nationalgerichtshof Geltung verschaffen konnte wie kein anderer.

Dabei verfügte der neue „Großinquisitor des Großdeutschen Reiches"[6] – im Gegensatz zu seinem Vorgänger – erkennbar über Intelligenz. Davon zeugten nicht zuletzt seine zahlreichen Publikationen zu den vielfältigsten Themenkreisen, wenn auch sein Stil häufig durch politische Plattheiten und juristische Ungereimtheiten auffiel.[7] Freisler liebte es, sich auch außerhalb des Verhandlungssaales wortreich zu produzieren. So sprach er am 5. Juli 1944 vor der von den Nazis in Krakau installierten „Gesellschaft der Wissenschaften" über das Thema „2000 Jahre deutsches Soldatentum". Noch im Februar 1945 plante er eine Reise nach Norditalien, um auf Einladung des Generalfeldmarschalls Albert von Kesselring Vorträge vor Offizieren zu halten.[8] Es gab kaum ein Thema, über das zu schreiben oder zu sprechen Freisler nicht bereit gewesen wäre.

Als dieser brutale Fanatiker als Präsident in den Volksgerichtshof einzog, widmete er sich zunächst einmal dessen Geschäftsverteilung. Obwohl Thierack diese letztmalig drei Tage vor seinem Ausscheiden korrigiert hatte, griff der neue Präsident schon drei Wochen später erneut in die Kompetenzregelung ein. „Zur Entlastung des überlasteten 2. Senats und um selbst an der gesamten Rechtsprechung des Volksgerichtshofs teilnehmen zu können, ändere ich zunächst die bisherige Geschäftsverteilung wie folgt ab: 1) Dem 1. Senat und dem Senat der Herrn Vizepräsidenten kann der Präsident des Volksgerichtshofs Einzelsachen zur Bearbeitung zuteilen, die allgemein nicht zu deren Geschäftsbereich gehören."[9] Diese Festlegung diente vor allem dazu, Freislers eigene Macht auszudehnen. Dafür spricht auch, daß die drei weite-

4 Leipziger Neueste Nachrichten vom 1. 4. 1933.

5 So charakterisierte Robert Kempner den Volksgerichtshof in einem an BRD-Bundesjustizminister Engelhard gerichteten, am 4. November 1982 veröffentlichten Brief.

6 So G. Buchheit, a. a. O., S. 43.

7 Eine Liste von Freislers Publikationen veröffentlichte G. Buchheit, a. a. O., S. 286 f.

8 Vgl. W. Wagner, Der Volksgerichtshof im nationalsozialistischen Staat, Stuttgart 1974, S. 834.

9 Archiv Generalstaatsanwalt der DDR, 234-44-1980.

ren am 10. September getroffenen Anordnungen ausschließlich die Rechte des 1. Senats erweiterten, dem dafür fünf Tage später zwei neue Richter zugeteilt wurden.

Gleichwohl reichte das dem Präsidenten noch nicht. Weitere drei Wochen später überraschte er seine Untergebenen mit der Order: „Nachdem der Herr Minister auf meine Bitte und seit meinem Dienstantritt als Präsident zehn

Die Spitzen des Reichsjustizministeriums und des Volksgerichtshofs (von links nach rechts: Freisler, Schlegelberger, Thierack, Rothenberger)

hauptamtliche Hilfsrichter zugewiesen hat, davon zum 1.10. acht, kann die Geschäftsverteilung so, wie ich es in meiner letzten Verfügung zur Geschäftsverteilung angedeutet habe, weiter entwickelt werden."[10] Danach folgte eine Aufstellung, die sich überwiegend dem 1. Senat widmete, während die Kompetenzen der anderen fünf Senate nur knapp gestreift wurden. Freisler behielt sich das letzte Wort in allen jenen Fällen vor, in denen es Unstimmigkeiten darüber gab, welcher Senat eigentlich zuständig sei. Hatte Thierack noch danach getrachtet, viele Prozesse vor anderen Senaten seines Tribunals führen zu lassen, konnte der neue Präsident praktisch jedes ihn – aus welchen Gründen auch immer – interessierende Verfahren an sich ziehen. Es gab fortan am Volksgerichtshof nur noch den von Freisler nach politischen Opportunitäts-

10 ebenda

gründen bestimmten Richter. Der war er immer dann selbst, wenn es sich nach seinem Verständnis um für das System bedeutungsvolle Fälle handelte.[11]

Mit welchem blindwütigen Eifer Freisler dann vorging, zeigte sich besonders deutlich, als er im Februar 1943 in größter Hast zum Prozeß gegen die Studenten Hans und Sophie Scholl sowie Christof Probst nach München aufbrach. In der dortigen Universität waren die Geschwister Scholl am 18. Febru-

Die Geschwister Scholl und Christof Probst (rechts). Abschied vor dem Abtransport an die Ostfront (München, Juli 1942)

ar festgenommen worden, nachdem sie antifaschistische Flugblätter ausgelegt bzw. in den Lichthof geworfen hatten. Drei Tage später, am Sonntag dem 21. Februar, übergab man ihnen die Anklageschrift in der Zelle mit dem Bemerken, die Verhandlung fände am folgenden Tag statt. In der Tat erging gegen die drei Studenten am 22. Februar 1943 das Todesurteil, das noch am gleichen Tage vollstreckt wurde.[12] Wohl nie zuvor hatte Anselm von Feuerbachs Wort vom eilfertigen Richterspruch, der oft nur eilendes Unrecht ist, eine so grausige Realität erlangt wie an diesem Tage.

11 Wie Freisler die Spruchpraxis dirigierte, beweist seine Meldung an den Justizminister vom 3. Januar 1944: Nachdem beim Luftangriff vom 23. November 1943 „das Hauptgebäude des Volksgerichtshofs durch Brand zerstört und viele Akten mit vernichtet worden sind, mußte ein Teil der Prozesse ohne Akten durchgeführt werden. Dies ist nach Verständigung mit der Verteidigung unbemerkt gelungen" (ZSTA Potsdam, Film 3910).

12 Vgl. Wir schweigen nicht! Eine Dokumentation über den antifaschistischen Kampf Münchner Studenten 1942/1943, Berlin 1983, S. 138ff.

Jedes zweite Urteil verkündete den Tod

In der Ära Freisler wuchs die Zahl der Todesurteile im unvorstellbaren Maße. Während Freislers Präsidentschaft wurde nahezu jeder zweite vor dem Volksgerichtshof Angeklagte dem Henker überantwortet. Im Jahre 1943 galt das für 1662 von 3338 vor Gericht Gestellten, und 1944 war dieses Verhältnis 2097 zu 4428.

Über die Zahl der verhängten Höchststrafen und den Anteil der einzelnen Senate daran, insbesondere den hohen Anteil des 1. Senats, berichtete der Präsident des Volksgerichtshofs dem Justizministerium jeweils am 11. Januar für das zurückliegende Jahr[1]:

	1.	2.	3.	4.	5.	6. Senat
1942						
Angeklagte	1 373	593	148	183	257	18
Todesurteile	649	327	37	45	120	14
1943						
Angeklagte	1 332	610	141	259	384	612
Todesurteile	769	368	49	72	200	204

Beim Gros dieser Verurteilten handelte es sich um Mitglieder, Funktionäre oder Anhänger der KPD, die nach dem Überfall Nazideutschlands auf die UdSSR einem noch zügelloseren Terror ausgesetzt waren als zuvor. Wie sich aus der im Nürnberger Hauptkriegsverbrecherprozeß vorgelegten „Führerinformation" Nr. 28 ergibt, meldete der damals geschäftsführende Reichsjustizminister Franz Schlegelberger am 29. Mai 1942, „kommunistischer Hochverrat" werde regelmäßig mit dem Tode bestraft.[2] In der Tat hat der Volksgerichtshof praktisch jede kommunistische Betätigung – worunter man selbst das Spenden einiger Groschen für die Rote Hilfe verstand – als todeswürdig betrachtet. Mit einem gleichfalls in Nürnberg erörterten Schreiben vom 16. Oktober 1942 (Dokument NG 176) meldete Freisler dem Justizminister: „Kommunistischen Hochverrat während des Krieges mit den Sowjets betrachtet der Volksgerichtshof selbstverständlich zugleich als Feindbegünstigung."[3]

Unter der schier endlosen Liste der Namen der dem Schafott Überantworteten sind die der hervorragenden Repräsentanten der KPD Bernhard Bäst-

1 Zahlen nach: W. Wagner, Der Volksgerichtshof im nationalsozialistischen Staat, Stuttgart 1974, S. 946. Worauf die geringfügige Abweichung der von Freisler genannten und bei Wagner wiedergegebenen Zahlen von anderen Statistiken (vgl. Übersicht über die Urteile des Volksgerichtshofs im Abschn. „Fazit") zurückzuführen ist, ließ sich nicht klären.

2 Vgl. a. a. O., S. 117.

3 ebenda

Abschrift.
1 H 372/44
9 J 234/44

Im Namen des Deutschen Volkes !

In der Strafsache gegen
den kaufmännischen Angestellten Dr.phil.Theodor N e u b a u e r aus Tabarz (Thüringen), geboren am 12.Dezember 1890 in Ermschwerdt, Kreis Kassel,

zur Zeit in dieser Sache in Haft,

wegen Vorbereitung zum Hochverrat,
hat der Volksgerichtshof, 1.Senat, auf die am 9.Dezember 1944 eingegangene Anklage des Herrn Oberreichsanwalts, in der Hauptverhandlung vom 8.Januar 1945, an welcher teilgenommen haben

als Richter :

Landgerichtsdirektor Stier, Vorsitzer,
Kammergerichtsrat Rehse,
SA-Brigadeführer Hauer,
Reichsrichter Dr.Ilz,
Ortsgruppenleiter Kelch,

als Vertreter des Oberreichsanwalts :

Erster Staatsanwalt Dr.Heugel,
später Erster Staatsanwalt Wittmann,

für Recht erkannt :

Theodor N e u b a u e r hat bis weit in das Jahr 1944 hinein kommunistische Umsturzbestrebungen gefördert. Als Kriegshelfer unserer Feinde ist er für immer ehrlos. Er wird mit dem T o d e bestraft.

lein, Conrad Blenkle, Otto Engert, Hanno Günther, Franz Jacob, Paul Junius, Heinz Kapelle, Alfred Kowalke, Friedrich Kresse, Georg Lechleiter, Theodor Neubauer, Anton Saefkow, Georg Schumann, Georg Schwarz, Herbert Tschäpe, Robert Uhrig und William Zipperer, die hier stellvertretend für alle ihre Kampfgenossen genannt werden (vgl. auch Abschn. „Die Widerstandsgruppe" sowie die im Anhang abgedruckten Urteile).

Auch die SPD mußte einen hohen Blutzoll entrichten. Hermann Frieb, Julius Leber, Wilhelm Leuschner, Adolf Reichwein, Josef Wager und Eduard Zachert zählten zu jenen Sozialdemokraten, die der Volksgerichtshof umbringen ließ.

Der gesteigerte Terror richtete sich zugleich gegen Bürger der von Nazideutschland überfallenen Länder. Hatte Freisler die Prozedur nach der berüchtigten Polen-Strafrechtsverordnung[4] als „rein autoritäres Strafrecht" mit „politischem Charakter" bewertet, so galt das auch für die seit 1942 am Volksgerichtshof angestrengten „Nacht-und-Nebel-Prozesse"[5].

Nach den von Hitler angewiesenen und vom Oberkommando der Wehrmacht am 7. Dezember 1941 herausgegebenen Richtlinien[6] waren tatsächliche oder vermeintliche Angriffe gegen das nazistische Okkupationsregime in

Adolf Reichwein vor dem Volksgerichtshof (1944)

4 Verordnung über die Strafrechtspflege gegen Juden und Polen in den eingegliederten Ostgebieten vom 4. Dezember 1941, RGBl. I 1941 S. 759 (vgl. Abdruck im Anhang); vgl. ferner R. Freisler, „Das deutsche Polenstrafrecht", DJ, 1941/51–52, S. 1129, DJ, 1942/2, S. 25, und DJ, 1942/3, S. 41.

5 Nachdem der Volksgerichtshof ursprünglich damit nicht betraut war, wurde er am 14. Oktober 1942 „im Rahmen seiner Zuständigkeit" auch mit solchen Prozessen beauftragt.

6 Deren Wortlaut ist veröffentlicht bei: H. A. Jacobsen, 1939–1945. Der zweite Weltkrieg in Chronik und Dokumenten, Darmstadt 1959, S. 418f. – In der UdSSR, Polen, der ČSSR und in Südosteuropa gab es keine „Nacht-und-Nebel-Gefangenen". Hier verzichteten die Nazis in gleichgelagerten Fällen auf gerichtsförmige Verfahren. Entweder exekutierten sie sofort oder setzten aus Gestapooffizieren bestehende „polizeiliche Standgerichte" ein, die binnen weniger Minuten Serien von Todesurteilen verkündeten.

Belgien, den Niederlanden, den besetzten Gebieten Frankreichs und in Norwegen grundsätzlich mit der Todesstrafe zu ahnden. Soweit das nicht unverzüglich möglich war bzw. die Okkupationsbehörden Bedenken gegen ein Kriegsgerichtsverfahren hatten, mußten die Verdächtigen ins Reich überführt werden, um sie hier abzuurteilen.

Verschiedentlich erwies es sich für die Nazijustiz recht kompliziert, NN-Prozesse zu führen. Vielfach konnte die Staatsanwaltschaft keine Anklage erheben, weil ihr Beweise nicht vorlagen. In anderen Fällen scheuten die Machthaber den Prozeß. Schließlich gab es Freisprüche, Einstellungen oder relativ kurze Freiheitsstrafen. Als Thierack das erfuhr, entschied er am 24. September 1942: Keiner dieser Gefangenen dürfe freigelassen werden, sie seien vielmehr durchweg der Gestapo zur KZ-Einweisung zu übergeben. So funktionierte die Kooperation zwischen der Justiz und der Gestapo bzw. SS auch auf diesem Gebiet. Unabhängig davon ordnete das Reichssicherheitshauptamt mit Erlaß vom 31. Mai 1943 an, daß künftig auch „NN-Häftlinge neuer Art" ohne Einschaltung der Justiz „in die Konzentrationslager im Reich" zu überführen waren. Ab 30. Juli 1944 wurden NN-Gefangene generell nicht mehr der Justiz übergeben. Schließlich bestimmte ein Erlaß des Oberkommandos der Wehrmacht vom 24. September 1944, daß alle bis dahin von der Justiz nach dem NN-Erlaß Abgeurteilten – mit Ausnahme zum Tode Verurteilter, deren Hinrichtung angeordnet war – in Konzentrationslager zu überführen waren.[7]

Diese Gefangenen unterlagen auch im Bereich der Justiz einer absoluten Isolationshaft. Sie durften weder Post empfangen noch verschicken, über ihren Verbleib erteilten die Behörden keine Auskunft. Die gegen diese Häftlinge verhängten Strafen gelangten nicht in das Strafregister. Abschiedsbriefe der Hingerichteten unterlagen nicht der Beförderung, und die Standesämter am Vollstreckungsort durften keine Auskünfte über Todesfälle erteilen. Selbst für den Fall, daß ein weiblicher Nacht-und-Nebel-Häftling entbinden würde, hatte das Reichsjustizministerium vorgesorgt: Die Geburt des Neugeborenen durfte zwar beurkundet werden, jedoch verhängte man auch darüber eine totale Auskunftssperre.

Um der sich häufenden Prozesse gegen solche ausländischen Staatsbürger Herr zu werden, ließ Freisler sein Tribunal gleich im Zuchthaus tagen: Der 1. Senat tagte in Brandenburg und der 2. in Leer, wo die in Esterwegen inhaf-

7 Die Gesamtzahl der NN-Gefangenen im Bereich der Justiz betrug etwa 7 000. Exakte Zahlen stehen nur bis zum 30. April 1944 zur Verfügung. Damals gab es 6 639 NN-Häftlinge, von denen 1 793 verurteilt waren, davon 427 durch den Volksgerichtshof, von denen 304 bereits per 1. November 1943 ausgewiesen waren. Da bei dem Luftangriff in der Nacht zum 24. November 1943 nahezu sämtliche NN-Akten beim Oberreichsanwalt vernichtet wurden, gestalteten sich zahlreiche Prozesse in der Folgezeit außerordentlich zeitaufwendig (vgl. L. Gruchmann, „'Nacht-und Nebel'-Justiz. Die Mitwirkung deutscher Strafgerichte an der Bekämpfung des Widerstands in den besetzten westeuropäischen Ländern 1942–1944", VjfZ, 1981/3, S. 342 ff.).

Abschrift aus 4021 a - 2.14.

Der Reichsminister der Justiz — Berlin, den 6. März 1943

IV a 398/43g

Geheim!

An

a) den Herrn Oberreichsanwalt beim Volksgerichtshof,
b) die Herren Generalstaatsanwälte,
in Celle, Düsseldorf,
Frankfurt a.M., Hamburg,
Hamm, Kiel und Köln
c) den Herrn Generalstaatsanwalt bei dem Kammergericht

Betrifft: Strafverfahren wegen Straftaten gegen das Reich oder die Besatzungsmacht in den besetzten Gebieten.

:::::

Nachrichtlich

a) dem Herrn Präsidenten des Volksgerichtshofs,
b) den Herren Oberlandesgerichtspräsidenten
in Hamm, Kiel und Köln,
c) dem Herrn Präsidenten des Kammergerichts

....

In den Strafverfahren wegen Straftaten gegen das Reich oder die Besatzungsmacht in den besetzten Gebieten (sogen.NN.-Sachen) bitte ich, um die erforderliche besondere Geheimhaltung des Verfahrens nicht zu gefährden, nach folgenden Richtlinien zu verfahren:

1. Der Ausfüllung der für die Erhebungen zur Reichskriminalstatistik verwandten Zählkarten bedarf es nicht. Ebenso unterbleiben bis auf weiteres Mitteilungen an das Strafregister. Jedoch sind die Verurteilungen listen= oder karteimäßig in einer Weise zu erfassen, daß die Eintragung im Strafregister zu gegebener Zeit nachgeholt werden kann.

2. Beim Tod, insbesondere bei der Hinrichtung von NN.-Gefangenen, sowie bei der Entbindung weiblicher NN.-Gefangener, sind die gesetzlich vorgeschriebenen Anzeigen an den Standesbeamten zu erstatten; jedoch ist in die Anzeige folgender Zusatz aufzunehmen:

"Auf Anordnung des Reichsministers des Innern ist die Sterbebuch-(Geburtenbuch-)eintragung mit einem deutlichen Sperrvermerk des Inhalts zu versehen, daß Einsichtnahme und Erteilung von Auskünften, beglaubigten Abschriften und Sterbeurkunden (Geburtsurkunden) in jedem Falle nur mit Zustimmung des Reichsministers der Justiz zulässig sind."

3. Will ein zum Tode verurteilter NN.-Gefangener ein öffentlich Testament errichten, so wird dem Richter oder Notar und den gegebene falls sonst erforderlichen Personen der Zutritt gewährt. Als Zeugen dürfen nur Beamte der Justizverwaltung zugezogen werden. Die bei der Errichtung des Testaments mitwirkenden Personen sind erforderlichenfalls zu besonderer Geheimhaltung zu verpflichten. Das Testament ist gemäß § 20 des Testamentsgesetzes in besondere amtliche Verwahrung z bringen. Der Hinterlegungsschein ist von der Staatsanwaltschaft bis auf weiteres zu verwahren.

4. Abschiedsbriefe von NN.-Gefangenen sind wie sonstige Briefe nicht zu befördern. Sie sind der Staatsanwaltschaft zu übersenden, d sie bis auf weiteres verwahrt.

5. Hat ein zum Tode verurteilter NN.-Gefangener, dem die bevorstehende Vollstreckung des Todesurteils bekanntgegeben worden ist, d Wunsch, von dem Anstaltsgeistlichen seelsorgerisch betreut zu werden so wird dem entsprochen. Der Anstaltsgeistliche ist erforderlichenfa zu besonderer Geheimhaltung zu verpflichten.

6. Von dem Tod, insbesondere von der Hinrichtung, eines NN.-Gef genen werden die Angehörigen nicht benachrichtigt. Eine Mitteilung a die Presse von der Vollstreckung eines Todesurteils erfolgt nicht. Ebenso unterbleibt die öffentliche Bekanntmachung der Vollstreckung des Todesurteils durch Anschlag.

7. Der Leichnam hingerichteter oder sonst verstorbener NN.-Gefa gener wird der Staatspolizei zur Bestattung überwiesen. Dabei ist au die geltenden Geheimhaltungsvorschriften hinzuweisen. Mit Rücksicht diese ist insbesondere darauf hinzuwirken, daß die Gräber der NN.-Ge genen nicht durch Angabe der Namen der Verstorbenen gekennzeichnet werden.

Von der Überlassung des Leichnams für Lehr- und Forschungszwecke ist abzusehen.

8. Der Nachlaß hingerichteter oder sonst verstorbener NN.-Gefangener ist in der Vollzugsanstalt bis auf weiteres zu verwahren.

Im Auftrag
gez. Dr. Vollmer.

Vfg.

1.) Abschrift des Erlasses des RJM. vom 6.3.43 erhalten:
a) der Unterzeichnete in einem Stück,
b) der Leiter der Abteilung I in sechs Stücken,
c) der Leiter der Abteilung IIb in fünf Stücken.
2.) bis 4.) .....

Berlin, den 10. März 1943
Der Oberreichsanwalt beim Volksgerichtshof
gez. L a u t z .

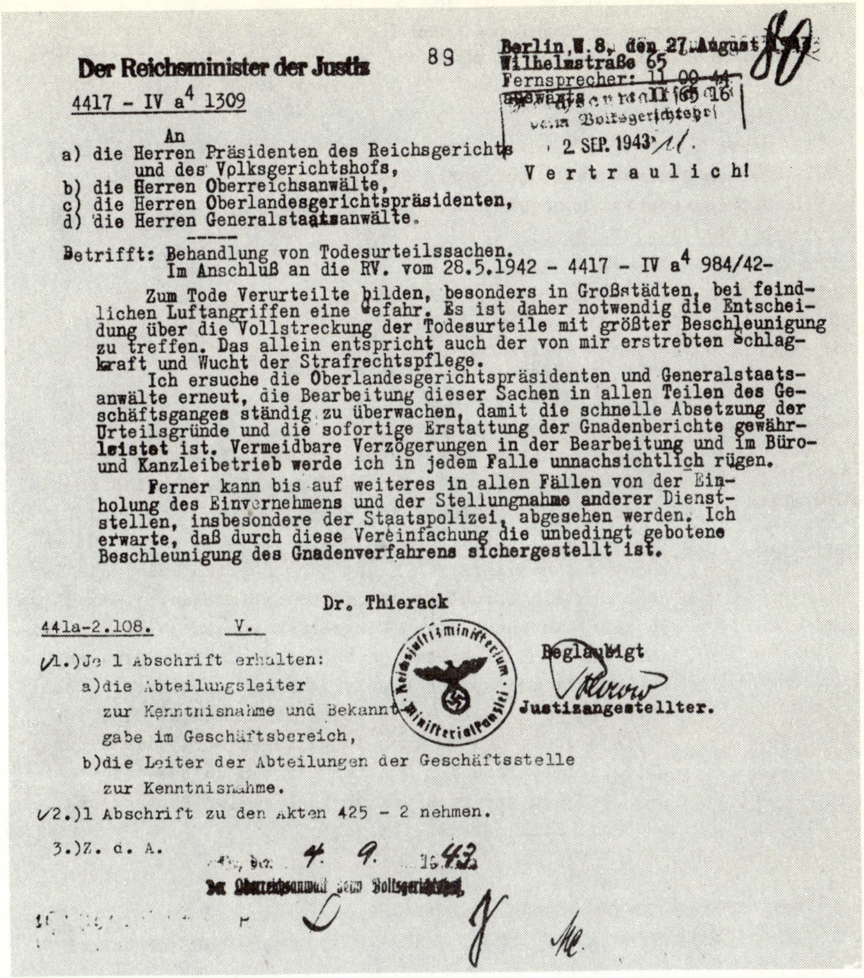

Der Reichsminister der Justiz

89

Berlin W 8, den 27. August 1943
Wilhelmstraße 65
Fernsprecher: 11 00 44

4417 - IV a4 1309

Vertraulich!

An
a) die Herren Präsidenten des Reichsgerichts und des Volksgerichtshofs,
b) die Herren Oberreichsanwälte,
c) die Herren Oberlandesgerichtspräsidenten,
d) die Herren Generalstaatsanwälte.

Betrifft: Behandlung von Todesurteilssachen.
Im Anschluß an die RV. vom 28.5.1942 - 4417 - IV a4 984/42-

Zum Tode Verurteilte bilden, besonders in Großstädten, bei feindlichen Luftangriffen eine Gefahr. Es ist daher notwendig die Entscheidung über die Vollstreckung der Todesurteile mit größter Beschleunigung zu treffen. Das allein entspricht auch der von mir erstrebten Schlagkraft und Wucht der Strafrechtspflege.

Ich ersuche die Oberlandesgerichtspräsidenten und Generalstaatsanwälte erneut, die Bearbeitung dieser Sachen in allen Teilen des Geschäftsganges ständig zu überwachen, damit die schnelle Absetzung der Urteilsgründe und die sofortige Erstattung der Gnadenberichte gewährleistet ist. Vermeidbare Verzögerungen in der Bearbeitung und im Büro- und Kanzleibetrieb werde ich in jedem Falle unnachsichtlich rügen.

Ferner kann bis auf weiteres in allen Fällen von der Einholung des Einvernehmens und der Stellungnahme anderer Dienststellen, insbesondere der Staatspolizei, abgesehen werden. Ich erwarte, daß durch diese Vereinfachung die unbedingt gebotene Beschleunigung des Gnadenverfahrens sichergestellt ist.

Dr. Thierack

Beglaubigt
Justizangestellter.

441a-2.108. V.

1.) Je 1 Abschrift erhalten:
a) die Abteilungsleiter zur Kenntnisnahme und Bekanntgabe im Geschäftsbereich,
b) die Leiter der Abteilungen der Geschäftsstelle zur Kenntnisnahme.

2.) 1 Abschrift zu den Akten 425 - 2 nehmen.

3.) Z. d. A.

tierten Nacht-und-Nebel-Gefangenen vorgeführt wurden. Die Nazijuristen verhandelten so schon an jenem Ort, an dem der letzte Akt umgehend vollzogen wurde.

Welche Bedeutung sie der beschleunigten Exekution beimaßen, beweist die Rundverfügung Thieracks vom 27. August 1943: „Zum Tode Verurteilte bilden, besonders in Großstädten, bei feindlichen Luftangriffen eine Gefahr. Es ist daher notwendig, die Entscheidung über die Vollstreckung der Todesurteile mit größter Beschleunigung zu treffen. Das allein entspricht auch der von mir erstrebten Schlagkraft und Wucht der Strafrechtspflege.“[8] Wie diese

8 Archiv Generalstaatsanwalt der DDR, 243-44-1980.

Anatomisches und anatomisch-biologisches Institut
der Friedrich-Wilhelms-Universität zu Berlin

Berlin NW 7, den 13. April 1943
Luisenstraße 56
Fernruf: 42 81 96

Tgb.-Nr. 207/43

Herrn
Ersten Staatsanwalt Dr. W r e d e
bei dem Oberreichsanwalt beim Volksgerichtshof,
B e r l i n W. 9,
Bellevuestr. 15

Sehr verehrter Herr Staatsanwalt!

Anliegend gestatte ich mir, Ihnen die Abschrift eines dringenden Antrages zu übersenden, den ich soeben an den Universitätskurator gesandt habe: Ich darf Sie bitten, mich bei diesem Antrag gütigst zu unterstützen. Es wird sonst wirklich nicht mehr möglich sein, die Leichen der Hingerichteten weiterhin abzuholen. Dank Ihrem so sehr liebenswürdigen Eingreifen können jetzt die Leichen der Hingerichteten ja ohne jede Schwierigkeiten hierher geholt und später beseitigt werden. Nunmehr stellt sich aber ein recht erheblicher Benzinmangel ein; ich hoffe jedoch, daß es auch da gelingen wird, die augenblicklich bestehenden Schwierigkeiten zu beseitigen.

Mit dem Ausdruck der vorzüglichsten Hochachtung und Heil Hitler verbleibe ich

Ihr

stets sehr ergebener

Stieve

1 Anlage

15.4.43 Herrn OStA unter Vorlage der Schrift vorgetragen.

441 E - 2.97

Schlagkraft aussah, zeigte sich wenige Tage später: Als bei einem Luftangriff die Guillotine des Strafgefängnisses Berlin-Plötzensee zerstört wurde, befahl der Justizminister für die Nacht vom 7. zum 8. September 1943 eine Massenhinrichtung durch Erhängen. Zwischen abends 19.30 Uhr und morgens 8.30 Uhr fielen insgesamt 186 Menschen dieser Mordorder zum Opfer. Als man danach die Namen der Toten festhielt, erwies sich, daß man sechs von ihnen versehentlich umgebracht hatte: Wohl lag gegen sie ein Todesurteil vor, jedoch war das Gnadenverfahren in diesen Fällen noch nicht abgeschlossen und ein Vollstreckungsauftrag nicht erteilt.

Bis zuletzt drängten die Spitzen der Nazijustiz darauf, zum Tode Verurteilte mit größter Beschleunigung auf das Schafott zu bringen. Am 4. Oktober 1944 ermahnte Thierack den Präsidenten des Volksgerichtshofs und den Oberreichsanwalt: „In einer schlagkräftigen Strafrechtspflege müssen Todesurteile unverzüglich vollstreckt werden ... Nur auf diese Weise kann auch der Gefahr begegnet werden, die zum Tode Verurteilte in den Anstalten, besonders bei Luftangriffen, bilden.“[9] Noch am 17. Januar 1945 erließ das Reichsjustizministerium eine elfseitige Rundverfügung „Maßnahmen aus Anlaß von Todesurteilen während des Krieges“, die allen Oberlandesgerichten und Generalstaatsanwälten sowie dem Reichsgericht, dem Volksgerichtshof und den Oberreichsanwälten zugestellt wurde.[10] Ziel dieses Erlasses war es zu garantieren, daß die Hinrichtungen mit allergrößter Eile vollzogen wurden und keiner der zum Tode Verurteilten ihnen entgehen konnte.

Die Prozesse nach dem mißglückten Attentat in der „Wolfsschanze“

Nachdem am 20. Juli 1944 das Attentat des Oberst Claus Graf Schenk von Stauffenberg, der in Hitlers Hauptquartier „Wolfsschanze“ bei Rastenburg eine Bombe gezündet hatte, gescheitert war, schlug die spektakulärste Stunde des Volksgerichtshofs und seines Präsidenten Freisler. Während Oberst Stauffenberg, der unmittelbar nach der Detonation mit einem Flugzeug nach Berlin zurückgekehrt war, noch am Abend des 20. Juli im Gebäude des Oberkommandos des Heeres in der Berliner Bendlerstraße von nazitreuen Militärs überwältigt und mit seinen Gefährten General Friedrich Olbricht, Oberst Albrecht Ritter von Quirnheim und Oberleutnant Werner von Haeften erschossen wurde, fielen seine Mitverschworenen der Gestapo in die Hände.

Für Prozesse gegen Militärangehörige war an sich das Reichskriegsgericht zuständig. Die Naziführer entschieden jedoch, alle im Zusammenhang mit dem 20. Juli 1944 stehenden Strafverfahren vor dem Volksgerichtshof durch-

9 a. a. O.
10 Vgl. a. a. O.

zuführen. Um das formell zu ermöglichen, ließ man die beschuldigten Offiziere durch ein ausgesuchtes Gremium faschistischer Generäle aus der Wehrmacht „ausstoßen", erklärte sie so zu Zivilisten und begründete damit die Zuständigkeit des Volksgerichtshofs für ihre Aburteilung.

Am 7. August 1944 um 9 Uhr eröffnete Freisler die erste Hauptverhandlung gegen acht Offiziere im Plenarsaal des Kammergerichts in der Elßholzstraße

Erwin von Witzleben vor dem Volksgerichtshof

im Berliner Westen. Angeklagt waren: Generalfeldmarschall Erwin von Witzleben, Generalleutnant Paul von Haase, Generalmajor Hellmuth Stieff, Oberstleutnant Robert Bernardis, Oberleutnant Albrecht von Hagen, Leutnant Peter Graf York von Wartenburg, Generaloberst a. D. Erich Hoepner und Hauptmann Friedrich-Karl Klausing.

Waren Freislers Verhandlungsstil und Urteilsdiktion schon von Anfang an durch Fanatismus, Zynismus und Beleidigungen seiner Opfer („kommunistische Wühlratte", „pfäffisches Würstchen") geprägt – jetzt steigerte er sich vor einem großen Kreis geladener Gäste aus den Reihen der Naziprominenz und der Wehrmacht vollends zum Henker im Richtertalar.[1] Das Todesurteil gegen

1 Das Protokoll dieses Prozesses ist auszugsweise veröffentlicht bei: H. W. Koch, Volksgerichtshof. Politische Justiz im 3. Reich, München 1988, S. 336 ff. Der Autor, dessen Buch ohnehin eine Reihe sachlicher Fehler und weder bewiesener noch beweisbarer Behauptungen enthält, hat die Niederschrift mit deren Aussagekraft mindernden rechtskonservativen Interpretationen verbunden.

die acht Angeklagten erging am 8. August, und noch am gleichen Abend wurden die Offiziere in Plötzensee an Fleischerhaken erhängt. Ihnen folgten die am 10. August 1944 zum Tode Verurteilten: Oberleutnant Fritz von der Schulenburg, General Erich Fellgiebel, Korvettenkapitän Alfred Kranzfelder, Berthold Graf Schenk von Stauffenberg (Bruder des am 20. Juli Erschossenen) und Oberst Georg Hansen.

Insgesamt wurden in den folgenden Monaten etwa 200 Antifaschisten um-

Freisler bei der Verkündung eines der Todesurteile nach dem 20. Juli 1944 (Die Ausbuchtung im Hakenkreuz zeigt das Versteck der Kamera, mit der der Prozeß für Hitler gefilmt wurde.)

gebracht, die entweder in die Pläne der Verschwörung einbezogen waren oder auch nur irgend etwas davon erfahren hatten, ohne jedoch die Gestapo darüber zu informieren. Schließlich kamen dazu noch zahlreiche Frauen und Männer, die nach dem 20. Juli ihre Enttäuschung über das Mißlingen des Attentats geäußert hatten und die deshalb ihr Leben lassen mußten.

Am Ende des ersten Prozesses gegen Beteiligte des 20. Juli war es zu einem dramatischen Zwischenfall gekommen, als Erwin von Witzleben dem Vorsitzenden des Bluttribunals zurief: „Sie können uns dem Henker überantworten; in drei Monaten zieht das empörte und gequälte Volk Sie zur Rechenschaft und schleift Sie bei lebendigem Leib durch den Kot der Straßen.“[2]

2 Zitiert nach: W. Wagner, Der Volksgerichtshof im nationalsozialistischen Staat, Stuttgart 1974, S. 676.

Wenn sich diese Prophezeiung auch so nicht erfüllt hat und Freisler schließlich von einer Fliegerbombe getroffen ins Jenseits gelangte, zeichnete sich doch bereits der Tag ab, an dem das verhaßte Naziregime zerschmettert am Boden liegen würde – und mit ihm sein blutigstes Tribunal.

Das Ende

Als der Krieg dorthin zurückkehrte, wo er Jahre zuvor entfacht worden war, blieb auch der Volksgerichtshof nicht verschont. Erstmals war das Gebäude des Gerichts bei einem Luftangriff in der Nacht zum 24. November 1943 getroffen worden, so daß man sich gezwungen gesehen hatte, einen Teil des Tribunals nach Potsdam zu evakuieren, wo man im Landgericht ein Unterkommen fand. Die Senate hatten ohnehin schon seit geraumer Zeit auch außerhalb der Metropole Gerichtstage abgehalten. Gleichwohl befand sich der Hauptsitz des obersten Ausnahmegerichts nach wie vor in Berlin.

Am 3. Februar 1945 wurde das Gelände in der Bellevuestraße während eines Bombardements so schwer getroffen, daß dort selbst ein notdürftiger Amtsbetrieb nicht mehr aufrechtzuerhalten war. Seitdem war Potsdam der Dienstsitz des Volksgerichtshofs. Im Bombenhagel des 3. Februar kam Freisler ums Leben.[1]

Die Machthaber ließen es dabei bewenden, den Tod ihres obersten politischen Richters in einer kleinen Pressenotiz bekanntzumachen. Ein Staatsbegräbnis blieb dem Toten versagt. Die Leitung des Volksgerichtshofs übernahm zunächst Vizepräsident Wilhelm Crohne, der am 22. Februar 1945 die Kompetenzen der Senate neu regelte.

Selbst als die Sowjetarmee schon diesseits der Oder kämpfte und die westlichen Alliierten den Rhein überschritten hatten, maßen die Spitzen Nazideutschlands dem Volksgerichtshof noch so hohen Stellenwert bei, daß sie einen Nachfolger Freislers förmlich in sein Amt einführen ließen. Dabei handelte es sich um den damals 44jährigen Harry Haffner, der seine Laufbahn 1927 als Staatsanwalt in Stade begonnen und 1932 bei der Generalstaatsanwaltschaft Celle fortgesetzt hatte. 1937 war er als Oberstaatsanwalt und stän-

1 Über die näheren Umstände seines Todes gibt es unterschiedliche Darstellungen. So wurde überliefert, der „rasende Roland“, wie ihn der Volksmund treffend charakterisierte, sei im Luftschutzkeller von einem herabstürzenden Balken tödlich verletzt worden. Nach einer anderen Variante, die den Umständen entsprechend wahrscheinlicher ist, wurde der Oberstabsarzt Werner Schleicher gerufen, um im Gelände des Volksgerichtshofs den Tod eines „hohen Prominenten“ festzustellen, der – wie man Schleicher eröffnete – zu spät über den Hof gelaufen und dabei von einem Bombensplitter getroffen worden sei (vgl. G. Buchheit, Richter in roter Robe. Freisler Präsident des Volksgerichtshofs, München 1968, S. 275).

Der Reichsminister der Justiz

4417 - IV a 4 1137/44

Es wird gebeten, dieses Geschäftszeichen und den Gegenstand bei weiteren Schreiben anzugeben

Reichsanwaltschaft beim Volksgerichtshof
Eing. -9.OKT.1944
Anl. ..... Heft

Berlin W 8, den 4. Oktober 1944
Wilhelmstraße 65
Fernsprecher: 11 00 44, auswärts 11 65 16

143

An
den Herrn Präsidenten des Volksgerichtshofes und
den Herrn Oberreichsanwalt beim Volksgerichtshof.

Betrifft: Behandlung von Todesurteilssachen.

In einer schlagkräftigen Strafrechtspflege müssen Todesurteile unverzüglich vollstreckt werden. In Einzelerlassen und allgemeinen Weisungen habe ich demgemäß wiederholt auf die Notwendigkeit hingewiesen, Gnadenverfahren in Todesurteilssachen mit allen Mitteln zu beschleunigen. Nur auf diese Weise kann auch der Gefahr begegnet werden, die zum Tode Verurteilte in den Anstalten, beonders bei Luftangriffen, bilden.

Der von mir gewünschte Erfolg ist teilweise bisher noch nicht erreicht, obwohl ich durch zahlreiche Vereinfachungsmaßnahmen, durch Einschränkung der Beteiligungspflichten, insbesondere aber durch den Verzicht auf den Gnadenbericht die Möglichkeit gegeben habe, rasch zu arbeiten. Nach meinen Beobachtungen gehen auch jetzt noch Todesurteile des Volksgerichtshofs durchschnittlich erst 3 Wochen nach der Urteilsfällung bei mir ein. Das hat in den Anstalten Brandenburg, Breslau und Dresden zu einer bedrohlichen Erhöhung der Zahl der dort einsitzenden zum Tode Verurteilten geführt.

Daher bin ich genötigt, erneut Ihre Aufmerksamkeit auf die Behandlung dieser Sachen zu lenken. Ich bitte Sie, das Verfahren in allen Teilen des Geschäftsganges ständig zu überwachen und die erforderlichen Beschleunigungsanordnungen nachdrücklichst durchzusetzen. Wenn Geschäftsstelle und Kanzlei reibungslos arbeiten, die Urteile ohne Verzug abgesetzt unddie Akten überall sofort weitergeleitet werden, müßten sie wesentlich schneller als bisher bei mir eingehen.

Thierack

Vfg. Bl. 143

441a - 2. 154

diger Vertreter des Generalstaatsanwalts nach Kassel versetzt worden, und ab 1940 bekleidete er die gleiche Funktion in Hamm. Anfang 1944 gelangte Haffner dann in eines der höchsten Justizämter, als ihn der oberschlesische NSDAP-Gauleiter Fritz Bracht im Festsaal der Provinzialverwaltung Kattowitz in die Funktion des Generalstaatsanwalts beim dortigen Oberlandesgericht einwies.[2] In Haffners Dienstbereich befand sich eines der berüchtigsten Sondergerichte ganz Nazideutschlands.[3] Hier im schlesischen Kohlenrevier verdiente sich Freislers Nachfolger jene Sporen, die ihm dazu verhalfen, zum letzten Präsidenten des obersten politischen Gerichtshofs aufzusteigen.

Die Amtszeit des am 12. März 1945 von Hitler Neuernannten dauerte freilich nur wenige Wochen. Insgesamt soll Haffner noch vier Hauptverhandlungen geleitet haben.[4] Nach welchen Kriterien diese ausgewählt wurden, läßt sich nicht mehr nachvollziehen. Abgesehen von einem – noch gesondert zu erörternden – Verfahren gegen einen Mitarbeiter des Oberreichsanwalts, endeten die anderen drei Prozesse unter Vorsitz Haffners durchweg mit Todesurteilen. Dazu zählte wohl auch jenes, das am 6. April 1945 gegen den Redemptoristenpater[5] Hermann Vell erging, der 1943 einem SS-Mann ein antifaschistisches Flugblatt zugesteckt hatte und vom Empfänger denunziert worden war. Dank außergewöhnlicher Umstände verzögerte sich die Verhandlung: Zunächst fehlte der Denunziant, dann waren die Akten verbrannt. Haffner entschied letztlich, ohne Zeugen und nur mit bruchstückhaften Unterlagen zu verhandeln. Der Priester wurde zum Tode verurteilt. Hermann Vell entging jedoch dem Brandenburger Fallbeil und lebte bis zu seinem Tode im Jahre 1965 im Kloster St. Klemens in Heiligenstadt, auf dessen ordenseigenem Friedhof der mutige Pater seine letzte Ruhestätte fand.[6]

Aber nicht nur in Berlin tagte der Volksgerichtshof noch in den letzten Wochen des zweiten Weltkrieges. Auch außerhalb der Hauptstadt fanden weitere Prozesse statt. So verhandelte der 6. Senat am 12. April 1945 im Zucht-

2 Vgl. DJ, 1944/3, S. 64.

3 Hier lag das Tätigkeitsfeld der Nazistaatsanwälte Ernst Stephan Johannes Skupin und Karl-Heinz Ottersbach, die an einer Vielzahl von Todesurteilen und an der Überstellung von Gefangenen in die Konzentrationslager mitwirkten (vgl. Die Haltung der beiden deutschen Staaten zu den Nazi- und Kriegsverbrechen. Eine Dokumentation, Berlin 1965, S. 101 f.).

4 Vgl. W. Wagner, Der Volksgerichtshof im nationalsozialistischen Staat, Stuttgart 1974, S. 29.

5 Redemptoristenorden (abgeleitet vom lateinischen redemptor = Erlöser): katholischer Mönchsorden, der sich vor allem der Missionstätigkeit und dem Unterricht widmet, gegründet 1732 von Alfonso de Liguori.

6 Einige Angaben zum Prozeß gegen Hermann Vell sind zu finden bei: B. M. Kemper, Priester vor Hitlers Tribunalen, Leipzig 1964, S. 437. Die Überlieferungen von Hermann Vell, bei dem Prozeß in Moabit sei der Rektor des Berliner Redemptoristenklosters Heinrich Unkelbach zugegen gewesen, bestätigen, daß auch nach dem Luftangriff vom 3. Februar 1945 noch Hauptverhandlungen in Berlin stattfanden.

haus Waldheim gegen die Chemnitzer Kommunisten Willy Reinl, Willy Neuber, Max Müller, Karl Winter, Lisbeth Epperlein und Max Brand, denen der Oberrreichsanwalt Vorbereitung zum Hochverrat und Feindbegünstigung vorwarf. (AZ: 10 J 18/45 – 6 H 53/45.)

Wie besessen der Präsident des Volksgerichthofs war, noch in den letzten Tagen der Nazidiktatur seine Opfer unter das Fallbeil zu bringen, belegen vie-

Abschrift

Der Präsident
Volksgerichtshofs
4417 E - 1.

Berlin
Postleitstelle Potsdam, den 29.3.1945

1.) An Herrn Amtsgerichtsdirektor
in Brandenburg/Havel.

Geheim!

Betrifft: Vollstreckung von Todesurteilen.

In letzter Zeit ist es mir leider nicht immer möglich gewesen, die Vollstreckung von Todesurteilen rechtzeitig mitzuteilen, damit von dort ein Rechtspfleger zur Entgegennahme von Wiederaufnahmeanträgen zur Verfügung gestellt werden kann. Die besonderen Verhältnisse bedingen aber stets eine rasche Erledigung. Ich habe daher die Reichsanwaltschaft gebeten, dem Amtsgericht Tag und Stunde der Vollstreckung formlos mitzuteilen und bitte dann für diese Zeit einen Rechtspfleger zur Entgegennahme von Wiederaufnahmeanträgen bereit zu halten.

Im Auftrag
Ulrich.

2.) Vor Abgang Herrn Amtsrat Hammer zur gefl. Kenntnis. Ich bitte um Ihr Einverständnis. Die Mitteilung könnte nach Formular erfolgen ohne Angabe der Namen der Verurteilten. Ich brauchte nur dann Nachricht zu erhalten, wenn ein Dolmetscher gestellt werden muß.

Ges. u. einverstanden
Hammer, 4.4.45

4412-2. 166

le Fakten. So sorgte sich seine Behörde am 29. März 1945 darum, daß Vollstreckungen durch eventuelle Wiederaufnahmeanträge verzögert oder etwa gar verhindert werden könnten. Deshalb ersuchte man den Brandenburger Amtsgerichtsdirektor, einen Rechtspfleger zur Entgegennahme von Wiederaufnahmeanträgen bereit zu halten.[7] Hinter dem die Anträge aufnehmenden Brandenburger Justizangestellten warteten dann bereits Richter des Volksgerichtshofs, die die Anträge verwarfen und den Henker seines Amtes walten ließen.

Schon am 9. März 1945 hatte der Oberreichsanwalt telefonisch beim Vorstand des Zuchthauses Brandenburg anfragen lassen, wieviel Todeskandidaten dort inhaftiert wären. Der eilfertige Direktor der Haftanstalt Herbert Thümmler ließ am nächsten Tag eine 72 Namen umfassende Liste unter dem Titel „Hierselbst noch einsitzende Vollstreckungshäftlinge“ zusammenstel-

7 Archiv Generalstaatsanwalt der DDR, 243-44-1980 (vgl. den oben abgedruckten Brief).

len. Woran den „Rechtswahrern" in Berlin gelegen war, bewiesen die folgenden Wochen, in denen es zu weiteren Vollstreckungen kam. Die letzte – eine Massenexekution von 28 Gefangenen – fand unter Leitung des Mitarbeiters des Oberreichsanwalts Willmar Hager am 20. April 1945 in Brandenburg statt. Dabei hätte es in der Hand des Zuchthausdirektors gelegen, diese Exekution zu vereiteln. Einerseits hatte ihm die in der Anstalt existierende Widerstandsgruppe angeboten, die Guillotine unbrauchbar zu machen. Andererseits wäre selbst das nicht einmal erforderlich gewesen. Thümmler hätte sich nur an die Vorschrift zu halten brauchen, daß das Zuchthauspersonal bei Hinrichtungen nicht selbst Hand anlegen darf. Es fehlte nämlich am 20. April 1945 ein Henkersgehilfe, woraufhin sich der Anstaltsleiter einverstanden erklärte, dazu einen seiner Beamten einzusetzen.

Weitere vom Volksgerichtshof Verurteilte oder zur Verurteilung Vorgesehene wurden in der letzten Aprildekade nachts von einem SS-Kommando aus dem Gefängnis Lehrter Straße in Berlin geholt und im nahegelegenen Ulap-Gelände hinterrücks erschossen. Allerdings ist hinsichtlich dieser Morde nicht belegbar, daß ein Auftrag der Justiz vorlag. Das ist sogar wenig wahrscheinlich, da ein Teil dieser Opfer noch gar nicht vor Gericht gestanden hatte.

Im übrigen befand sich zu diesem Zeitpunkt wie das ganze – weitgehend von den Alliierten besetzte – Nazireich auch dessen oberstes politisches Tribunal in Auflösung. Von Präsident Haffner ist überliefert, daß er sich am 24. April 1945 auf Anraten Generalfeldmarschalls Wilhelm Keitel aus Berlin absetzte.[8] Noch vier Wochen zuvor hatte Haffner den Königsberger Oberlandesgerichtspräsidenten Max Draeger zum Tode verurteilt, weil dieser beim Näherkommen der Front seinen Dienstort verlassen und sich ins Hinterland begeben hatte! Haffner floh zunächst nach Schwerin. Von dort begab er sich nach Schleswig-Holstein, wo er in Bad Schwartau den Volksgerichtshof neu etablieren sollte.[9]

Bis in die allerletzten Tage seiner Existenz bestätigte das Tribunal die Richtigkeit der Voraussage Arthur Wolffs aus dem Jahre 1934 von den unermeßlichen Strömen von Blut, die diese mit fanatischen Nazis besetzte Einrichtung der Menschheit abverlangen würde.

8 Vgl. W. Wagner, Der Volksgerichtshof..., a. a. O., S. 29.

9 Vgl. E. Klee, Was sie taten – Was sie wurden, Frankfurt (Main) 1986, S. 273. Dagegen trifft die Vermutung, das Tribunal hätte nach Waldheim verlegt werden sollen (so: M. Habicht, Zuchthaus Waldheim 1933–1945, Berlin 1988, S. 174), nicht zu. Richtig ist aber, daß dort noch im April 1945 mehrere Prozesse stattfanden.

Fazit

Knapp elf Jahre existierte die in ein justitielles Gewand gekleidete Mordmaschine. Wie begründet diese Charakteristik ist, belegen die Zahlen: Von insgesamt 16342 vor dem Volksgerichtshof Angeklagten wurden mindestens 5243 zum Tode verurteilt.[1]

Übersicht über die Urteile des Volksgerichtshofs[2]

Jahr	Angeklagte	Todesstrafen	Freiheitsstrafen	Freisprüche
1934	480	Keine verläßlichen Feststellungen möglich, da für diese Zeit nur bruchstückhafte Überlieferungen vorhanden sind.		
1935	632			
1936	708			
1937	618	32	422	52
1938	614	17	392	54
1939	477	36	390	40
1940	1094	53	956	80
1941	1237	102	1058	70
1942	2573	1192	1266	107
1943	3355	1662	1447	181
1944	4428	2097	1842	489
1945	126	52	55	16

1 Unterlagen des Volksgerichtshofs wurden sowohl in der DDR als auch in der ČSSR, der BRD und in Berlin (West) gefunden. Sollten noch weitere Dokumente, insbesondere über das Frühjahr 1945, auftauchen, könnte sich die Statistik unter Umständen noch geringfügig ändern.

2 In der Vergangenheit sind mehrere Urteilsstatistiken des Volksgerichtshofs veröffentlicht worden, so bei B. Düsing, Abschaffung der Todesstrafe in der Bundesrepublik Deutschland, Offenbach (Main) 1952, S. 209ff., W. Wagner, Der Volksgerichtshof im nationalsozialistischen Staat, Stuttgart 1974, S. 944, und H. Hillermeier, Im Namen des Deutschen Volkes. Todesurteile des Volksgerichtshofes, Darmstadt/Neuwied 1980, S. 35. Die vorstehende Übersicht stützt sich weitgehend auf die bei B. Jahntz/V. Kähne, Der Volksgerichtshof. Darstellung der Ermittlungen der Staatsanwaltschaft bei dem Landgericht Berlin gegen ehemalige Richter und Staatsanwälte am Volksgerichtshof, Berlin (West) 1987, S. 214, veröffentlichte Statistik, die sowohl auf die Generalakten des NS-Reichsjustizministeriums und im BRD-Bundesarchiv Koblenz verwahrte Dokumente als auch auf das Resultat staatsanwaltschaftlicher Ermittlungen gestützt ist, die sowohl in der DDR als auch in Berlin (West) geführt wurden.
Differenzen zwischen der Gesamtzahl der Angeklagten und der Zahl der Verurteilten erklären sich in erster Linie daraus, daß verschiedentlich Urteile erst in dem der Anklageerhebung folgenden Jahr gefällt wurden. Im übrigen fanden wiederholt Prozesse deshalb nicht statt, weil die Angeklagten nicht mehr am Leben waren. Schließlich gelang es 1944/1945 in einigen Fällen den Angeklagten bzw. ihren An-

Die Mitglieder dieses Tribunals, die sich nach ihrem eigenen Verständnis als „Soldaten ihres Führers“[3] betrachteten, ließen durch ihren langjährigen Präsidenten Thierack die Todesurteile gegen Andersdenkende dem „Führer“ als Geschenk auf den Geburtstagstisch legen. Mit solchen „Preziosen der Rechtsprechung“[4] demonstrierte man den eigenen Anteil an der nazistischen Ausrottungspolitik

Zu den Opfern dieses Vernichtungsfeldzuges zählten berühmte wie kaum bekannte Männer und Frauen, von denen hier nur wenige genannt werden können. Unter ihnen waren hochbegabte, zum Teil weltbekannte Kulturschaffende und Wissenschaftler: der Universitätsprofessor und Kustos am Zoologischen Museum (heute: Naturkundemuseum) in Berlin Dr. Dr. Walter Arndt, der Münchener Hochschullehrer Kurt Huber, der tschechoslowakische Schriftsteller Julius Fučik, der Pianist Karlrobert Kreiten, der Schöpfer der „Moabiter Sonette“ Prof. Albrecht Haushofer, der unter dem Künstlernamen E. O. Plauen bekannte Karikaturist Erich Ohser, dessen Zeichnungen „Vater und Sohn“ sich großer Beliebtheit erfreut hatten.

Den Vorsitzenden des Freidenkerverbandes Max Sievers brachten die Nazijuristen ebenso unters Fallbeil wie die Priester Alois Grimm und Dr. Max Josef Metzger sowie die Ordensschwester Restituta (Helene Kafka), deren Tod bezeugte, daß die Richter des Volksgerichtshofs nicht einmal davor zurückschreckten, eine Nonne aufs Schafott zu schicken.

Der weit über Deutschlands Grenzen hinaus bekannte Sportler Werner Seelenbinder ging diesen Weg, ebenso die volksverbundene Ärztin Margarete Blank, ihr Kollege Georg Groscurth sowie die Medizinstudenten Alexander Schmorell und Wilhelm Graf. Juristen wie Wolfgang Heinze[5] und Helmuth James Graf von Moltke[6] verloren ihr Leben ebenso wie Diplomaten, unter denen sich der um ein korrektes Verhältnis zur Sowjetunion bemühte konservative Friedrich Werner Graf von der Schulenburg befand, der bis zum Juni 1941 als Botschafter in Moskau residiert hatte.

Diese Aufzählung könnte beliebig ergänzt werden. Nachstehend soll einiger von ihnen gedacht werden, die zum Teil als aktive Widerstandskämpfer,

gehörigen oder Verteidigern, die Prozesse so zu verzögern, daß sie nicht mehr durchgeführt werden konnten.

3 D. Majer, Grundlagen des nationalsozialistischen Rechtssystems, Führerprinzip, Sonderrecht, Einheitspartei, Stuttgart/Berlin (West)/Köln/Mainz 1987, S. 112f.

4 J. Friedrich/J. Wollenberg, Licht in den Schatten der Vergangenheit. Zur Enttabuisierung der Nürnberger Kriegsverbrecherprozesse, Frankfurt (Main)/Berlin (West) 1987, S. 64.

5 Über den gegen Wolfgang Heinze angestrengten Prozeß liegt ein detaillierter Erinnerungsbericht von dessen Freund und Verteidiger vor dem Volksgerichtshof vor, vgl. W. Weiß, Vom Tagebuch bis zum Todesurteil, Berlin 1988.

6 Zum Prozeß gegen von Moltke vgl. H. J. Graf von Moltke, Letzte Briefe, Berlin (West) 1952.

Abschrift

Der Reichsminister der Justiz

Geheim

Führerinformation
1943 Nr. 177

Der frühere Vorsitzende des Deutschen Freidenkerverbandes Max S i e v e r s ist vom Volksgerichtshof wegen Vorbereitung zum Hochverrat und Feindbegünstigung zum Tode verurteilt worden. Sievers hat schon vor dem Umbruch aus dem Vermögen des Freidenkerverbandes 700 000 RM ins Ausland verbracht und mit Hilfe dieses Geldes von Brüssel aus bis in den Krieg hinein in zahlreichen Hetzschriften, Broschüren und Vorträgen gegen das nationalsozialistische Deutschland gehetzt. Er bemühte sich um eine Zusammenfassung aller Kräfte der Emigration für den erstrebten Umsturz und stand mit zahlreichen Emigranten aller Richtungen, wie Sollmann, Friedmann, Otto Strasser, Scheidemann und Münzenberg in Verbindung. In Schriften, die er in New York schon vor dem Kriegseintritt der Vereinigten Staaten herausgab, erhob er gegen Deutschland den Vorwurf, es trage die Schuld an dem von ihm provozierten Kriege.

Ich habe die Vollstreckung der Todesstrafe angeordnet.

Berlin, den Januar 1944

(Sachbearbeiter: Herr Landgerichtsdirektor Jaeger)

zum Teil wegen kritischer Bemerkungen über das Regime oder wegen geäußerter Zweifel am faschistischen „Endsieg" in die mörderische Maschinerie der Nazijustiz gerieten.

Als der Volksgerichtshof am 29. Januar 1943 die Kompetenz zur Ahndung angeblicher Wehrkraftzersetzung erhielt, bedeutete das für Tausende das vorweggenommene Todesurteil. Vizepräsident Crohne kleidete die Zielsetzung in die pathetischen Worte: „Seid gewiß, Frontkameraden, daß der Volksgerichtshof in enger Zusammenarbeit mit der Polizei in Eurer Heimat auf der

Wacht steht, um das zu sichern, was Eure beispiellose Tapferkeit gewonnen hat. Der Dolchstoß, den einst 1918 gewissenlose Heimatkreise der Front in den Rücken gejagt haben, ist diesmal unmöglich. Die Heimat zeigt sich in diesem Krieg Eurer würdig, und die wenigen andersdenkenden Verbrecher werden rücksichtslos ausgemerzt."[7]

Mit einigen Beispielen soll im folgenden dargestellt werden, wie die Nazijuristen ihr Handwerk des Ausrottens betrieben.

7 W. Crohne, „Der Volksgerichtshof im Kampf für die Front", Der SA-Führer (München), 1944/3, S. 6ff.

II.
So sprach man „Recht“

Die Widerstandsgruppe

Als das Regime im Frühjahr 1939 eine Anzahl von Insassen der Konzentrationslager freiließ, zählten dazu auch politische Gefangene. In Sachsenhausen waren unter den insgesamt etwa 1 400 Entlassenen annähernd 250 Träger des roten Winkels. So durften an jenem Tag, an dem man in Berlin den 50. Geburtstag Hitlers feierte, im nahegelegenen Oranienburg die Freigekommenen zum Bahnhof ziehen, um die Fahrt in die Heimat anzutreten. Unter

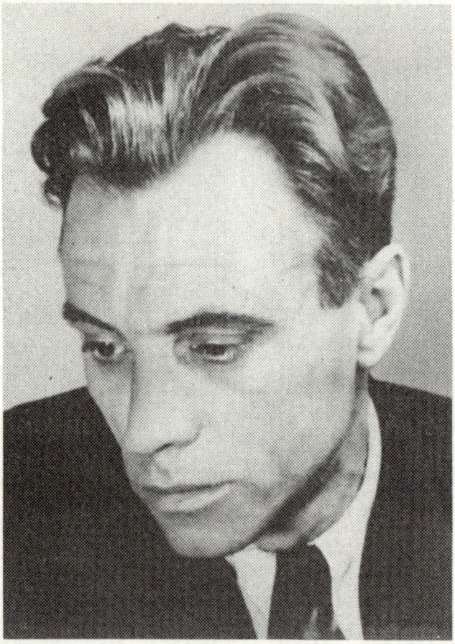

Franz Jacob

ihnen befanden sich die aus Hamburg stammenden Funktionäre der Arbeiterparteien bzw. der Gewerkschaft Robert Abshagen, Hein Brettschneider, Gustav Bruhn, Hans Christoffers und Walter Leu.[1]

Ein Jahr später konnten auch die Hamburger Kommunisten Franz Jacob und Bernhard Bästlein in die Stadt an Alster und Elbe heimkehren. Wie die meisten ihrer in das zivile Leben zurückgekehrten Kerkergenossen setzten sie dort bald den Kampf gegen den verhaßten Faschismus fort. So entstand in Hamburg eine breite Widerstandsbewegung, die als die Organisation Bästlein-Jacob-Abshagen in die Geschichte des anderen, des besseren Deutschland eingegangen ist. Zu denjenigen, deren Kontakt Bästlein bald suchte und die er für den aktiven Widerstand gewann, gehörte neben seinen Gefährten

1 Vgl. H. Naujoks, Mein Leben im KZ Sachsenhausen 1936–1942. Erinnerungen des ehemaligen Lagerältesten, Berlin 1989, S. 116.

Auszug aus dem Gestapoprotokoll über die Vernehmung Bernhard Bästleins vom 30. November 1942

- II A 1 - 33o1/42 - Hamburg, den 30. 11. 1942.

B ä s t l e i n macht nach Abschluß seiner Vernehmung folgende Angaben über seine heutige Einstellung und die Gründe für seine illegale Betätigung:

"Als Richtschnur für diese meine Ausführungen nannte mir mein Sachbearbeiter ein Wort des Reichsführers-SS Himmler, daß man mannhaft für seine Tat einstehen solle, auch wenn die Strafe hart sein wird. Es gibt jedoch Dinge, die in nervöser Überspannung oder aus sonstigen, mit der Veranlagung eines Menschen in Verbindung stehenden Ursachen geschehen, für die man nicht "mannhaft einstehen" kann, und die der Täter sehr oft unmittelbar nach der Tat ernsthaft bereut. Dagegen gibt es Taten, die aus weltanschaulicher Verankerung des Täters erwachsen, und die aufgrund bestimmter Ansichten über Lebens- und Gesellschaftsverhältnisse entstehen. Für solche Taten gilt das Wort des Reichsführers-SS.

Ich betrachte mich als Täter aus weltanschaulicher Überzeugung, und bin deshalb gewillt, für meine Tat m a n n h a f t einzustehen. Dabei handelt es sich bei mir nicht um e i n e Tat, auch nicht um eine T a t , sondern um eine auf verschiedenen Ursachen begründete fortgesetzte Handlung, die mit einer gewissen Eigengesetzlichkeit sich fortlaufend entwickelte. Die Grundlage meiner Einstellung ist meine sozialistische Erziehung im Elternhaus und in der proletarischen Jugendbewegung. Dort lernte ich die Ideen des Sozialismus kennen, für die ich während meines ganzen Lebens mannhaft und ohne Schwanken eingetreten bin.

Meine illegale Arbeit während des letzten Jahres wurde vorwiegend von zwei Faktoren bestimmt, die meiner Bereitschaft, gegen die bestehenden Gesetze zu handeln, den entscheidenden Anstoß gaben. Der erste Faktor war meine siebenjährige Haft von 1933 bis 1940 -davon 4 Jahre in Konzentrationslägern- , während der ich entsetzliche Dinge erlebt, gesehen und gehört habe. Diese Zeit hat mir jede Möglichkeit des Zweifels in Bezug auf meine weltanschauliche Grundeinstellung genommen, denn meine Überzeugung, daß eine Gesellschaftsordnung, in der solche Dinge möglich sind, wie ich sie erlebte, beseitigt werden muß, wurde dadurch grund= fest gemacht, soweit das bisher noch nicht der Fall war.

Der zweite Faktor war der 1939 begonnene 2. Weltkrieg, der in mir alle Erinnerungen an den Krieg 1914-18 weckte, den ich zwei Jahre als Frontsoldat vor Ypern, an der Som= me, vor Verdun und an anderen Frontabschnitten der West= front mitmachte. Er verstärkte in mir die Überzeugung, daß, solange die kapitalistische Gesellschaftsordnung be= steht, es immer wieder zu solchen, alle humanitären Re= gungen der menschlichen Gesellschaft und ungeheure mate= rielle Güter zerstörenden Kriegen kommen wird. Ich dach= te an jene Millionen Menschen, die wie damals ihr Leben auf den Schlachtfeldern verlieren würden.

Als Kommunist bin ich der Überzeugung, daß die Wirtschaft, die industrielle Entwicklung der Staaten, neben ihren menschlichen Reserven den entscheidenden An= teil an der Stärke und Kriegskraft eines Volkes ausma= chen. Die Verteilung der kriegswichtigen Rohstoffe, die Beherrschung der strategisch wichtigsten Land- und See= verkehrswege, sowie der geographische Raum und die geo= graphische Lage eines Landes bilden für den Ausgang eines Krieges die entscheidenden Faktoren. Diese, Sieg oder Niederlage in einem Kriege bedingenden Faktoren sind, wie im Kriege 1914-18, auch im gegenwärtigen Kriege fast restlos auf der Seite der Gegner Deutschlands, sodaß ich schon bei Beginn dieses Krieges eine Niederlage Deutsch= lands für unabwendbar hielt. Dazu kam meine Überzeugung, daß dieser Krieg trotz des zwischen Deutschland und der Sowjetunion vor Kriegsbeginn abgeschlossenen Paktes vor den Grenzen der U.d.S.S.R. nicht haltmachen würde. Ich betrachte die Sowjetunion als den in Wirtschafts- und Gesellschaftsform gegenüber den kapitalistischen Staaten höchstentwickelten Staat, der in schweren, vom Zarismus als Erbe übernommenen Kultur-, Wirtschafts- und sozialen Zuständen den ersten Versuch in der Geschichte der Mensch= heit unternahm, eine wahre sozialistische Gemeinschaft zu schaffen. Dieser Krieg hat auch diesen Staat in den kriegsbedingten Strudel der Vernichtung materieller, kultureller und ideeller Güter gezogen und legt auch ihm die ungeheuerlichsten Opfer an Menschen auf.

Da für mich der Ausgang dieses Krieges unzweifelhaft feststeht, kam es darauf an, den die Niederlage Deutschlands besiegelnden F r i e d e n so schnell als möglich herbeizuführen, damit an die Stelle der revolutionär durch Kriegsgewalt vorwärtsgetriebenen Entwicklung wieder die E v o l u t i o n tritt, die auf der Grundlage des Friedens sich aufbauende Entwicklung nach den Gesetzen der Dialektik, wie sie die modernen philosophischen Systeme seit Hegel vertreten.

So war meine Arbeit dazu bestimmt, so schnell wie möglich den Frieden und die Beendigung des meiner Meinung nach sinnlosen Blutvergiessens herbeizuführen.

Diese beiden Faktoren -meine siebenjährige Haft und der Krieg- waren die Triebfeder, die mich zur illegalen Arbeit anregten. Ich bin dazu weder von jemandem "verführt" worden, noch bedurfte es dazu einer besonderen Anregung, abgesehen von der Zuspitzung der weltpolitischen Situation. Der eigentliche Anlaß, meine nach der Haftentlassung 1940 angeknüpften Bekanntschaften teilweise zu aktiver illegaler Arbeit zusammenzufassen, war die Erweiterung des Krieges im Osten, gegen die Sowjetunion. Seit dem Beginn des Ostkrieges bin ich Schritt für Schritt weitergegangen, bis in Hamburg eine Leitung, und eine Verbindung nach Berlin bestand.

Die weiteren Arbeiten entwickelten sich zwangsläufig, und so ist auch meine Beziehung zu den Fallschirmspringern zu erklären, die ich in Hamburg nicht ihrem Schicksal überlassen konnte, weil ihr Erscheinen in Deutschland für mich der Willensausdruck meiner politischen Freunde in der Sowjetunion war, auch dieses Gebiet der illegalen Arbeit in Angriff zu nehmen.

Ich werde keine Gelegenheit haben, die entsetzlichen Erlebnisse meiner siebenjährigen Haft, die einen entscheidenden Einfluß auf meinen Willen zur illegalen Arbeit hatten, im einzelnen darzulegen, ich werde trotzdem hart für meine Tätigkeit bestraft werden. Das Recht, eine harte Strafe über mich zu verhängen, ergibt sich aus den zur Zeit in Kraft befindlichen Gesetzen, die ich, da ich bewußt gegen sie verstossen habe, nicht anerkenne. Indem ich je=

doch für meine Tat einstehe, erwarte ich, daß auch nur die g e s e t z l i c h e Härte einer Strafe gegen mich in Anwendung kommt, und keine Auffrischung jener Methoden, die ich im Konzentrationslager sah, mich treffen wird. Sollte das dennoch der Fall sein, werde ich bemüht sein, sie ebenso mannhaft zu ertragen, wie ich für meine Tat einstehe.

...selbst gelesen und für richtig befunden...

...Bernhard Bästlein......

Bgl.

Haedge, Krim.-Oberass.

aus Sachsenhausen auch der Betriebsingenieur Wilhelm Stein, den er aus gemeinsamer politischer Arbeit kannte, die beide vor 1933 im Rheinland geleistet hatten. Der gelernte Schlosser hatte als 21jähriger im ersten Weltkrieg eine schwere Verwundung erlitten und dabei ein Auge eingebüßt. Vom Militär entlassen, hatte er an den Technischen Lehranstalten in Hamburg ein Studium als Elektroingenieur mit Erfolg absolviert.

Als Funktionär der KPD gehörte Wilhelm Stein 1933 zu den ersten politischen Gefangenen des Naziregimes im Rheinland. Nachdem ihn die Gewalthaber zunächst als sogenannten Schutzhäftling eingesperrt hatten, erhielt er im Herbst des gleichen Jahres eine Freiheitsstrafe von einem Jahr, weil er den Ministerpräsidenten Göring verächtlich gemacht habe. Den seit 1937 als Betriebsingenieur in den Hamburger Eisen- und Bronzewerken Tätigen beauftragte die Gruppe Bästlein-Jacob-Abshagen Anfang der vierziger Jahre, in diesem Betrieb eine kommunistische Betriebszelle aufzubauen. Da der Ingenieur zu allen Betriebsabteilungen Zutritt hatte, konnte er unauffällig Kontakte herstellen.

Als es der Gestapo 1942 gelang, eine Reihe von Mitgliedern der in Hamburg existierenden Widerstandsbewegung festzunehmen, gehörten auch die Genossen Abshagen, Bästlein, Brettschneider und Stein zu den Verhafteten, während sich Franz Jacob zunächst dem Zugriff der Gestapo entziehen konnte. Wilhelm Stein wurde gemeinsam mit seinem Arbeitskollegen Richard Gohert sowie dem Kupferschmied Heinrich Wadle[2] und dem Abteilungsleiter Heinrich Hartig vor dem Volksgerichtshof angeklagt.

Anton Saefkow (1939)

Bernhard Bästlein war inzwischen seinen Häschern entkommen – während eines Luftangriffs gelang ihm am 30. Januar 1944 die Flucht aus der Haftanstalt Berlin-Plötzensee. Anschließend nahm er – wie Franz Jacob seit Ende 1942 – am Widerstandskampf in Berlin teil.

Obwohl die Gestapo in der mehr als ein Jahr währenden Untersuchungshaft mit allen ihr zu Gebote stehenden Mitteln des physischen und psychischen Terrors versucht hatte, ihren Opfern Aussagen abzupressen, konnte Staatsanwalt Wilbert in der Hauptverhandlung Wilhelm Stein, den man zu Recht als den Kopf der kommunistischen Zelle in den Harburger Eisenwerken betrachtete, lediglich nachweisen, seit Jahren ausländische Sender gehört und am Arbeitsplatz politische Gespräche geführt zu haben. Das reichte dem

2 Vgl. A. Wadle, Mutti, warum lachst Du nie? Eine Antifaschistin antwortet ihrem Jungen, Hrsg. L. Walz, Drensteinfurt 1988.

Abschrift
1 L 203/44
8 J 197/44

IM NAMEN DES DEUTSCHEN VOLKES!

In der Strafsache gegen
1.) den Kraftfahrer Anton Emil Hermann S a e f k o w
aus Berlin, geboren am 22. Juli 1903 daselbst,
2.) den Schlosser Franz Edmund J a c o b aus Hamburg, geboren am 9. August 1906 daselbst,
3.) den Feinmechaniker Bernhard Karl B ä s t l e i n aus Hamburg, geboren am 3. Dezember 1894 daselbst,
zur Zeit in dieser Sache in Haft
wegen Vorbereitung zum Hochverrat
hat der Volksgerichtshof, 1. Senat, auf die am 31. August 1944 eingegangene Anklage des Herrn Oberreichsanwalts, in der Hauptverhandlung vom 5. September 1944, an welcher teilgenommen haben
als Richter:
Landgerichtsdirektor Stier, Vorsitzer,
Landgerichtsdirektor Dr. Schlemann,
Stadtrat Kaiser,
Gauhauptstellenleiter Ahmels,
Abschnittsleiter Wernecke,
NSKK-Brigadeführer Heinsius als Ersatzrichter
als Vertreter des Oberreichsanwalts:
Erster Staatsanwalt Wittmann,
für Recht erkannt:

Anton S a e f k o w, Franz J a c o b und Bernhard B ä s t l e i n haben als Spitzenfunktionäre einer im Jahre 1943 von den ersten beiden gegründeten Organisation den kommunistischen Hochverrat vorbereitet und zugleich den Feind des Reichs begünstigt. Auch haben sie durch ihre Hetzparolen es unternommen, die Wehrkraft des deutschen Volkes zu zersetzen.

Sie sind für immer ehrlos und werden mit dem
T o d e bestraft
bestraft.

2. Senat des Volksgerichtshofs, die Tatbestände der Vorbereitung zum Hochverrat und der Feindbegünstigung als erfüllt anzusehen.

Wenige Tage nach der Zerstörung Hamburgs durch die verheerenden Bombardements vom 24. Juli bis 3. August 1943, wobei annähernd 55 000 Einwohner den Tod gefunden hatten, verurteilten die Nazirichter Wilhelm Stein zum Tode.[3] Im Urteil vom 6. Mai 1944 hieß es, daß der antifaschi-

3 Das war einer der zwölf sogenannten Hamburger Kommunistenprozesse. Vgl. da-

stische Widerstandskämpfer „den Zusammenbruch unserer Front wünschte, weil er daraus den Sieg des Kommunismus erwartet". (AZ: 11 [10] J 1039/43 – 2 H 54/44.)

Am Nachmittag des 26. Juni 1944 wurde das Todesurteil an Wilhelm Stein und neun anderen Widerstandskämpfern der Gruppe in der Untersuchungshaftanstalt Hamburg vollstreckt. Im Juli folgten ihnen Robert Abshagen und Hein Brettschneider in den Tod, während Bernhard Bästlein und Franz Jacob gemeinsam mit ihrem Berliner Kampfgenossen Anton Saefkow[4] am 18. September 1944 im Zuchthaus Brandenburg-Görden umgebracht wurden.

Der Gauleiter fordert den Tod

Wie willfährig sich die Justiz in den staatlich geplanten und dirigierten Terror einfügte, ist an vielen Beispielen belegbar. Zu den krassesten Belegen gehört gewiß auch ein am 4. Oktober 1943 vor dem Volksgerichtshof durchgepeitschter Prozeß, dessen Vorgeschichte schnell skizziert ist: Am 1. Oktober ließ das Gau-Stabsamt der Nazipartei die Staatsanwaltschaft wissen: In dem soeben eröffneten Verfahren gegen vier Mitarbeiter des Wohlfahrtsamtes in der Berliner Brommystraße erwarte Gauleiter Joseph Goebbels bis zum 6. Oktober die Meldung, daß Dorothea Fonden, Fritz Pahnke, Johann Dombrowski und Fritz Großpietsch zum Tode verurteilt worden seien.

Hastig drehte sich das Räderwerk der Mordjustiz, das die Frauenschaftsleiterin Fieweger mit einer Denunziation in Gang gesetzt hatte. Die vier Angestellten hatten ein Tischgebet kursieren lassen, in dem es unter anderem hieß:

„Hände falten, Köpfchen senken,
immer an den Führer denken!
Komm, Herr Ley, sei unser Gast
und beschere uns die Hälfte nur von dem,
was Du uns versprochen hast.
Wir wollen nicht mehr Pellkartoffeln ohne Hering,
wir wollen so essen wie Du und Hermann Göring."

Schon am 4. Oktober fand die Hauptverhandlung statt. Sie endete mit dem von Goebbels befohlenen Resultat. Hatte dieser verlangt, bis zum 6. Oktober

zu: Streiflichter aus dem Hamburger Widerstand 1933–1945, Frankfurt (Main) 1969, S. 376 f., und U. Puls, Die Bästlein-Jacob-Abshagen-Gruppe, Berlin 1959. – Wilhelm Steins Mitangeklagte erhielten Zuchthausstrafen bis zu acht Jahren.

4 Zum Kampf der von Anton Saefkow geleiteten Berliner Widerstandsorganisation vgl. K. Mammach, Widerstand 1939–1945. Geschichte der deutschen antifaschistischen Widerstandsbewegung im Inland und in der Emigration. Berlin 1987, S. 248 ff.

informiert zu werden, daß das geforderte NS-Urteil verhängt sei, übertrafen ihn die NS-„Rechtswahrer" noch: Sie ließen die Todesstrafe innerhalb dieser Frist sogar schon vollstrecken. Um das zu gewährleisten, veranlaßte man die Verurteilten, noch am 4. Oktober die Gnadengesuche einzureichen, die Thierack dann am folgenden Tag verwarf. So konnte der Oberreichsanwalt dem Gauleiter melden, daß die erkannten Todesstrafen „am 5. Oktober 1943 vorschriftsmäßig vollstreckt worden" waren. (AZ: 1 L 114/43 – 2 J 555/43.)

Das Schicksal der Berliner Arbeiterfrau Wanda Kallenbach

Man schrieb August 1943: Mehr als zwei Jahrzehnte zuvor hatte Wanda Kallenbach ihr Heimatdorf verlassen, um in der Hauptstadt eine Stelle als Hausgehilfin anzutreten. Nun, im vierten Kriegsjahr, besuchte die 41jährige ihre Schwester in Jankendorf, wo sie beide die Kindheit verbracht hatten und wo die Besucherin jetzt einige zusätzliche Lebensmittel für ihren Berliner Haushalt aufzutreiben trachtete.

Wanda Kallenbach war froh, in der ländlichen Abgeschiedenheit für einige Tage den zermürbenden Luftangriffen entgangen zu sein, die seit geraumer Zeit die Metropole an der Spree heimsuchten. Gleichwohl begleitete sie auch in dem bislang vom Krieg nahezu unberührt gebliebenen bäuerlichen Flecken die Sorge um ihre Angehörigen in der Schreiberstraße im Berliner Osten. Die Angst um sie und der Schrecken durchwachter Bombennächte führten wohl dazu, daß die Proletarierfrau im Umgang mit alten und neuen Bekannten im heimatlichen Dorf kein Blatt vor den Mund nahm. Einst habe Reichsmarschall Hermann Göring großspurig erklärt, keine feindliche Bombe werde jemals Deutschland treffen, nun liege Hamburg in Schutt und Asche, und in Berlin heulten fast täglich die Sirenen. Befragt, was der kleine Mann denn tun könne, meinte sie, einer allein sei freilich machtlos, aber wenn alle streikten und die Soldaten die Waffen wegwürfen, sei bald Schluß mit dem Krieg.

Längst war Frau Kallenbach wieder in Berlin, als die Gestapo am 20. Januar 1944 nach ihr griff. Einen Tag später befand sie sich im Untersuchungsgefängnis in Moabit. Die Häscher hatten mit Eifer recherchiert. Sie präsentierten weitere Vorwürfe: Die Beschuldigte habe schon früher, als sie auf dem Lande den Nazigruß vernahm, erwidert: Dafür könne man in der Hauptstadt „eins in die Schnauze bekommen". Zugleich hatte die Geheimpolizei ermittelt, Frau Kallenbach sei vor 1933 Mitglied der Gewerkschaft gewesen, gelte als judenfreundlich und werde von der zuständigen Stelle der NSDAP als politisch „nicht einwandfrei" bezeichnet.

Das reichte dem Oberreichsanwalt, um am 20. April 1944 Anklage wegen Wehrkraftzersetzung und Feindbegünstigung zu erheben, obwohl die Bewohner des Berliner Mietshauses übereinstimmend versicherten, die stets hilfsbereite und freundliche, zuweilen freilich etwas einfältig wirkende Nachbarin sei ihnen niemals durch derlei Reden aufgefallen.

Am 21. Juni 1944 verhandelte der 1. Senat unter Roland Freisler gegen Wanda Kallenbach. Schnell waren sich die Anwesenden über deren intellektuelle Leistungsfähigkeit einig: Der Verteidiger betonte, von Bekannten werde die Angeklagte zuweilen sogar als dumm bezeichnet. Der Vorsitzende hielt ihr vor, sie erwecke den Eindruck, als könne sie „nicht bis drei" zählen. Das hinderte ihn feilich nicht, sein Opfer mit allem Hohn zu überschütten, dessen er fähig war. Diese Tiraden wurden allerdings bald unterbrochen: Heulende Sirenen verkündeten Fliegeralarm. So zogen sie alle aus dem Verhandlungssaal in den Luftschutzkeller: die Nazijuristen und Wachtmeister, die Angeklagte und die Zuhörer. Zu diesen zählte Pfarrer Dr. Hornisch aus der Samariterstraße, der zugleich Religionslehrer der schulpflichtigen Tochter der Kallenbachs war. Wie der Theologe später berichtete, nutzte er den Aufenthalt im Keller, um den Anklagevertreter Karl Bruchhaus zur Nachsicht zu bewegen. Er schilderte ihm den schweren Lebensweg der nun verhärmt und apathisch ihrem Schicksal entgegensehenden Delinquentin, charakterisierte sie und ihren Ehemann, der am Leid seiner Frau zu zerbrechen drohte, als bescheidene und fleißige Arbeitsleute. Inständig bat der Seelsorger, dem elfjährigen Kind, das vorübergehend im Pfarrershaushalt untergekommen war, die Mutter zu erhalten.

Es blieb alles vergebens. Der Staatsanwalt sperrte sich gegen alle Argumente, und nach dem Ende des Fliegeralarms machte Freisler kurzen Prozeß. Die Belastungszeugen lobte er als „gläubige Volksgenossen", dann hörte das Gericht die Plädoyers des Staatsanwalts und des Verteidigers. Die anschließende Beratung der Richter dauerte nicht lange, so daß der Vorsitzende alsbald verkünden konnte: Die Angeklagte „hat so einen schwersten Angriff auf die Festigkeit unserer Wehrmacht, unseres Soldatentums gemacht. Sie ist damit für immer ehrlos geworden." Nach Freislers Worten mußte sie „um der Festigkeit unserer inneren Front und damit um unseres Sieges willen mit dem Tode bestraft werden". (AZ: 1 L 174/44 – 4 J 656/44.)

Der verzweifelte Ehemann gab dennoch den Kampf um den Kopf seiner Frau nicht auf. Er bat, das Urteil doch in eine Freiheitsstrafe umzuwandeln, und brachte ein ärztliches Attest bei. Danach litt die Verurteilte seit langem an Nervenschwäche, seelischen Störungen und Erregungszuständen. Auch Pfarrer Hornisch startete einen letzten Versuch. Er schrieb an Hitler, legte dar, daß man der Elfjährigen bislang das Urteil verheimlicht habe, und bat in bewegenden Worten um Gnade. Umsonst: Am 10. August ordnete Reichsjustizminister Thierack an, der Oberreichsanwalt habe mit „größter Beschleunigung das Weitere zu veranlassen". Diensteifrig setzte dieser die Mordmaschinerie in Gang: Am 18. August 1944 um 12.06 Uhr erlosch in der Richtstätte des Strafgefängnisses Berlin-Plötzensee das Leben der Berliner Arbeiterfrau Wanda Kallenbach.

Im Kino von Zwönitz

Im Mai 1943 zeigten die Kammerlichtspiele im idyllisch gelegenen erzgebirgischen Zwönitz einen Spielfilm, der sich regen Publikumsinteresses erfreute. Als eines Abends während der letzten Vorstellung ein verspätet eintreffender Unteroffizier – die Vorführung lief bereits über eine Stunde – noch Einlaß begehrte, verwehrte ihm das die Ehefrau des Pächters des Lichtspielhauses, die dort als Kassiererin tätig war. Sie empfahl dem Soldaten, er möge sich doch den Film am nächsten Abend ansehen, was natürlich voraussetze, daß er dann früher erscheine.

So kamen beide in ein wohl etwa zwanzigminütiges Gespräch. Zunächst erkundigte sich der Mann nach einem Bekannten, mit dem er vor geraumer Zeit gemeinsam gedient hatte. Die Unterhaltung führte bald dazu, daß man die Meinungen zur Kriegslage austauschte. Frau Peters wollte wissen, ob es an der Ostfront wirklich so schlimm aussähe, wie ihr berichtet worden sei. Ihr Gesprächspartner bestritt das nachdrücklich. Schließlich ging man auseinander, und Katharina Peters hatte die abendliche Begegnung längst vergessen, als reichlich vier Monate später die Gestapo vor der Tür stand.

Was ihr die Büttel der Geheimpolizei eröffneten, hat sie stets bestritten – von ihrer ersten Vernehmung bis zum letzten Atemzug. Nach monatelangen Verhören erhob der Oberreichsanwalt – die Beschuldigte war inzwischen nach Berlin überführt worden – am 27. Mai 1944 Anklage. Frau Peters habe erklärt, so hieß es dort, das Volk werde absichtlich verdummt und irregeführt. Deutschland würde den Krieg nicht nur verlieren, sondern müßte ihn auch verlieren. Schließlich warf man ihr vor, das Gespräch mit der Bemerkung beendet zu haben: „Na ja, was wollen wir denn, wir haben es ja so gewollt, wir haben sie ja selbst gewählt".

Am 23. August 1944 fand vor dem 6. Senat die Verhandlung gegen die 46jährige Angeklagte statt, die seit ihrer Eheschließung die niederländische Staatsangehörigkeit besaß. In dem letzten von ihr überlieferten Schriftstück vom 11. September 1944 hielt Katharina Peters fest, wie ihre Verteidigung behindert worden war. Zunächst hatte sie die Mitteilung erhalten, ihr Chemnitzer Wahlverteidiger Dr. Curt Gareis könne sie wegen eines anderen mehrtägigen Termins nicht vertreten; seinem Sozius, der sich dazu bereit erklärt hatte , versagte der Volksgerichtshof die Zulassung, und der dann eingesetzte Berliner Advokat konnte sich auf den Prozeß nicht mehr vorbereiten. Obwohl selbst die Nazirichter einräumten, „es handelt sich zwar um einen einmaligen Vorgang, und ein bisher staatsfeindliches Verhalten der Angeklagten ist nicht bekannt geworden", und Frau Peters immer wieder betonte, es müsse sich um einen Racheakt des nicht zur Filmvorführung Eingelassenen handeln, lehnte das Tribunal jede Strafmilderung ab. (AZ: 6 L 169/44 – 5 J 134/44.)

Am 29. September 1944 endete das Leben der Pächtersfrau im Strafgefängnis Berlin-Plötzensee. Ihrem Ehemann aber schickte der Oberreichsanwalt die Todesnachricht mit dem Zusatz: „Ich weise darauf hin, daß die Veröffentlichung einer Todesanzeige unzulässig ist." Selbst vor der toten Katharina Peters hatte das Großdeutsche Reich noch Angst.

Der Feldpostbrief

Am 29. September 1943 fand bei Kämpfen nahe dem ukrainischen Melitopol der 19jährige deutsche Soldat Hans Heider den Tod. Der Gefallene entstammte einer kinderreichen Familie. Nach dem Tod seiner Eltern war er im Haushalt des Bruders seines Vaters aufgewachsen, der den gleichen Vornamen trug wie er.

Hans Heider senior genoß in seiner Heimat im bayerischen Unterthingau Ansehen als zuverlässiger Kaminkehrermeister. Sein politisches Weltbild prägten militärische Traditionen. Aus dem ersten Weltkrieg war er mit dem Eisernen Kreuz und anderen Auszeichnungen heimgekehrt, und auch in den folgenden Jahren ließ seine Vorliebe für das Militär und die Uniformen nicht nach. 1938 trat Hans Heider senior der Nazipartei bei, und nach Ausbruch des zweiten Weltkrieges diente er als Unterfeldwebel in der Wehrmacht, bis er schließlich – für die Heimat reklamiert – wieder seinem Beruf nachgehen konnte.

Für Heider war es eine Selbstverständlichkeit gewesen, den verwaisten Neffen aufzunehmen, ihn als Sohn zu betrachten und in jenen Wertvorstellungen zu erziehen, die bislang sein eigenes Leben geprägt hatten. Zu seiner Freude erwies sich der Junge als gelehriger Schüler, der in jeder Beziehung in die Familie des Onkels paßte. Dieser war inzwischen zum Bezirksschornsteinfegermeister aufgestiegen und rundum mit seinem Leben zufrieden, zumal die Heiders vom fernen Krieg kaum mehr als die Siegesfanfaren im großdeutschen Rundfunk vernahmen. Daran änderte sich auch nichts, als der – in einem anderen Haushalt aufgewachsene – Neffe Max, der Lieblingsbruder des jungen Hans, zur Wehrmacht beordert wurde.

Ein spürbarer Wandel im Leben der Handwerkerfamilie trat erst ein, als geraume Zeit später der Postbote die Trauernachricht ins Haus trug: Max war im Krieg „gefallen". Den jungen Hans, der eben noch so viel Spaß an Geländespielen und militärischen Zeremonien gefunden hatte, erschütterte das Schicksal seines älteren Bruders so, daß er fortan jegliches Interesse am Dienst in der Hitlerjugend verlor und nur widerwillig folgte, als er wenig später selbst einberufen wurde. Im Sommer 1943 stand Hans Heider an der Ostfront. Dort erlitt er eine Verwundung, weswegen er in das Lazarett in Kamenskoye in der Ukraine kam.

Als davon der Kaminkehrermeister in Unterthingau erfuhr, schrieb er dem Neffen einen Brief: „Nun, lieber Hans, ich muß hier schon mit Dir sagen ‚Gott sei Dank' bist Du wenigstens eine Zeitlang von diesem Schwindel weg... Drücke Dich, wo Du nur kannst... Für solche braunen Bonzen sollen nur die kämpfen, die ihren Sieg zu Hause predigen und sich ins Fäustchen lachen. Für eine solche aussichtslose Sache sein Leben opfern wäre sinnlos und dumm. Darum sei Dein Gedanke immer und stets, drücke Dich, wo Du nur kannst, sei immer krank. Du kannst nicht. Du hast schon in Italien gesehen, Mussolini ist weg, der Faschismus ist weg, und bei uns geht es einmal nicht besser."

Diese Zeilen trug der 19jährige über dem Herzen, als ihn am 29. September 1943 die tödliche Kugel traf. Neun Wochen später holte die Gestapo den Briefschreiber. Auf Antrag von Staatsanwalt Kurt Jaager verkündete Landgerichtsdirektor Hans Duve am 4. Juli 1944 im Volksgerichtshof das Todesurteil gegen den Angeklagten, der – wie es in der Begründung hieß – einen Soldaten „aus der Kampfgemeinschaft der Front herauslösen wollte". Zehn Tage vor dem 49. Geburtstag des Verurteilten vollstreckte man das Urteil. (AZ: 5 J 821/44 – 3 L 318/44.)

Weder seine einstigen Verdienste beim Militär noch daß er selbst geraume Zeit den braunen Rattenfängern gefolgt war, bewahrten Hans Heider vor diesem Schicksal. Er war einer von jenen Parteigängern der Nazis, die sich – oft freilich erst nach grundlegend veränderter Kriegslage und persönlichen Verlusten – von ihren Idolen abwandten und dafür büßen mußten.

Daß dieses Ende selbst Uraltmitgliedern der NSDAP nicht erspart blieb, belegt das erfolglos an Hitler gerichtete Gnadengesuch des vormaligen NSDAP-Mitgliedes Nr. 880, Viktor Mohr. Dem Dentisten aus München, der sich freilich schon lange vor 1933 von den Nazis abgewandt und 1943 einen Kriegsgefangenen über die Lage an den Fronten informiert hatte, half es nichts, Hitler in einem Gnadengesuch daran zu erinnern, daß er einst zu dessen engsten Gefährten gehört und ihm antisemitische Literatur überlassen hatte. (AZ: 4 J 603/44 – 6 L 76/44.)

Der Beichtvater

Wie die meisten seiner Vorfahren hatte Ludwig Freiherr von Leonrod den Offiziersberuf gewählt. Der Sproß eines traditionsreichen bayerischen Adelsgeschlechts war gleichermaßen Soldat wie strenggläubiger Katholik. Regelmäßig ging der Major zum Gottesdienst und zur Beichte. Mitte Dezember 1943 führte ihn freilich ein recht ungewöhnliches Anliegen zu seinem Beichtvater Kaplan Hermann Wehrle von der Kirche Heilig Blut in München. Der Offizier zog es vor, den Geistlichen in dessen Wohnung aufzusuchen. Er erkundigte sich bei ihm, ob man beichten müsse, wenn man wisse, daß auf einen Alleinherrscher, der sein Volk ins Unglück stürze, ein Attentat geplant werde.

Auf diese verblüffende Eröffnung antwortete der erstaunte Geistliche zunächst mit der Gegenfrage, ob der Besucher denn von einem konkreten Plan wisse. Der Major wich aus: Es gehe ihm um eine ausschließlich theoretische Auskunft. Daher fielen in dem anschließenden Gespräch keine Namen. Es wurde weder der Name des Despoten genannt, noch sprach man über eventuelle Tatbeteiligte.

Der Kaplan führte schließlich aus, die Frage des Besuchers berühre die Haltung der Kirche zum Tyrannenmord. Deshalb schlug er das vom Bischof von Regensburg, Michael Buchberger, verfaßte Lexikon auf und las dem Gast die dort enthaltenen, sich zum Teil widersprechenden Aussagen vor. Der Beichtvater fügte hinzu, es täte ihm leid, wenn der Besucher „seine Finger drin hätte". Erstens mißglücke ein solches Vorhaben meist, zweitens gehe „dabei immer etwas kaputt" und drittens sei es Sünde vor dem lieben Gott. Gleichwohl unterschied der Priester zwischen Mitwissen und Mittun. Abschließend meinte er, allein wegen eines solchen Wissens bedürfe es der Beichte nicht.

In der Tat erteilte der Kaplan die Absolution, als Freiherr von Leonrod während der Weihnachtstage zur Beichte kam. Sieben Monate später war der Offizier unter den Militärs, die nach dem Attentat des Oberst Claus Schenk von Stauffenberg auf Hitler am 20. Juli 1944 im sogenannten Führerhauptquartier „Wolfsschanze" unter dem Stichwort „Walküre" Alarm im Sitz des Oberkommandos des Heeres in der Berliner Bendlerstraße auslösten.

Nach dem Scheitern des Attentats fiel auch Major von Leonrod in die Hände der Gestapo. Bald spürte diese dessen Gespräch mit dem Beichtvater auf.

Am 13. September 1944 stand nach dem inzwischen zum Tode verurteilten und hingerichteten Offizier auch der Kaplan vor dem 1. Senat des Volksgerichtshofs. Mit ihm saßen drei weitere Antifaschisten auf der Anklagebank, die aus anderen Quellen Kenntnis von den Plänen der Verschworenen erlangt hatten. Gleichwohl konzentrierte sich Freislers Geifer an diesem Tag vor allem auf den Priester, den er „zu den Dunkelmännern unserer Zeit" zählte: „Wehrle hat aus der Sicherheit der Beichtvorberatung heraus mit der Autorität des Priesters haßerfüllt zum Todesstoß gegen das deutsche Volk, gegen unser nationalsozialistisches Gemeinschaftsleben, zum Meuchelmord an unserem Führer ausgeholt und das mitten im schwersten Ringen um unser und unserer Kinder Leben und Freiheit." Weil er damit das „Gewissen eines Verratsmitwissers" beruhigt habe, überantwortete das Tribunal den Kaplan ebenso dem Henker wie seine drei Gefährten auf der Anklagebank. (AZ: 1 L 321/44 – OJ 12/44 g. Rs.)

Der Freispruch

Daß man sehr wohl im obersten politischen Gerichtshof Nazideutschlands auch anders entscheiden konnte – wenn man es nur wollte –, bewies der Prozeß gegen die Studentin Käte L., der exakt an deren 23. Geburtstag im November 1944 stattfand.

Die aus dem Ruhrgebiet stammende Kaufmannstochter studierte – nachdem sie zuvor an der Universität Würzburg immatrikuliert gewesen war – seit 1942 in Leipzig Geschichte, Deutsch und Philosophie und galt als hochbegabt. Dem Nazisystem stand sie zunächst recht aufgeschlossen gegenüber, was sich freilich änderte, als ihr Bruder an der Front fiel und die elterliche Wohnung von einer Bombe getroffen wurde. In der Messestadt freundete sie sich mit der Tochter des ehemaligen dortigen Oberbürgermeisters Carl Goerdeler an, der zu den Hauptakteuren der Bewegung des 20. Juli 1944 gehörte. Käte L. war einmal in das Haus der Familie Goerdeler eingeladen worden, vermied jedoch in der Folgezeit derartige Besuche, da ihr nach eigenen Angaben der dort herrschende politische Ton nicht zugesagt habe.

Gleichwohl legte der Oberreichsanwalt der Studentin zur Last, nach dem 20. Juli erkärt zu haben, der Tag, an dem Hitler erschossen würde, wäre für sie ein Freudentag. Dazu stellte der 1. Senat zunächst einmal zackig fest: „Wer so etwas äußert, erklärt sich dadurch mit den Hochverrätern und Mördern vom 20. Juli solidarisch. Er verfällt deshalb grundsätzlich derselben Strafe wie sie.“ Dann folgte jedoch ein Satz, der zu den krassen Ausnahmen in der Diktion dieses Tribunals gehört: „Angesichts der besonderen Schwere der Anklage ist indessen auch eine besonders vorsichtige Prüfung der Schuldfrage erforderlich.“ So selbstverständlich diese Aussage war, so ungewöhnlich blieb sie in der Spruchpraxis der Nazirichter. Diese konstatierten, der Studentin wären „staatsgegnerische Äußerungen an sich sehr wohl zuzutrauen“, letztlich blieben aber doch gewisse Bedenken bestehen. Mehr noch: Der Senat hielt sogar fest, die Denunziantin habe wohl ihr Erlebnis mit der Angeklagten „nachträglich unbewußt vergrößert“. Schließlich warf man der Anzeigeerstatterin vor, daß sie die Anzeige erst Wochen später erstattet habe, was erkennen lasse, daß es sich bei jener Unterhaltung wohl doch um ein harmloseres Gespräch gehandelt habe.

Käte L. hörte an ihrem Geburtstag den Freispruch. (AZ: 1 L 402/44 – 3 J 1548/44.) So ungewöhnlich der Ausgang dieses Verfahrens ist, beweist er doch, welchen Freiraum die Nazijuristen für ihre Entscheidungen hatten, wenn sie ihn nur nutzen wollten. An dieser Feststellung ändert nichts, daß sich in dieser Sache der Oberreichsanwalt am 4. März 1945 nochmals einschaltete und seinen außerordentlichen Einspruch anmeldete, um das Urteil durch den Besonderen Senat korrigieren zu lassen. Dazu kam es jedoch nicht: Der Vormarsch der Sowjetarmee zog einen Schlußstrich unter diese Akte. Käte L. überlebte jenes System, das nach ihrem Kopf getrachtet hatte.

In der Nervenklinik die Wehrkraft zersetzt

Der im Dezember 1923 vom Amtsgericht Radeberg entmündigte Karl-Hans S. entstammte der Familie eines bekannten Autors, der zu den schärfsten bürgerlichen Gesellschaftskritikern gehörte und dessen Werke im Kaiserreich verboten, in der Weimarer Republik vielfach verpönt und in der Nazizeit unter jenen waren, die am 10. Mai 1933 auf dem Scheiterhaufen vor der Berliner Universität loderten.[1]

Wie seine Eltern verfügte auch Karl-Hans über reiche Geistesgaben: In mehreren Sprachen konnte er sich in Wort und Schrift gewandt ausdrücken. Gleichwohl gehörte er zu jenen Menschen, die einerseits hervorragende Fähigkeiten haben, andererseits aber nach medizinischem Urteil Psychopathen sind. Seit seinem 22. Lebensjahr hielt sich Karl-Hans immer wieder in Nervenkliniken und Sanatorien in Deutschland, Belgien und der Schweiz auf.

Eine entscheidende Wende nahm sein Leben erst, als der nun schon 40jährige am 12. Januar 1942 aus den Anstalten in Berlin-Wittenau in das thüringische Landeskrankenhaus Stadtroda verlegt wurde. Hier gingen die Ärzte zunächst davon aus, der sich von der Gestapo und Polizei bedroht fühlende Ankömmling (er befand sich zuvor in der Tat zweimal in Haft) leide an einer Geisteskrankheit, die sie als paranoide Form der Schizophrenie bewerteten. Bald schätzten jedoch auch die thüringischen Mediziner die Geistesgaben des neuen Patienten. Karl-Hans genoß deshalb schnell gewisse Vorzüge. Er wurde als Schreibhilfe eingesetzt, was ihm Einblicke in das Anstaltsgeschehen gab, wie sie deren Insassen sonst kaum erlangten. Mehr noch: Als man einen Dolmetscher brauchte, weil sich auch britische und französische Kriegsgefangene in der Anstalt befanden, erhielt er eine neue Aufgabe, die er gern übernahm und die dazu führte, daß er bald guten Kontakt zu den Ausländern fand. Gerade das ergab jedoch neue Verwicklungen: Blieb der Anstaltsleitung schon nicht verborgen, daß Karl-Hans Informationen ausplauderte, die er als Schreibhilfe erlangt hatte, nahm sie ihm den vertrauten Umgang mit den Briten und Franzosen erst recht übel. Deswegen zur Rede gestellt, erwiderte Karl-Hans: „Sie haben Krieg, das ist nicht mein Krieg, Engländer und Franzosen sind meine Freunde.“

Als man zu Repressalien griff und ihm den Ausgang sperrte, setzte sich der Patient mit mancherlei Redensarten zur Wehr. Gegenüber anderen Insassen und Pflegern erklärte er, Hitler sei im Kopf nicht ganz richtig (womit er diesem

1 Am 10. Mai 1933 organisierten die Nazis mit großem publizistischem Aufwand eine öffentliche Bücherverbrennung, der die Werke zahlreicher Autoren der Weltliteratur gemeinsam mit einer Vielzahl marxistischer Schriften zum Opfer fielen. Vor der Berliner Universität verbrannten Nazistudenten Bücher von Karl Marx, Friedrich Engels, Rosa Luxemburg und Karl Liebknecht, von Heinrich Heine, Maxim Gorki, Thomas und Heinrich Mann, Bertolt Brecht und vielen anderen. Gleichartige Aktionen gab es in weiteren deutschen Städten.

eben jene Diagnose stellte, die die Ärzte ihm selbst attestierten), und der Direktor der Klinik sei auch verrückt. Während der Rundfunknachrichten äußerte er wiederholt sein Mißfallen über das Gehörte. Im Herbst 1943 erfuhr er schließlich, seine Mutter müsse einen angekündigten Besuch absagen, da sie bei einem Luftangriff zu Schaden gekommen sei. Das kommentierte er mit dem Ruf, Hitler sollten sie erschießen.

Inzwischen waren längst unheildrohende Wolken über Karl-Hans aufgezogen: Schon im August 1943 hatte der Leiter des Landeskrankenhauses Stadtroda[2] beantragt, ihn „in einem Konzentrationslager oder Arbeitshaus" unterzubringen. Am 2. Dezember holte man den Patienten ab und brachte ihn als angeblich gefährlichen Wehrkraftzersetzer, der die Feinde des Reiches begünstigt habe, in die Untersuchungshaftanstalt beim Kriminalgericht in Berlin. Am 21. November 1944 beantragte Staatsanwalt Karl-Herrman Bellwinkel vor dem Volksgerichtshof die Todesstrafe gegen Karl-Hans S. Der Ankläger hatte sich nicht gescheut, sein Opfer auch durch das Zeugnis eines Patienten der Stadtrodaer Anstalt überführen zu wollen. Das ging selbst dem vorsitzenden Richter, Volksgerichtsrat Greulich, zu weit. Er ließ protokollieren: „Im Einverständnis mit sämtlichen Beteiligten wurde von einer sachlichen Vernehmung des Zeugen abgesehen."

Dieses Beweises bedurfte es ohnehin nicht; denn in wesentlichen Punkten war Karl-Hans S. vollauf geständig. Damit bestätigte er jenes über ihn zwei Jahrzehnte zuvor abgegebene Sachverständigengutachten, nach dem er in seiner Grundstimmung heiter und selbstbewußt sei, jedoch eine merkwürdige Sorglosigkeit um seine Zukunft zeige. Gleichwohl lieferte er sich doch nicht willenlos dem Nazitribunal aus. Er bestritt, daß seine Äußerungen in der Klinik das zwingend erforderliche Tatbestandsmerkmal „öffentlich" erfüllten, und legte dar, daß es ihm nur darum gegangen sei, in eine andere Klinik verlegt zu werden.

Mit solcherlei juristischen Argumenten hielten sich die Nazirichter allerdings nicht auf. Sie folgten dem Staatsanwalt und verurteilten den Angeklagten zum Tode, weil er sich in einer psychiatrischen Einrichtung „anderen

2 Direktor des Landeskrankenhauses Stadtroda war damals jener Gerhard Kloos, der 1941 die Medizinalabteilung des Reichsstatthalters in Poźnan beriet, die wenig später den Plan entwickelte, 20 000–25 000 offen tuberkulöse Polen „zur Sonderbehandlung zuzuführen". Kloos empfahl damals, Tuberkulosekranke, „die sich im Falle einer Besserung oder gar Heilung ihres langen Leidens doch bloß wieder zum Schaden der Volksgemeinschaft betätigen würden", durch Hausstrafen und Kostverschlechterung sterben zu lassen (vgl. Herrenmensch und Arbeitsvölker. Ausländische Arbeiter und Deutsche 1939–1945, Berlin (West) 1986, S. 181 [Beiträge zur nationalsozialistischen Gesundheits- und Sozialpolitik, Bd. 3.]). Nach 1945 war Kloos als Professor in Göttingen tätig, wo er am 22. April 1988 starb. Ein gegen ihn eingeleitetes, auf die Enthüllungen des Soziologen Götz Aly aus Berlin (West) zurückgehendes Ermittlungsverfahren der Staatsanwaltschaft Göttingen mußte daraufhin eingestellt werden.

Volksgenossen gegenüber fortgesetzt defaitistisch geäußert" habe. (AZ: 3 L 302/44 – 3 J 757/44.)

Genau ein Jahr nach seiner Festnahme schrieb der Verurteilte – schon in einer der für die Todeskandidaten bestimmten Zellen im Zuchthaus Brandenburg-Görden – einen letzten Appell an den Justizminister. Wenn er schon sterben müsse, so bitte er doch um die Gnade eines „nützlichen Endes für die Wissenschaft oder für andere leidende Menschen". In den letzten Tagen seines Lebens bot er sich selbst für medizinische Experimente an. Sechs Tage vor Weihnachten 1944 eröffnete ihm der Vollstreckungsleiter, daß sein Angebot abgelehnt sei. Neunzig Minuten später lebte der angebliche Wehrkraftzersetzer nicht mehr.

Fremdarbeiter vor Gericht

Mit zunehmender Kriegsdauer mangelte es Hitlerdeutschland immer mehr an Arbeitskräften. Am 21. März 1942 berief man deshalb den seit 1927 in Thüringen als Gauleiter herrschenden Fritz Sauckel zum Generalbevollmächtigten für den Einsatz von ausländischen Zwangsarbeitern. Er wurde damit der Regisseur des Sklavenhalterprogramms der Nazis, der insgesamt etwa fünf Millionen fremder Staatsbürger in das Reich verschleppen ließ.

Auch aus Frankreich verpflichteten die Machthaber ein großes Kontingent von Arbeitskräften, denen sie – jedenfalls im Vergleich zu den aus Osteuropa in regelrechten Menschenjagden Verschleppten – noch einigermaßen erträgliche Bedingungen gewährten. Zu diesen Arbeitern gehörten der Mechaniker Roger Vauthieu und der Hilfsarbeiter Pierre le Hérisse, die – beide 21jährig – ab Sommer 1943 bei der Firma Schön & Co. in Pirmasens eingesetzt wurden, wo auch französische und sowjetische Kriegsgefangene arbeiten mußten. Die jungen Fremdarbeiter freundeten sich bald mit einigen der gefangenen Soldaten an.

Am Morgen des 20. August 1943 sah der Drehermeister Otto Jung aus Pirmasens den Mechaniker Vauthieu mit dem Kriegsgefangenen Lucian Manceau im vertrauten Gespräch. Beim Näherkommen bemerkte er, wie einer der beiden etwas Papiernes in einem Schrank verschwinden ließ. Jungs sofortige Kontrolle förderte eine gültige Fahrkarte nach Saarburg, einen Zettel mit Notizen über den Zugverkehr, einige Brot- und Fleischmarken sowie den Personalausweis des nicht anwesenden Pierre le Hérisse zutage. Der Meister wies zunächst die beiden von ihm Überraschten an ihre Arbeitsplätze und nahm den Fund an sich, um ihn der Polizei zu übergeben.

Als er jedoch bis zu deren Eintreffen den Kriegsgefangenen in ein Transformatorenhäuschen einsperren wollte, riß sich der Franzose los, stürmte aus dem Werk und hatte Glück, seinen Häschern entkommen zu können. So hielt sich die Gestapo an die beiden Arbeitsverpflichteten. Der Oberreichsanwalt klagte beide an. Pierre le Hérisse verteidigte sich freilich so geschickt, daß ihm der Anklagevertreter Willmar Hager nichts nachweisen konnte: Er habe am Vortag im Auftrag des Meisters Jung – was der vor Gericht bestätigen mußte – eine Glühbirne aus dem Materiallager geholt. Dabei habe er seine Brieftasche auf einem Tisch des Lagers versehentlich liegen gelassen. Erst nach einer Stunde habe er den Verlust bemerkt und sich dann sein Eigentum wiedergeholt. In der Zwischenzeit müßten ihm die bei dem Kriegsgefangenen gefundenen Personalpapiere entwendet worden sein.

Roger Vauthieu hingegen, von dem der Zettel mit den Fahrplannotitzen stammte, erhielt eine Zuchthausstrafe von sechs Jahren. Selbst der 3. Senat des Volksgerichtshofs bewertete die ausschließlich aus privaten Gründen unternommene Flucht des Kriegsgefangenen wie folgt: „Es ist deshalb auch davon auszugehen, daß seine Flucht den deutschen Feinden keinen eigentlichen Nutzen und dem Reich keinen größeren Schaden als den durch den bloßen Wegfall einer Arbeitkraft bedingten eintragen konnte". Dennoch reichte das aus, um den jungen Franzosen wegen Feindbegünstigung zu verurteilen! (AZ: 3 L 97/43 – 4 J 182/43.)

Seinen von den NS-Richtern freigesprochenen Kollegen Pierre le Hérisse hatte indessen die Gestapo auch nicht vergessen. Er verblieb zunächst in der Strafanstalt Zweibrücken, allerdings überführte man ihn aus der Untersuchungshaft in die sogenannte Polizeihaft. Dann forderte die Staatspolizeistelle in Neustadt an der Weinstraße – eine Filiale der Gestapo Saarbrücken – vom Oberreichsanwalt näheren Aufschluß: „Da bei le Hérisse die Schutzhaftfrage geklärt werden muß, bitte ich um umgehende Übersendung einer Urteilsabschrift." Das ist prompt geschehen. Weiteren Aufschluß über das Schicksal der beiden jungen Franzosen vermitteln die Akten des Volksgerichtshofs nicht. Sie belegen jedoch: Das Zusammenwirken zwischen Justiz und Gestapo hatte auch in diesem Fall nahtlos funktioniert.

III.
Das Nachkriegsschicksal der Mörder in der Robe

Die Ausgangssituation

Als das Nazireich im Frühjahr 1945 militärisch zerschlagen worden war, gingen – wenn auch aus völlig entgegengesetzten Überlegungen – sowohl die Antifaschisten als auch die Parteigänger der Nazis davon aus, daß nunmehr die Verantwortlichen für die Naziverbrechen, darunter auch die der faschistischen Justiz, strafrechtlich zur Verantwortung gezogen werden würden. Hatten die Hitlergegner die Zerschlagung des Faschismus und die Bestrafung der Verantwortlichen herbeigesehnt und die Bewußtesten unter ihnen tatkräftig dazu beigetragen, den Umsturz so bald wie möglich herbeizuführen, so fürchteten die Naziverbrecher diesen wie das Jüngste Gericht.

Die Ausgangssituation unterschied sich in den vier nach 1945 bestehenden Besatzungszonen nicht. Hier wie da galten das Potsdamer Abkommen vom 2. August 1945 und die im Londoner Viermächte-Abkommen über die Verfolgung und Bestrafung der Hauptkriegsverbrecher der europäischen Achse vom 8. August 1945 sowie im Statut für den Internationalen Militärgerichtshof ebenfalls vom 8. August 1945[1] festgeschriebenen Grundsätze. Darin waren die Entmachtung, Enteignung und unbefristete Verfolgung und Aburteilung der Nazi- und Kriegsverbrecher als wichtige Faktoren zur Ausmerzung des Faschismus und zur Gestaltung neuer, antifaschistisch-demokratischer Verhältnisse bestimmt.

Trotz gleicher Ausgangsposition erwies sich jedoch sehr schnell, daß sich in den drei westlichen Besatzungszonen einerseits und in der sowjetischen andererseits eine diametral entgegengesetzte gesellschaftliche Entwicklung anbahnte. Während in der sowjetischen Besatzungszone unverzüglich nach der militärischen Zerschlagung des Hitlerregimes damit begonnen wurde, die sozialökonomischen Wurzeln des deutschen Faschismus und ebenso dessen politischen Überbau und Ideologie zu beseitigen, und schon im Sommer 1945 die zielstrebige Aufdeckung, Aufklärung und Ahndung der Naziverbrechen einsetzte, zeigte sich in den westlichen Zonen bald eine ganz andere Tendenz: Dort vollzog sich die „politische und ökonomische Restauration kapitalistischer Gesellschaftsverhältnisse, die die Bedingungen dafür geschaffen hat, daß die NS-Funktionsträger in Verwaltung, Justiz und Wissenschaft weiterverwendet werden konnten, und zwar deshalb, weil sie am besten die Gewähr boten, eine antikapitalistische Neuordnung verhindern zu helfen“[2]. Während des kalten Krieges, der schon 1946/1947 einsetzte, wurde die Ahn-

1 Die drei Dokumente sind veröffentlicht in: Völkerrecht. Dokumente, Bd. 1, Berlin 1980, S. 133 ff., S. 144 ff. und S. 146 ff.

2 Vgl. H. Kramer, „Die Aufarbeitung des Faschismus durch die Nachkriegsjustiz in der Bundesrepublik Deutschland“, in: Recht, Justiz und Faschismus: nach 1933 und heute, Köln 1984, S. 84.

dung der Naziverbrechen vollends auf dem Altar des Antikommunismus geopfert.[3]

Besonderheiten der Strafverfahren gegen Nazijuristen

Es erregt wohl stets Aufsehen, wenn der im Gerichtssaal für den Angeklagten bestimmte Platz einem Juristen zugewiesen wird. Gleichwohl geschieht das zuweilen, etwa wenn einem Angehörigen dieses Berufsstandes ein Fehlverhalten im Straßenverkehr angelastet wird. Ein Beschuldigter jedoch, dem vorgeworfen wird, seine Funktion als Richter oder Staatsanwalt zu kriminellem Tun oder Unterlassen mißbraucht und damit den Tatbestand der Rechtsbeugung erfüllt zu haben, gehört zu den Ausnahmeerscheinungen des Justizalltags. Eine solche Rechtsbeugung war schon durch § 336 des Strafgesetzbuches vom 31. Mai 1871 unter Strafe gestellt worden: „Ein Beamter oder Schiedsrichter, welcher sich bei der Leitung oder Entscheidung einer Rechtssache vorsätzlich zugunsten oder zum Nachteile einer Partei einer Beugung des Rechts schuldig macht, wird mit Zuchthaus bis zu fünf Jahren bestraft."[1]

Bereits nach dem damaligen Recht war ein Jurist dieser Straftat schuldig, wenn er vorsätzlich ein ungültiges Gesetz anwandte oder ein gültiges so falsch auslegte, daß das selbst bei großzügiger Interpretation unvertretbar blieb. Ferner erfüllte den Tatbestand, wer die Pflicht des Richters verletzte, den Sachverhalt gewissenhaft aufzuklären, wer den Grundsatz „in dubio pro reo" (im Zweifel für den Angeklagten) mißachtete, den richterlichen Ermessensspielraum (etwa beim Erlaß des Haftbefehls oder bei der Strafzumessung) mißbrauchte, zwingende Verfahrensvorschriften negierte oder das Recht auf Verteidigung verweigerte.

Freilich erschien es den Vätern und Kommentatoren des Wilhelminischen Strafkodexes von 1871 wohl unvorstellbar, daß eines Tages Richter

3 Diese Feststellung übersieht nicht, daß es auch in den westlichen Besatzungszonen einzelne antifaschistische Juristen gab, die sich für eine gerechte Ahndung der Naziverbrechen einsetzten. Hervorzuheben ist die Tätigkeit des – nach Gründung der BRD aufgelösten – Obersten Gerichtshofs der britischen Zone in Köln, über den Ingo Müller (Furchtbare Juristen. Die unbewältigte Vergangenheit unserer Justiz, München 1987, S. 211) zu Recht festhielt: „Die schmale amtliche Sammlung seiner Urteile ist ein seltenes Dokument deutscher Rechtskultur." Dieses Gericht befand sich in ständigen Auseinandersetzungen mit wieder amtierenden ehemaligen Nazijuristen, die die Grundsatzentscheidungen der Kölner Richter ignorierten oder sogar sabotierten.

1 RGBl. 1871 S. 192.

oder Staatsanwälte amtieren könnten, die Tausende von Unschuldigen oder geringfügiger Straftaten Bezichtigter dem Henker überantworten würden. Gerade ein solcher Amtsmißbrauch aber wurde von den Ausnahme-, Kriegs- und Standgerichten des Nazistaates vielfältig verübt. Deren Mitglieder brachten nach sachverständigen Schätzungen annähernd 80 000 Opfer auf das Schafott oder an den Galgen.[2]

Wegen der Teilnahme an diesen Justizverbrechen hatten sich nach 1945 annähernd 200 Nazijuristen vor Gericht zu verantworten. Davon verurteilten allein die Gerichte der DDR 149 ehemalige NS-„Rechtswahrer". Fünfzehn andere (ein Sechzehnter starb unmittelbar vor Prozeßbeginn) standen 1947 vor dem US-amerikanischen Militärgericht Nr. III in Nürnberg. Vier erhielten ihre Strafe in Luxemburg.[3] Einzelne Strafverfahren fanden vor französischen, polnischen, sowjetischen und ČSSR-Gerichten[4] statt. In der BRD brachte man elf ehemalige NS-Juristen vor Gericht, aber nur vier wurden rechtskräftig verurteilt, und zwar ausschließlich ehemalige Ankläger oder nebenamtliche Beisitzer der im Frühjahr 1945 gebildeten Standgerichte.[5]

Naturgemäß unterschieden sich Prozesse gegen Nazijuristen von anderen Hauptverhandlungen. Hervorzuheben sind vor allem zwei Besonderheiten. Erstens: Während sich normalerweise solche Beschuldigte ihrem Richter stellen müssen, die gegen Gesetze verstoßen haben, lautete bei den angeklagten NS-Juristen der Schuldvorwurf, daß sie Gesetze und Erlasse eines Unrechtssystems angewandt hatten, die in sich verbrecherisch waren. Als „Kern der Anklage" formulierten die amerikanischen Militärrichter am 4. Dezember 1947 im Nürnberger Juristenprozeß, „daß die Gesetze, die Hitlererlasse und das drakonische, korrupte und verderbte nationalsozialistische Rechtssy-

2 Die Zahl der Opfer ist mangels zuverlässiger Statistik bis heute nicht exakt zu bestimmen. Das Braunbuch, Kriegs- und Naziverbrecher der Bundesrepublik, Berlin 1968, S. 113, ging von der angegebenen Zahl aus, der sich jetzt zunehmend auch BRD-Autoren nähern. So schätzte Martin Hirsch die Zahl der von zivilen sowie Sonder- und Kriegsgerichten verkündeten Höchststrafen auf 40 000 bis 50 000. Dabei klammerte er die von militärischen und polizeilichen Standgerichten verhängten Strafen aus (vgl. M. Hirsch/D. Majer/J. Meinck, Recht, Verwaltung, Justiz im Nationalsozialismus, Köln 1984, S. 547). Nach Ingo Müller „kommt die Zahl von 80 000 Justizopfern der Realität wohl am nächsten" (I. Müller, Furchtbare Juristen. Die unbewältigte Vergangenheit unserer Justiz, München 1987, S. 201).

3 Alle vier in Luxemburg Verurteilten – davon zwei allerdings in Abwesenheit – amtierten später wieder in der BRD: Leon Drach, gegen den man auf fünfzehn Jahre Freiheitsstrafe erkannt hatte, stieg zum Präsidenten des Justizprüfungsamtes in Rheinland-Pfalz auf, und der in Luxemburg fehlende und dort zum Tode verurteilte ehemalige Sondergerichtsvorsitzende Adolf Raderschall erhielt eine Stelle als Amtsrichter.

4 In der ČSSR wurde „der Blutrichter von Prag" Kurt Bellmann abgeurteilt, dessen Unterschrift unter 110 Todesurteilen stand. Nachdem er in der ČSSR begnadigt und entlassen worden war, amtierte er als Landgerichtsdirektor in Hannover.

5 Vgl. J. Friedrich, Freispruch für die Nazijustiz, Reinbek bei Hamburg 1983, S. 327. Zwei Ankläger erhielten sechs Jahre Zuchthaus und zwei Laienrichter Gefängnisstrafen von zwei Jahren bzw. drei Jahren und sechs Monaten.

stem als solche in sich selbst Kriegsverbrechen und Verbrechen gegen die Menschlichkeit darstellen und daß eine Teilnahme an dem Erlaß und der Durchführung dieser Gesetze verbrecherische Mittäterschaft bedeutet"[6].

Zweitens hoben sich diese Ermittlungen auch prozeßrechtlich deutlich von anderen Untersuchungen ab. Seit Anbeginn war die Beweisführung hier vor allem durch den Dokumentenbeleg bestimmt. Aus den Archiven der Gerichte, Staatsanwaltschaften und zentralen Justizbehörden waren umfangreichere Aktenbestände überliefert, als sie sonst für Recherchen gegen „Schreibtischtäter" zur Verfügung standen. Dazu kam die meist präzise Aussagekraft der Unterlagen der Justiz, die den Verfahrensablauf in der Regel genau festhielten. Schließlich war auch der NS-Jurist – im Gegensatz etwa zum befehlenden oder nur vollziehenden Militär – gehalten, seine Entscheidungen – wenn auch noch so dürftig – zu begründen und dabei die ihn bestimmenden Motive zu offenbaren.

So wertvoll freilich der objektive, emotionsfreie, gegen nachträgliche Beeinflussungen – jedenfalls mehr als jedes andere Beweismittel – gefeite Urkundenbeleg auch ist, wird jeder verantwortungsbewußte Jurist doch stets danach streben, ihn durch Zeugen- oder Sachverständigenbekundungen zu ergänzen. In der DDR ließ man sich bei der Aburteilung von Nazijuristen von diesen Überlegungen leiten.

In der DDR: Freisler-Komplizen vor Gericht

In der damaligen sowjetischen Besatzungszone wurde unmittelbar nach der Zerschlagung des Naziregimes mit der Entmachtung, Enteignung und strafrechtlichen Verfolgung der Naziverbrecher begonnen. Zugleich entfernte man alle wegen ihres Engagements für das Nazireich belasteten Personen aus sämtlichen Ämtern und Funktionen. Dabei ließen sich die neugebildeten antifaschistischen Staats- und Justizorgane davon leiten, daß die demokratische Umgestaltung des gesellschaftlichen Lebens ebenso eine selbstverständliche Pflicht jeder deutschen Staatsmacht ist wie die gerechte Ahndung aller Naziverbrechen. Die Erfüllung dieser Pflicht war ein gewichtiger Beitrag, die Wurzeln des Faschismus zu beseitigen und eine nochmalige vom deutschen Boden ausgehende Aggression sowie eine Wiederholung von Verbrechen gegen den Frieden und die Menschlichkeit sowie von Kriegsverbrechen für alle Zeiten auszuschließen.

Wie andere Naziverbrecher hatten sich in der sowjetischen Besatzungszo-

6 Fall 3. Das Urteil im Juristenprozeß, Berlin 1969, S. 136.

Generalstaatsanwalt
von Berlin
Hauptstadt der DDR
211 - 21 - 82

1026 Berlin, den 24. 02. 1982
Postfach
Telefon 2 10 93 71

Generalstaatsanwalt von Berlin, 1026 Berlin, Littenstraße 16-17

Stadtgericht von Berlin
Hauptstadt der DDR
- Strafsenat 1a -

1026 Berlin   Haftsache!

Anklageschrift

Der Beschuldigte

Geißler, Erich, Max

geboren am 12. 11. 1898 in Großweitzschen
wohnhaft: 6601 Schönbach Nr. 5
Familienstand: verwitwet
Bürger der DDR
nicht vorbestraft

seit dem 03.11.1981 in Untersuchungshaft in der UHA Berlin, Alfredstraße

wird angeklagt,

Kriegsverbrechen und Verbrechen gegen die Menschlichkeit begangen zu haben.

Als Nazi-Jurist gliederte er sich in die faschistische Unterdrückungs- und Ausrottungspolitik ein, indem er unter Anwendung völkerrechtswidriger Normative

- von November 1941 bis Januar 1942 als Ermittlungsrichter des faschistischen Volksgerichtshofes mindestens 78 festgenommene polnische Bürger richterlich vernahm und dadurch an ihrer weiteren Verfolgung mitwirkte;

- von 1942 bis 1945 als Mitarbeiter des Oberreichsanwaltes beim Volksgerichtshof Strafverfahren gegen Bürger unterschiedlicher Nationalität bearbeitete, ihre Strafverfolgung verfügte, Anklageschriften fertigte, Todesstrafen und andere Terrorstrafen beantragte, die Vollstreckung von Todesstrafen leitete, Gnadengesuche und die Wiederaufnahme des Verfahrens ablehnte sowie die Strafenverwirklichung anordnete. Auf diese Weise wirkte er an der Ermordung von mindestens 26 Menschen, der versuchten Ermordung von mindestens 6 Menschen und der Verfolgung von mindestens 19 Menschen mit.

Verbrechen: Artikel 6 Buchstaben b und c des Statuts für den Internationalen Militärgerichtshof vom 08.08.1945 in Verbindung mit den Artikeln 8 und 91 der Verfassung der Deutschen Demokratischen Republik,
§§ 91 Abs. 1, 93 Abs. 1 Ziffer 2 StGB,
§ 1 Abs. 6 des Einführungsgesetzes zum StGB und zur StPO und der UNO-Konvention über die Nichtanwendbarkeit von Verjährungsbestimmungen auf Nazi- und Kriegsverbrechen vom 26.11.1968

ne und danach in der DDR auch Angehörige der Nazijustiz strafrechtlich zu verantworten. Das Landgericht Dresden verurteilte am 29. Juni 1948 vier ehemalige Richter und Ankläger von Sondergerichten zu Freiheitsstrafen bis zu zwölf Jahren.[1] Gleichartige Prozesse folgten in weiteren Städten. Kein anderes Land hat auch nur annähernd so viele NS-„Rechtswahrer" vor Gericht gestellt wie die DDR. Dabei ist nicht zu übersehen, daß der Anteil der ehemaligen Juristen des Volksgerichtshofs unter den auf dem Gebiet der DDR Verurteilten relativ gering ist. Insgesamt wurden fünf von ihnen hier verurteilt. Diese verhältnismäßig kleine Zahl hat zwei Ursachen: Erstens flüchtete das Gros aller Naziverbrecher, einschließlich der Mitglieder des Volksgerichtshofs, 1945 in Richtung Westen, um sich dem Zugriff der Sowjetarmee zu entziehen. Zweitens wurden jene Richter und Staatsanwälte des Volksgerichtshofs, die auf dem Gebiet der sowjetischen Besatzungszone nach dem 8. Mai 1945 er-

1 Vgl. Die Haltung der beiden deutschen Staaten zu den Nazi- und Kriegsverbrechen. Eine Dokumentation, Berlin 1965, S. 34.

Abschrift

Stadtgericht Berlin
- Hauptstadt der DDR -
Strafsenat 1 a

101 a BS 17/82
211-21-82

I M N A M E N D E S V O L K E S !

In der Strafsache

g e g e n — den Bürger

Erich Max G e i ß l e r ,
geb. am 12. 11. 1898 in
Großweitzschen,
wh.: 6601 Schönbach Nr. 5,
Staatsbürger der DDR,
nicht vorbestraft, verwitwet,
in U-Haft seit dem 03. 11. 1981,

w e g e n — Kriegsverbrechen und Verbrechen gegen die Menschlichkeit

hat der Strafsenat 1 a des Stadtgerichts Berlin - Hauptstadt der DDR - in der öffentlichen Hauptverhandlung am 23., 24., 25., 26., 29. 3., 1. und 5. 4. 1982 für R e c h t erkannt:

Der Angeklagte wird wegen mehrfach gemeinschaftlich begangener Verbrechen gegen die Menschlichkeit in teilweiser Tateinheit mit Kriegsverbrechen gemäß Artikel 6 Buchstaben b und c des Statutes des Internationalen Militärgerichtshofes in Nürnberg vom 8. August 1945 in Verbindung mit Artikel 8 und 91 der Verfassung der Deutschen Demokratischen Republik, §§ 91 Abs. 1, 93 Abs. 1 Ziff. 2 StGB, § 1 Abs. 6 Einführungsgesetz zum Strafgesetzbuch sowie der UNO-Konvention vom 26. 11. 1968 über die Nichtanwendung von Verjährungsbestimmungen auf Kriegs- und Naziverbrechen zu einer Freiheitsstrafe von

15 - fünfzehn - Jahren

verurteilt.

Gemäß § 58 Abs. 1 StGB werden ihm die staatsbürgerlichen Rechte auf die Dauer von

10 - zehn - Jahren

aberkannt.

Die Auslagen des Verfahrens hat der Angeklagte zu tragen.

Auszug

griffen werden konnten, von sowjetischen Organen inhaftiert. Vier von ihnen wurden im Januar 1950 aus der Internierungshaft an die Behörden der DDR übergeben und anschließend vom Landgericht Chemnitz (heute: Karl-Marx-Stadt) entsprechend dem individuellen Grad ihrer Schuld zur Verantwortung gezogen. Dabei handelte es sich um die ehemaligen Staatsanwälte Ernst Friedrich, Wilhelm Huhnstock und Kurt Naucke, die langjährige Freiheitsstrafen erhielten, sowie um Wilhelm Klitzke, der zur damals in der DDR vorgesehenen Höchststrafe – zum Tode – verurteilt wurde.

Wie ihr im Jahre 1982 zu einer Freiheitsstrafe von fünfzehn Jahren verurteilter Kollege Erich Geißler versuchten die Genannten, sich auf die Weisungsgebundenheit des Staatsanwalts zu berufen. Dieser Einwand ging schon deshalb oft fehl, weil die vorliegenden Akten belegten, daß die Ankläger die Todesstrafen selbst angeregt und an diesem Strafrahmen auch dann festgehalten hatten, als der Verlauf der Beweisaufnahme ohne weiteres ein milderes Urteil begründet hätte. Wilhelm Huhnstock versuchte sogar, seine Zugehörigkeit zum Volksgerichtshof schlechthin zu bestreiten. Kurt Naucke schließlich konnte seinerzeit in der Tat nicht nachgewiesen werden, daß er an diesem Tribunal tätig gewesen war. Er wurde ausschließlich wegen jener Justizverbrechen abgeurteilt, die er in der ČSR verübt hatte. Erst später fand man Akten, die seine Zugehörigkeit zum Volksgerichtshof bewiesen.

Die Justizorgane in der DDR waren stets bestrebt, die Nazijuristen sowohl durch den Dokumentenbeweis als auch mittels Zeugenaussagen zu überführen. Während sich mit der systematischen Auswertung aller Archivbestände die Möglichkeit, den Beweis durch die Vorlage von Urkunden anzutreten, immer mehr verbesserte, war beim Zeugenbeweis die gegenteilige Tendenz zu verzeichnen. Wie auch die hier dargestellten Fälle belegen, konnten die bedeutsamsten Tatzeugen jener Verbrechen nicht mehr gehört werden, weil sie gemäß den Todesurteilen der Nazijuristen nicht mehr lebten. Soweit es einzelnen zur Höchststrafe Verurteilten gelungen war, zu flüchten oder dank anderen außergewöhnlichen Umständen zu überleben, zeigten sie sich später fast durchweg aus gesundheitlichen Gründen den Strapazen einer eingehenden Vernehmung und speziell der ungeheuren psychischen Belastung einer Konfrontation mit jenen, die nach ihrem Leben getrachtet hatten, nicht gewachsen.

Der Zeugenbeweis mußte sich daher fast immer auf die Vernehmung der (meist jüngeren) Mitangeklagten, die in den damaligen Prozessen zu Freiheitsstrafen verurteilt worden oder aus irgendwelchen Gründen sogar freigekommen waren, bzw. auf die Vernehmung anderer damals im Gerichtssaal Anwesender beschränken. Dabei erwies sich: Die Opfer der Nazijustiz und oft auch ihre damals bei den Verhandlungen anwesenden Angehörigen konnten häufig wertvolle Details der Verhandlungen schildern, die Rückschlüsse auf die Zielsetzung der Nazijuristen erlaubten. Freilich war nicht zu übersehen, daß sich diese Aussagen meist auf das Verhalten des Gerichtsvorsitzenden und des Anklägers beschränkten. Informationen über die Beisitzer, die während des Prozesses kaum das Wort ergriffen hatten, waren auf diese Weise nur selten zu erlangen. Nahezu völlig unergiebig blieb die Vernehmung jener Personen, die selbst als Protokollanten oder Wachtmeister in die Nazijustiz integriert waren. Dazu mag ein gewisses Schuldbewußtsein beigetragen haben, in bestimmter Weise an der Unrechtsjudikatur teilgenommen zu haben. Zudem wandten aber die Betreffenden oft – nicht einmal unglaubhaft – ein, sie könnten sich schon angesichts der Vielzahl miterlebter gleichartiger Verfahren nur noch bei extremen Ausnahmen an irgendwelche Details erinnern.

Den angeklagten Nazijuristen jedoch waren, so belegen die Prozesse in der DDR, selbst Einzelheiten noch recht deutlich erinnerlich – zumindest nach Vorlage einst von ihnen bearbeiteter Akten. Mit Hartnäckigkeit wehrten sie sich verschiedentlich gegen Zeugenbemerkungen, die angesichts des schwerwiegenden Anklagevorwurfs eher untergeordneter Natur waren. So räumte ein vor dem Bezirksgericht Schwerin angeklagter Sonderrichter zwar ein, an zahlreichen Terrorurteilen mitgewirkt zu haben, wandte sich jedoch recht nachdrücklich gegen das Vorbringen einer Zeugin, ihr seien damals die Effekten des hingerichteten Ehemannes vorenthalten worden. Daß in seinem Zuständigkeitsbereich eine Uhr abhanden gekommen sein sollte, empfand er sichtlich ehrenrühriger als den Vorwurf des rechtswidrigen Todesurteils.

Das Erinnerungsvermögen der meisten Nazijuristen zeigte sich vor allem in der wortreichen Schilderung des eigenen Wohlverhaltens oder in der aufgebauschten Wiedergabe von Meinungsverschiedenheiten, die sie – jedenfalls nach ihren Worten – mit Vorgesetzten oder Repräsentanten des Partei- oder Staatsapparates gehabt hatten. Dabei stellte sich oft heraus, daß diese Differenzen eher taktischer als rechtspolitischer Natur gewesen waren.

Im übrigen konzentrierten sich die Aussagen ehemaliger Nazijuristen vorwiegend auf die Anteilnahme heischende Darstellung ihres eigenen Lebens- und Berufsweges. Das mag psychologisch wohl bis zu einem gewissen Grade erklärbar sein: Die NS-Juristen besannen sich in jener Stunde, in der sie selbst ihren Richtern gegenüberstanden, auf die Wertvorstellungen, die einst ihre Berufswahl geprägt hatten. Schließlich war sogar Freisler in jungen Jahren Referendar in einer angesehenen Anwaltskanzlei in Kassel gewesen, und die meisten NS-„Rechtswahrer" hatten ihre Erziehung und Ausbildung in den Gymnasien und Universitäten des vornazistischen Deutschland erhalten. Freilich vermochten sie nicht darzutun, warum sie sich bald danach entweder freiwillig zum Dienst im justitiellen Unterdrückungsapparat des Hitlerstaates meldeten oder sich in diesen einreihen ließen, ohne auch nur ernsthaft zu versuchen, davon entbunden zu werden.

Zu diesem Widerspruch befragt, erklärte der 1982 in der DDR abgeurteilte ehemalige Staatsanwalt am Volksgerichtshof Geißler, der mindestens 32 Todesurteile erwirkt und wiederholt im Zuchthaus Brandenburg als Vollstrekkungsleiter fungiert hatte, seine Vorgesetzten wären gebildete Herren mit gepflegten Umgangsformen gewesen. Schon deshalb sei ihm nie der Gedanke gekommen, die von ihm beantragten und vom Oberreichsanwalt Lautz oder dessen Vertretern nicht nur gebilligten, sondern ausdrücklich gewünschten Todesurteile könnten etwa nicht rechtens sein.

Der in der Bellevuestraße übliche rüde Ton gegenüber den Angeklagten und antifaschistischen Zeugen – der durchaus nicht nur Freisler eigen war – ließ freilich die von Geißler behaupteten vornehmen Umgangsformen wahrlich nicht erkennen. Vielmehr herrschte dort meist ein die Menschenwürde zutiefst verletzender Verhandlungsstil, dem die Diktion der Anklagen und insbesondere der Urteilsbegründungen entsprach. Gerade das sind aber Belege dafür, wie sehr die dort eingesetzten Richter und Staatsanwälte davon durchdrungen waren, ihren Beitrag zum nazistischen Vernichtungsfeldzug zu leisten. Der Publizist Jörg Friedrich aus Berlin (West) charakterisierte deshalb den Volksgerichtshof als „ein gesetzförmig arbeitendes Vernichtungslager" und als „das Treblinka der deutschen Justiz"[2].

Die Rechtsprechung der DDR in Prozessen gegen ehemalige Nazijuristen fußte stets auf dem grundlegenden Rechtssatz: Die rechtswidrige Tötung und jede Form der Teilnahme daran ist auch dann mit Strafe bedroht, wenn sie in das Gewand eines justizförmigen Verfahrens gepreßt war. Diese Position steht in Übereinstimmung mit jenen Forderungen, die antifaschistische Juristen in der BRD schon vor Jahrzehnten erhoben: „Wenn Gesetze den Willen zur Gerechtigkeit bewußt verleugnen, ... dann müssen die Juristen den Mut finden, ihnen den Rechtscharakter abzusprechen."[3]

2 J. Friedrich, „Der lange Abschied vom Volksgerichtshof", Die neue Gesellschaft, 1986/12, S. 1066.

3 Gedächtnisschrift für Gustav Radbruch, Göttingen 1986, S. 302ff.

Vereitelte Ahndung der Nazijustizverbrechen in der BRD

Bis zum 31. Dezember 1987 wurden in der BRD und in Berlin (West) – getrennte Statistiken liegen für diesen Zeitraum nicht vor – insgesamt 6 482 Personen wegen ihrer Teilnahme an Naziverbrechen rechtskräftig zur Verantwortung gezogen. (In der DDR waren es bis zum gleichen Termin 12 879 Verurteilte.) Nur vier der in der BRD Bestraften standen wegen ihrer Teilnahme an Justizverbrechen der Nazis vor Gericht. Vergleicht man damit den qualitativen und quantitativen Anteil dieses Berufsstandes an den Untaten des deutschen Faschismus, kommt man zu dem Schluß: Keiner anderen Profession gelang es dort so, sich gerechter Strafe zu entziehen, wie Hitlers „Rechtswahrern".

Faktisch gab es in den drei westlichen Besatzungszonen nur in der unmittelbaren Nachkriegszeit mehrere – dazu oft nur halbherzig angepackte und bald wieder eingestellte – Ermittlungen gegen schwerbelastete Nazirichter und -staatsanwälte. Als die DDR insbesondere Ende der fünfziger und zu Beginn der sechziger Jahre den Justizorganen der BRD und in Westberlin Tausende Beweisdokumente über die Verbrechen der Nazijustiz – oft in des Wortes wahrster Bedeutung – ins Haus tragen ließ, änderte sich an dieser Situation nichts. Wohl wurden danach einige förmliche Ermittlungen eingeleitet, die aber nahezu ausnahmslos schon nach wenigen Wochen wieder eingestellt wurden.

Letztlich kam es dadurch nur zu zwei Anklagen in Berlin (West), die beide nicht zu rechtskräftigen Urteilen führten: Den ehemaligen Ermittlungsrichter und späteren Beisitzer in Freislers Senat Hans-Joachim Rehse, der an nicht weniger als 231 Todesurteilen mitgewirkt hatte, sprach ein Westberliner Gericht am 6. Dezember 1968 mit einer skandalösen Begründung frei.[1] Bevor es zu einer von der Staatsanwaltschaft verlangten Revisionsverhandlung kam, starb der Angeklagte.

Erst 16 Jahre später wurde eine weitere Anklage gegen einen Angehörigen des Volksgerichtshofs erhoben. Diese richtete sich gegen jenen Paul Reimers, dem 24 Jahre zuvor der Stuttgarter Generalstaatsanwalt Erich Nellmann Unbescholtenheit bescheinigt hatte, als er die Einstellung eines ersten Ermittlungsverfahrens gegen Reimers am 27. Juni 1960 verfügte (AZ: Js 4/60).

Reimers hatte an mindestens 97 Todesurteilen des Volksgerichtshofs mitgewirkt. Den Nachweis, der richtige Mann für dieses Tribunal zu sein, hatte er bereits am Sondergericht Berlin erbracht, wo er zuvor bereits 38 Opfer dem Henker überantwortet hatte. Dennoch war vom Stuttgarter Generalstaatsan-

1 Vgl. F. K. Kaul, „Der Fall Rehse, NJ, 1969/5, S. 148ff., und NJ, 1969/6, S. 179f.

Aus: Neue juristische Wochenschrift, München/Frankfurt (Main), 1968/29, S. 1339f.
Urteil des Bundesgerichtshofs der BRD vom 30. April 1968, mit dem das Urteil eines Schwurgerichts in Berlin (West) vom 3. Juli 1967 gegen den Freislerkomplizen Hans-Joachim Rehse aufgehoben wurde. Rehse war ursprünglich zu einer Freiheitsstrafe von fünf Jahren verurteilt worden.

21. GVG § 1; StGB § 59 (Verantwortlichkeit des berufsrichterlichen Beisitzers des Volksgerichtshofs - sog. Rehse-Fall)

a) Der berufsrichterliche Beisitzer des Volksgerichtshofs war nach dem damals geltenden Recht unabhängig, gleichberechtigt, nur dem Gesetz unterworfen und seinem Gewissen verantwortlich. Stimmte er gegen seine richterliche Oberzeugung für ein Todesurteil, so konnte er insoweit nur Täter, nicht Gehilfe eines Tötungsverbrechens sein.

b) Hinsichtlich der inneren Tatseite folgt daraus, daß eine Bestrafung nur noch möglich ist, wenn er selbst aus niedrigen Beweggründen für die Todesstrafe stimmte.

BGH, Urteil v. 30. 4. 1968 - 5 StR 670/67

Aus den Gründen: Das Schwurgericht verurteilte den Angeklagten wegen Beihilfe zum Mord und zum Mordversuch, weil er als berufsrichterlicher Beisitzer des Volksgerichtshofes in sieben Fällen der Todesstrafe zugestimmt hat, die Freisler als damaliger Vorsitzender des 1. Senats jeweils vorgeschlagen hatte.

Die von der Staatsanwaltschaft und dem Angeklagten erhobenen Sachrügen führen zur Aufhebung der angefochtenen Entscheidung.

1. Beide Rechtsmittel machen übereinstimmend und zutreffend geltend, daß das Schwurgericht den Angeklagten zu Unrecht als Gehilfen Freislers angesehen hat. Solche Beurteilung wird der rechtlichen Stellung eines Berufsrichters nicht gerecht. Diese folgt und folgte auch zur Tatzeit unmittelbar aus § 1 Gerichtsverfassungsgesetz. Sie kann und konnte nicht durch irgendwelche tatsächlichen Verhältnisse in dem Maße geändert werden, wie das Schwurgericht annimmt. Als Mitglied eines Kollegialgerichts war

der Angeklagte bei der Abstimmung nach dem auch damals geltenden Recht unabhängig, gleichberechtigt, nur dem Gesetz unterworfen und seinem Gewissen verantwortlich. Seine Pflicht forderte, allein der eigenen Rechtsüberzeugung zu folgen. Das konnte ihm kein anderer, auch kein Vorsitzender von der Art Freislers, abnehmen. Falls also der Angeklagte bewußt gegen seine richterliche Überzeugung von der Rechtslage für ein Todesurteil stimmte, so leistete er einen höchstpersönlichen Beitrag und konnte, wenn das Urteil rechtswidrig war, nur Täter, nicht Gehilfe eines Tötungsverbrechens sein.

2. Daraus folgt für die innere Tatseite, daß der Angeklagte nur noch bestraft werden kann, wenn er selbst aus niedrigen Beweggründen für die Todesstrafe stimmte. Das lassen die Urteilsgründe weder erkennen noch schließen sie diese Möglichkeit völlig aus. Was das Schwurgericht über die innere Einstellung des Angeklagten ausführt, erlaubt dem Senat nicht, selbst die rechtliche Würdigung vorzunehmen. Es enthält erstens Unklarheiten und Widersprüche, u. a. übrigens auch im Zusammenhang mit den Ausdrücken "Rechtsblindheit" und "Verblendung", die, im üblichen Sinne verstanden, mit dem Vorsatz der Rechtsbeugung nicht vereinbar erscheinen. Der Inhalt des Schwurgerichts-Urteils kann zweitens nicht als abschließende tatsächliche Grundlage für eine Bewertung der Beweggründe des Angeklagten durch das Revisionsgericht dienen; denn der Tatrichter wollte eine solche Grundlage gar nicht liefern, glaubte vielmehr, es komme nur auf die Beweggründe Freislers und darauf an, ob der Angeklagte sie kannte.

Der Senat mußte daher die Sache zu neuer Verhandlung zurückverweisen. Er verkennt hierbei nicht, daß ein Gericht vor eine besonders schwierige Aufgabe gestellt wird, wenn es nach so langer Zeit innere Vorgänge aufklären und werten soll, die sich möglicherweise aus einer Anzahl verschiedenartiger Beweggründe zusammensetzen. Es bleibt indessen auch in solchen Fällen Aufgabe des Tatrichters, sich von bestimmten Vorgängen eine Überzeugung zu verschaffen oder darzulegen, daß dies nicht möglich sei.

Die Entscheidung entspricht dem Antrage des Generalbundesanwalts, der auch die Revision der Staatsanwaltschaft vertreten hat.

walt Nellmann ein strafrechtliches Fehlverhalten des Freisler-Komplizen verneint worden.

Als im Jahr 1980 ein neues Ermittlungsverfahren gegen Reimers in Berlin (West) eingeleitet wurde, erregte der Beschuldigte mitsamt seiner Familie wochenlang Aufsehen[2], um dann das Verfahren auf seine Art zu beenden: Am 5. November 1984 erhängte sich Reimers. Trotz der schwerwiegenden Anklagevorwürfe hatten die Staatsanwälte in Berlin (West) keinen Haftbefehl gegen ihn erwirkt. Das war übrigens kennzeichnend: In den letzten drei Jahrzehnten wurde in der BRD bzw. in Berlin (West) nur ein einziges Mal gegen einen Nazijuristen ein Haftbefehl erwirkt. Allerdings ließ man den Inhaftierten – es handelte sich um Rehse – bald wieder frei.

Treffend stellte Jörg Friedrich fest: „Seit 40 Jahren hätte man zugreifen können, die Volksrichter sind nicht mit Mengele in Paraguay untergeschlüpft. Nein, sie vertrauten zu Recht auf die Gnade derer, die sie heute verwünschen. Falsch ist aber, daß Ämter und Politik die ganze Zeit über beide Augen zugedrückt haben, anstatt die Listen der Pensionsempfänger zu durchforschen, auf denen genug Angehörige des Volksgerichtshofs verzeichnet waren und sind. Die Wahrheit ist schlimmer." Der Autor fügte hinzu, daß die Justiz in der BRD und in Berlin (West) zwar „beharrlich das Treiben der Volksrichter untersuchte, jedoch keine Schuld an diesen Gerechten fand"[3].

Wie schnell und in welchem Maße die Angehörigen des Volksgerichtshofs nach 1945 wieder in die Justiz der BRD und in Berlin (West) integriert wurden, beweisen die im Anhang veröffentlichten Übersichten. Von den 245 dort ausgewiesenen ehemaligen Richtern und Staatsanwälten des Volksgerichtshofs haben nach 1949 insgesamt 103 verantwortliche Funktionen in der Justiz der BRD bzw. in Berlin (West) bekleidet. Berücksichtigt man, daß mehr als 60 dieser vormaligen NS-„Rechtswahrer" zu diesem Zeitpunkt bereits tot oder im Rentenalter waren oder aber sich in der DDR in Strafhaft befanden, kommt man zu dem Ergebnis: Weit mehr als die Hälfte der im Jahre 1949 in der BRD und in Berlin (West) lebenden ehemaligen Richter und Staatsanwälte des

2 Die Westberliner Zeitung „Morgenpost" meldete am 11. September 1984: „Schwer belasteter NS-Richter seit Tagen verschwunden." Am folgenden Tag hieß es dort, auch Reimers' Sohn sei unbekannten Aufenthalts.

3 J. Friedrich, „Der lange Abschied vom Volksgerichtshof", Die neue Gesellschaft, 1986/12, S. 1 066.

Dr. Robert M. W. Kempner
Rechtsanwalt

6000 Frankfurt am Main
Feuerbachstraße 21 · Telefon 722045

18. Maerz 1979

An den Herrn Generalstaatsanwalt
Beim Landgericht
Turmstrasse
1 BERLIN-Moabit

Sehr geehrter Herr Generalstaatsanwalt,

Der Film über die Verhandlung vor dem Volksgerichtshof unter Vorsitz des Mord-Verdächtigen Roland Freisler beweist dass viele dieser Verfahren die Straftatbestände der Rechtsbeugung und des Mordes darstellen. Dabei ist es unerheblich ob in allen Fällen für eine Verurteilung des Vorsitzenden, der richterlichen Beisitzer und der NS-Beisitzer, ausser dem Mordtatbestand auch der Tatbestand der Rechtsbeugung festgestellt werden muss.

Es wird hierdurch Strafanzeige gegen sämtliche Verdächtige gestellt, die an diesen Volksgerichtsverfahren nach dem 2o. Juli 1944, gegebenenfalls auch schon vorher beteiligt waren. Die Unterbrechung der Verjährung sollte schon jetzt vor Ende einer Parlamentsdebatte vorgenommen werden. - Bisher ist mir nur ein Verfahren, und zwar gegen den Beisitzer Rehse bekannt, der inzwischen verstorben ist.

Der Film beweist insbesondere dass kein ordentliches Gerichtsverfahren stattgefunden hat - was auch für alle anderen Fälle zutrifft, sondern justitieller Mord.

Ich bin, m it ausgezeichneter Hochachtung,

Robert M. W. Kempner

Anlage: Welt am Sonntag,
18.Maerz 1979

Mit dieser Anzeige erzwang Robert M. W. Kempner neue Ermittlungen gegen Nazijuristen.

Volksgerichtshofs amtierten dort wieder als Amtsgerichts- und Landgerichtsräte, als Erste Staatsanwälte und Oberstaatsanwälte, als Senatspräsidenten, Ministerialräte oder Rechtsanwälte. Sie stiegen zum Teil bis in Spitzenpositionen der obersten Gerichte bzw. der Justizministerien auf. Das kann nicht wundern, wenn man weiß, daß es zum Beispiel der ehemalige Regierungsrat im NS-Reichsjustizministerium Josef Schafheutle im Bundesjustizministerium in Bonn bis zum Hauptabteilungsleiter und Ministerialdirektor brachte. Nahezu zwei Jahrzehnte leitete er in diesem Ministerium die Gesetzgebungsarbeiten. Schafheutle, der vor 1945 gemeinsam mit Gürtner, Freisler, Thierack und Lautz der Kommission zur Gestaltung des nazistischen Strafprozeßrechts angehört hatte, nahm nach 1949 (zwischenzeitlich befand er sich in alliierter Internierungshaft) maßgeblichen Einfluß auf die Verschärfung des politischen Strafrechts der BRD in der Ära des kalten Krieges.[4]

Wie früh der Prozeß der Wiedereingliederung ehemaliger Nazijuristen auf dem Territorium der heutigen BRD einsetzte, ist verschiedentlich belegt worden. Gerhard Schultze-Pfaelzer berichtete, er sei bereits im Sommer 1945 in Bayreuth einem ehemaligen Staatsanwalt des Volksgerichtshofs begegnet, der zu jenen gehörte, die ihm Monate zuvor nach dem Kopf trachteten. Der Exankläger fungierte damals schon wieder als Direktor des Zuchthauses St. Georgen.[5]

Von einem anderen Staatsanwalt des Volksgerichtshofs ist bekannt, daß er sich „als im Grunde ausgesprochen weltanschaulichen Gegner des NS-Regimes“ darzustellen suchte, obwohl er zwischen März 1943 und Januar 1945 an mindestens 37 Prozessen teilnahm, in denen 41 Männer und Frauen zum Tode und 39 zu hohen Freiheitsstrafen verurteilt wurden. Dabei handelt es sich um den 1909 geborenen Edmund Stark, der vor allem in Prozessen gegen Kommunisten und Sozialdemokraten die Todesstrafe beantragte. Ein Todesurteil erwirkte er am 13. Dezember 1943 gegen die Angehörigen der „Europäischen Union“[6] Robert Havemann, Georg Groscurth, Herbert Richter und Paul Otto Rentsch. (AZ: 10 J 1035/43 – 1 H 305/43.)

Allerdings unterscheidet sich Starks Lebenslauf in einer Hinsicht von denen seiner Kollegen: Als sich die Fronten immer mehr Berlin und seinem letzten Dienstort Potsdam näherten, erlahmte sein Diensteifer so, daß er sich

4 Vgl. Blutjuristen Hitlers – Gesetzgeber Adenauers, Berlin 1962, S. 20.

5 Vgl. G. Schultze-Pfaelzer, Kampf um den Kopf. Meine Erlebnisse als Gefangener des Volksgerichtshofs 1943–1945, Berlin 1948, S. 291. Dieser Autor zählte zu jenen Opfern des Volksgerichtshofs, die ursprünglich dem Nazisystem aufgeschlossen gegenübergestanden hatten.

6 Europäische Union: Widerstandsgruppe in Berlin, die im Juli 1943 aus einem Kreis von Antifaschisten entstand, der schon zuvor Kontakt zur Widerstandsgruppe um den Kommunisten Robert Uhrig unterhalten hatte. Die führenden Mitglieder der Europäischen Union wurden im September 1943 verhaftet. Groscurth, Rentsch und Richter sind am 8. Mai 1944 in Brandenburg-Görden hingerichtet worden.

Vereinigungen der Verfolgten des Naziregimes **VVN**

Bund der Antifaschisten Präsidium

VVN Bund der Antifaschisten, Präsidium, Rossertstraße 4, 6000 Frankfurt/M. 1

Rossertstraße 4
6000 Frankfurt am Main 1

Fernsprecher
(06 11)
72 76 49, 72 78 43

Postscheckkonto Ffm.
(BLZ 500 100 60)
Nr. 2171 87-609

Bank für
Gemeinwirtschaft Ffm.
(BLZ 501 101 11)
Nr. 1 074 338 500

Spendenkonten:

Postscheckkonto Ffm.
Nr. 54 3773-600

Bank für
Gemeinwirtschaft Ffm.
Nr. 1 009 010 000

An die
Zentrale Stelle der
Landesjustizverwaltungen
z.Hd. von Herrn Leitendem Staatsanwalt
Dr. Adalbert Rückerl

7140 Ludwigsburg

Ihr Zeichen: Unser Zeichen: Datum

Frankfurt/Main, den 26. Juni 1980

Präsident:
Dr. Joseph Rossaint

Vizepräsidenten:
Lotte Frenkel
Prof. Dr. Jürgen Redhardt

Ehrenpräsidium:
Prof. Dr. H. W. Bartsch
Willy Bleicher
Dr. Joseph E. Drexel †
Prof. Dr. Klara-Marie Faßbinder †
Dr. h. c. Johann Fladung
Josef Gall
Theo Gaßmann
Therese Giehse †
Dr. Karl Hagedorn
Dr. Falk Harnack
Carola Karg
Dr. Heinar Kipphardt
Aenne Kolb
Adolph Kummernuß
Ludwig Landwehr
D. Martin Niemöller
Luise Rinser
Willy Spicher
A. Erich Stegmann
Albin Stobwasser
Horst Symanowski
Dr. Otto Wirmer
Dr. Rudolf Zimmerle

Sehr geehrter Herr Dr. Rückerl,

eine Reihe von Diskussionen in der Öffentlichkeit und eigene Nachforschungen geben uns Veranlassung, gegen zunächst neun vormalige Richter am sogenannten Volksgerichtshof

Strafanzeige wegen Mordes
gemäß § 211 StGB

zu stellen.

Alle diese neun Täter, nämlich

Dr. Wilhelm Grendel
Dr. Eduard Guntz
Dr. Wilmar Hager
Dr. Konrad Höher
Dr. Heinz-Günther Lell
Dr. Gerd Lenhardt
Otto Rathmeyer
Dr. Paul Reimers
Dr. Edmund Stark,

waren an Todesurteilen beteiligt.

Eine verfassungskonforme Auslegung des § 211 StGB führt zu dem Ergebnis, daß die Mitwirkung als Richter an diesen Todesurteilen den Tatbestand eines vollendeten Mordes erfüllt. Ausgangspunkt der Überlegung ist dabei die Tatsache, daß der faschistische Gewalt- und Willkürstaat nicht nur einzelne Verbrechen beging, sondern vielmehr insgesamt ein Unrechtsstaat war. Die formalen Normen, auf deren Basis der „Volksgerichtshof" seine Urteilssprüche formulierte, waren keine Rechtsgrundlage im rechtsstaatlichen und verfassungskonformen Sinne. Sie waren vielmehr Unrechtsgrundlagen. Die auf der Basis dieser Normen entstandenen Urteile sind also rechtswidrig. Daran ändert auch nichts die Gegebenheit, daß die Täter unter dem Mantel eines justizförmigen Verfahrens tätig wurden. Diese so praktizierte „Strafrechtspflege" war nicht Justiz im Sinne des Grundgesetzes, war nicht Justiz im Sinne des Gerichtsverfassungesetzes und der StPO. Diese Justiz war vielmehr integraler Bestandteil einer Maschinerie zur Vernichtung des Widerstandes gegen den Faschismus und zur Aufrechterhaltung der faschistischen Gewalt- und Willkürherrschaft. Es ist also schlechterdings verfassungswidrig, den „Volksgerichtshof" als Gericht im Sinne unserer Rechtsordnung anzusehen. Der „Volksgerichtshof" war nur eine Institution in der Kette von Gestapo über den SD bis hin zu den Konzentrationslagern.

Wer sich an diesen Mordtaten des „Volksgerichtshofes" bewußt und gewollt beteiligt hat, hat darum eine Rechtsbeugung begangen und kann sich nicht auf ein „Richterprivileg" berufen.

Die Tat ist auch aus niedrigen Beweggründen begangen, denn sie geschah mit dem Ziel, die faschistische Gewalt- und Willkürherrschaft aufrechtzuerhalten und unter Absprechung des Lebensrechtes Anderer. Die Mordtat geschah überdies, um andere Straftaten – unter Fortdauer der faschistischen Herrschaft – zu ermöglichen.

Die Mordtaten des „Volksgerichtshofes" sind ein so gravierender Vorgang, daß sie das Bild der Justiz und des Staates der faschistischen Herrschaft entscheidend mitgeprägt haben. Für die Justiz der Bundesrepublik hingegen ist von entscheidender Bedeutung, wie sie sich mit diesen Mordtaten der Justiz der vorhergegangenen Epoche auseinandersetzt. Betrachtet man die Gewalt- und Willkürjustiz des Hitlerstaates als Bestandteil und herkömmliches Element der Strafrechtspflege, so verwirkt man den Anspruch, als Justiz im Sinne des Grundgesetzes und zur Wahrung der vom Grundgesetz postulierten Menschenwürde tätig zu sein. Umgekehrt verlangt eine Justiz, gemessen an den Normen des Grundgesetzes, eine korrekte und vorurteilsfreie Verfolgung und Beurteilung der von den Richtern des „Volksgerichtshofes" begangenen Straftaten.

Zu den Tätern im einzelnen:

Dr. Wilhelm GRENDEL
geboren am 14.12.1902
wohnhaft in Celle, Lindenbergstr. 3
nach 1945: Oberlandesgerichtsrat in Celle (bis 1966)
seit 1942: Oberlandesgerichtsrat beim Volksgerichtshof;
Mitwirkung an mindestens 3 Todesurteilen und zahlreichen Terrorurteilen gegen deutsche und polnische Hitlergegner.

Dr. Eduart GUNTZ
geboren am 23.9.1904
wohnhaft in München, Böcksteinerstr. 33d
nach 1945: Oberlandesgerichtsrat beim Oberlandesgericht München (bis 1968)
vor 1945: Amtsgerichtsrat in München und Dachau;
1939-42 Amtsgerichtsrat bei der Reichsanwaltschaft beim Volksgerichtshof,
danach beim Sondergericht in Krakau,
seit dem 1.2.1944 in der Abteilung Justiz beim Gouverneuer des Distriks Krakau;
Mitwirkung an über 16 Todesurteilen und 9 Urteilen mit lebenslänglichem Freiheitsentzug
gegen polnische und deutsche Hitlergegner.

Dr. Wilmar HAGER
geboren am 14.12.1903
wohnhaft in Usingen/Taunus, Neutorstr. 13
nach 1945 (bis heute): Rechtsanwalt und Notar in Usingen
vor 1945: Vertreter des Oberreichsanwalts beim Volkgsgerichtshof;
Mitwirkung an mehr als 22 Todesurteilen;
als Vollstreckungsleiter im Zuchthaus Brandenburg überwachte H. die Hinrichtung von deutschen, polnischen, tschechoslowakischen, belgischen, französischen und österreichischen Staatsbürgern;
(aus einem Urteil gegen den Einschaler Aloisius Hamerski, Berlin wegen „Wehrkraftzersetzung" unter Mitwirkung Hagers: „Der Angeklagte Aloisius Hamerski hat im August 1943 gegenüber Lehrlingen sich schwer defaitistisch geäußert und dadurch ihre Wehrkraft zu zersetzen gesucht. Er wird daher zum Tode verurteilt und verliert die Ehrenrechte für immer.")

Dr. Konrad HÖHER
geboren am 9.5.1905
wohnhaft in Köln, Neue Kempener Str. 266
nach 1945: Staatsanwalt in Köln (bis 1964)
vor 1945: Staatsanwalt beim Sondergericht Aachen;
seit 1944 Staatsanwalt beim Oberreichsanwalt des Volksgerichtshofes;
Mitwirkung an mindestens 5 Todesurteilen gegen deutsche und tschechoslowakische Widerstandskämpfer.

Dr. Heinz-Günther LELL
geboren am 1.8.1904
wohnhaft in Berlin 30 (Westberlin), Nachotstr. 20
nach 1945: Oberstaatsanwalt in Westberlin
vor 1945: Staatsanwalt beim Oberreichsanwalt des Volksgerichtshofes;
Mitwirkung an mindestens 5 Todesurteilen und zahlreichen anderen Terrorurteilen gegen deutsche, polnische und litauische Hitlergegner;
zu den Opfern Dr. Lells gehört die deutsche Antifaschistin Erika Bielang, die am 18. November 1937 zum Tode verurteilt wurde.

Dr. Gerd LENHARDT
geboren am 17.6.1898
wohnhaft in Neuwied, Deichstr. 18
nach 1945: Oberlandesgerichtsrat in Neustadt/Weinstraße (bis 1960); danach Rechtsanwalt in Neuwied;
vor 1945: Landgerichtsdirektor in Koblenz und Trier;
Ankläger beim Oberreichsanwalt des Volksgerichtshofes;
Mitwirkung an mindestens 47 Todesurteilen gegen Deutsche, Österreicher, Franzosen und Tschechoslowaken;
(aus einem Urteil unter Mitwirkung Lenhardts gegen französische Widerstandskämpfer: „Die Angeklagten sind in den Jahren 1942 und 1943 in der Umgebung von Metz Mitglieder der Widerstandsgruppe „parti de Gaulle" gewesen... Es werden daher wegen Feindbegünstigung und Vorbereitung zum Hochverrat verurteilt: Gaston Rock zum Tode und zum dauernden Verlust der Ehrenrechte, Manick zu 10 Jahren Zuchthaus und 10 Jahren Ehrenverlust, Emil Rock zu 6 Jahren Zuchthaus und 4 Jahren Ehrenverlust, Klein zu drei Jahren Zuchthaus und drei Jahren Ehrenverlust, Lamm zu zwei Jahren sechs Monaten Zuchthaus...")
Einen Tag nach diesem Urteil, am 10. November 1944, wurden unter Mitwirkung Lenhardts der Lothringer Karl Reinert und sieben weitere lothringische Bürger, die alle der „parti de Gaulle" angehört hatten wegen „Verständigung mit dem Feind und Hochverrat" zum Tod verurteilt.
Den Benediktinerpater Josef Ontiller aus Szentegat (Ungarn) verurteilte Lenhardt am 15. Dezember 1944 wegen „Wehrkraftzersetzung" zum Tode. Der Pater hatte einen Brief an den Erzabt der Benediktiner in Ungarn „mit schwersten Beschimpfungen unseres Führers und der NSDAP" – wie es in dem Urteil heißt – geschrieben.

Otto RATHMEYER
geboren am 15.12.1905
wohnhaft in Landshut, Brühfeldweg 13
nach 1945: Landgerichtsrat am Landgericht in Landshut (bis 1968)
vor 1945: Staatsanwalt und Vertreter des Oberreichsanwalts beim Volksgerichtshof;
Mitwirkung an mehr als 78 Todesurteilen gegen tschechoslowakische Widerstandskämpfer.
Zu den Opfern Rathmeyers gehörte auch der Karmeliterpater Franz Heyder vom Karmeliterkloster Mariahilfsberg in Bayern, der „mit dem Tode bestraft" wurde, weil er „im Sommer 1944 als katholischer Priester von der Kanzel herab schwerste Vorwürfe gegen unsere nationalsozialistische Führung erhoben" hatte.
Als Vollstreckungsleiter war Rathmeyer bei der Enthauptung des Roman Knetsch am 17.7.1944 in Brandenburg-Görden (Havel). In dem von Rathmeyer unterzeichneten Protokoll über die Hinrichtung heißt es: „Nach Feststellung der Personengleichheit des Vorgeführten mit dem Verurteilten beauftragte der Vollstreckungsleiter den Scharfrichter mit der Vollstreckung. Der Verurteilte, der ruhig und gefaßt war, ließ sich ohne Widerstreben auf das Fallbeilgerät legen, worauf der Scharfrichter die Enthauptung mit dem Fallbeil ausführte und sodann meldete, daß das Urteil vollstreckt sei."

Dr. Paul REIMERS
geboren am 4.2.1902
wohnhaft in Bremen, Im Westerholz 26
nach 1945: Landgerichtsrat in Ravensburg (bis 1963)
vor 1945: Richter beim Volksgerichtshof;
Mitwirkung an mehr als 124 Todesurteilen gegen deutsche und ausländische Antifaschisten.

Aus Urteilen, an denen R. als Richter beteiligt war:
Vom 14. November 1944 gegen Lucian Pickert: „Lucian Pickert hat zwei Volksgenossen gegenüber sein Bedauern über das Mißlingen des Anschlages gegen den Führer zum Ausdruck gebracht. Damit hat er sich auf die Seite der Verräter vom 20. Juli gestellt. Er ist hierdurch für immer ehrlos geworden und wird mit dem Tode bestraft."
Vom 12. August 1944 gegen den Jesuitenpater Professor Alois Grimm aus Feldkirch/Vorarlberg: „Alois Grimm, ein Jesuitenpater, hat im vierten und am Anfang des fünften Kriegsjahres zu Volksgenossen, darunter zu einem Soldaten, sich schwer zersetzend, hetzerisch und defaitistisch geäußert. Er hat damit im Dienste der Feindpropaganda unsere Kampfkraft angegriffen. Dadurch hat er sich für immer ehrlos gemacht. Er wird mit dem Tode bestraft."

Edmund STARK
geboren am 14.6.1909
wohnhaft in Ravensburg, Sunthaimstr. 19
nach 1945: Landgerichtsdirektor in Ravensburg
vor 1945: Amtsgerichtsrat und Ankläger beim Volksgerichtshof;
Mitwirkung an mindestens 50 Todesurteilen gegen deutsche und österreichische Antifaschisten;
zu den Opfern Starks gehörte u.a. der Vorsitzende des Deutschen Freidenkerverbandes, Max Sievers;
am 9.11.1943 forderte Stark die Todesstrafe für das Ehepaar Erich und Charlotte Garske, weil sie einen von der Gestapo gesuchten Antifaschisten beherbergt hatten;

am 27.5.1943 wurden die Sozialdemokraten Hermman Frieb und Josef Wagner zum Tode, die 72jährige Mutter Friebs zu 12 Jahren Zuchthaus verurteilt;
im Urteil hieß es dazu: „Die Angeklagte Paula Frieb hat ihrem Sohn und seinem Tatgenossen bis 1942 bei ihrem hochverräterischen Treiben Hilfe geleistet und ausländische Sender gehört."
Gegen die österreichischen Sozialdemokraten Alois und Josefine Brunner beantrage Stark am 28.5.1943 gleichfalls die Todesstrafe und war in zahlreichen Fälle bei der Vollstreckung persönlich anwesend.

Wir wollen diese Strafanzeige so verstanden wissen, daß sie sich nicht nur gegen die hier namentlich genannten Richter, sondern gegen alle heute noch lebende Richter des „Volksgerichtshofes" richtet. Und überdies scheint uns die Beantwortung der Frage überfällig, welche Ermittlungsmaßnahmen gegen solche Richter ergriffen worden sind, die in einer dem „Volksgerichtshof" vergleichbaren Weise tätig geworden sind.

Wir erwarten, sehr geehrter Herr Dr. Rückerl, daß sich unsere negativen Erfahrungen mit den Versuchen, zu einer angemessenen und rechtsstaatlichen Grundsätzen entsprechenden Strafverfolgung beizutragen, nicht wiederholen, sondern daß nunmehr wirklich an die Aufarbeitung dieses wohl schrecklichsten Kapitels deutscher Justizgeschichte herangegangen wird.

Mit freundlichen Grüßen
Präsidium der VVN
BUND DER ANTIFASCHISTEN
(Helmut Stein)

Detaillierte Strafanzeige
der Vereinigung der Verfolgten des Naziregimes –
Bund der Antifaschisten (BRD)

nach seiner badischen Heimat absetzte. Letztlich kehrte er aber zurück, meldete sich beim Oberreichsanwalt und wurde „wegen Betriebssabotage" inhaftiert.

Der Prozeß gegen Edmund Stark, von dem freilich nur die Überlieferungen des Angeklagten bekannt sind, war der erste, den der neuernannte Präsident des Volksgerichtshofs Harry Haffner leitete. Für Stark verlief die Angelegenheit recht glimpflich. Am 29. März 1945 bedachte man ihn mit einer Freiheitsstrafe von vier Jahren, und nach sechs Wochen war er wieder frei, weil der ganze Nazispuk vorüber war.

Nach 1945 stellte Stark – nun als selbst von dem Tribunal Verurteilter – seinen ehemaligen Kollegen „Persilscheine" aus, mit denen er ihnen ihre politische „Unbescholtenheit" bestätigte. So schnell verwandelte sich Stark vom nazistischen Saulus zum demokratischen Paulus. Als im Jahre 1960 gegen ihn unter dem Druck aus der DDR übermittelter Beweise in der BRD ein Ermittlungsverfahren eingeleitet werden mußte, passierte ihm nichts; er blieb bis zum Pensionsalter – trotz wiederholter Proteste der demokratischen Öffentlichkeit – Landgerichtsdirektor in Ravensburg.

Verschiedentlich hat man in der BRD versucht, die fehlende strafprozessuale Auseinandersetzung mit den Verantwortlichen der Nazijustizverbrechen theoretisch zu rechtfertigen. Dies unternahmen vor allem solche Juristen, die selbst zwischen 1933 und 1945 amtiert hatten. So schrieb Hermann Weinkauff, seit 1937 Reichsgerichtsrat und ab 1950 Präsident des Bundesge-

Vereinigungen der Verfolgten des Naziregimes **VVN**

Bund der Antifaschisten Präsidium

VVN Bund der Antifaschisten, Präsidium, Rossertstraße 4, 6000 Frankfurt/M. 1

Rossertstraße 4
6000 Frankfurt am Main 1

Fernsprecher
(06 11)
72 76 49 · 72 78 43

Postscheckkonto Ffm
(BLZ 500 100 60)
Nr. 2171 67-609

Bank für
Gemeinwirtschaft Ffm
(BLZ 501 101 11)
Nr. 1 074 338 500

Spendenkonten:

Postscheckkonto Ffm
Nr. 54 3773-600

Bank für
Gemeinwirtschaft Ffm
Nr. 1 009 010 000

An die
Staatsanwaltschaft beim
Landgericht Berlin
z.Hd. Herrn Staatsanwalt Jahntz
Turmstraße 91
1ooo Berlin 21

Ihr Zeichen: | Unser Zeichen: st/St | Datum: 3.12.198o

Betr.: Strafanzeige wegen Mordes gegen ehemalige Richter und Staatsanwälte beim "VGH", AZ 3 P (K) Js 6/79

Sehr geehrter Herrn Jahntz,

Im Zusammenhang mit unserer Strafanzeige vom 26.6.8o gegen neun ehemalige Richter und Staatsanwälte und unserer Strafanzeige vom 11.7.8o gegen weitere zehn ehemalige Richter und Staatsanwälte stellen wir nunmehr im Ergebnis weiterer Nachforschungen Strafanzeige wegen Mordes gegen folgende 12 vormalige Richter und Staatsanwälte am "Volksgerichtshof":

BELLWINKEL, Kerl-Hermann
geboren am 1.9.19o4 in Minden
wohnhaft: 495o Minden, Wilhelmstraße 3

Dr. BRUCHHAUS
geboren am 1.2.19o3
wohnhaft: 4oo6 Erkrath

Dr. EMMERICH, Paul
geboren am 1o.8.19o7
wohnhaft: 8ooo München, Springerstraße 8

Dr. HERZLIEB, Walter
geboren am 21.3.19oo in Berlin
wohnhaft: 32oo Hildesheim, Hohnsen 7

Dr. HEUGEL, Heinz
geboren am 11.2.19o1 in Luckau
wohnhaft: 342o Herzberg am Harz, Buschstraße 12

JAAGER, Kurt
geboren am 3o.1.19o4 in Prenzlau
wohnhaft: 232o Plön, Unterer Rathsteichweg 1

LORENZ, Johannes
geboren am 7.3.19o7 in Berlin
wohnhaft: 1ooo Berlin, Kaiserdamm 1o2

van MEENEN, Günter
geboren am 14.2.1895
wohnhaft: 5657 Haan/Rheinland, Dellestraße 31

Dr. NAUCKE, Kurt
geboren am 9.6.1905
wohnhaft: 3000 Hannover, Tischbeinstraße 38

ROEMER, Walter
geboren am 27.8.1902 in Speyer
wohnhaft: 5300 Bonn, Schedestraße 4

SPAHR, Karl
geboren am 7.8.1903
wohnhaft: 7140 Ludwigsburg, Seestraße 24/I

Dr. SCHLÜTER, Franz
geboren am 13.4.1907
wohnhaft: 8000 München 71, Vinzenz, Schuepfer-Straße 75

Wir verweisen darauf, daß es sich hier - genau wie in den Fällen der vorausgegangenen Strafanzeigen - nicht nur um besonders scheußliche Mordtaten handelt, sondern daß sich aus den ermittelten Tatsachen ergibt, wie sehr die Richter und Staatsanwälte am "Volksgerichtshof" ihre Aufgabe darin gesehen haben, die faschistische Staatsgewalt gegen jeglichen Widerstand ohne Rücksicht auf Menschenrechte, auch mit den Mitteln des Mordes, in justizförmigem Gewand schützen wollten.

Wir möchten nocheinmal mehr unser Unverständnis und unser Erschrecken zum Ausdruck bringen, wenn die Strafverfolgung solcher Täter unter dem Gesichtspunkt verhindert wird, sie hätten nur das damals geltende Recht angewandt und nur, wenn eben dieses Recht gebeugt worden wäre, könne man von einer strafbaren Handlung reden.
Eine solche Auffassung enthält die Grundthese, daß der Hitler-Staat nicht ein Unrechtsstaat sondern ein Staat wie andere gewesen sei; denn nur so ist erklärlich, die Blutjustiz der Nazis als Rechtssprechung im Sinne des heutigen GVG zu bezeichnen. So aber wird die Bundesrepublik Deutschland in eine fürchterliche Tradition zum Staat der Hitler und Himmler gestellt. Solch eine Bewertungsmethodik ist mit den Grundsätzen unserer Verfassung nicht vereinbar.

Wir wären sehr daran interessiert, sehr geehrter Herr Jahntz, über den Stand des Verfahrens und die Behandlung unserer Strafanzeigen informiert zu werden.

Mit freundlichen Grüßen

Präsidium der VVN
Bund der Antifaschisten

Helmut Stein
(Helmut Stein)

richtshofs in Karlsruhe: „Gegen die nationalsozialistische Rechtssetzung und Rechtshandhabung" wären die Juristen „kraft ihrer Organisation und ihrer überkommenen rechtlichen Grundhaltung" unvorbereitet gewesen, dazu hätte es ihnen an den rechtlichen Voraussetzungen gefehlt. „Es wäre ungerecht, ja utopisch gedacht, wollte man nun nachträglich fordern, daß sie einen solchen Widerstand hätten leisten müssen."[7]

Schon die Klage, zum Widerstand habe es ausgerechnet jenen an der rechtlichen Grundlage gefehlt, die Hüter der Gesetze sein sollten, mutet naiv und paradox an. Zudem ist festzuhalten: Ein uneingeschränktes Rechtsprin-

7 H. Weinkauff, Die deutsche Justiz und der Nationalsozialismus, Stuttgart 1968, S. 38.

zip „Gesetz ist Gesetz“ hat es niemals gegeben. Vielmehr gehört es zu den unverzichtbaren Grundlagen jeder Rechtsordnung, daß die Gesetzgebung des Staates dort ihre Grenzen findet, wo sie die allgemein anerkannten Normen des Völkerrechts verletzt, wie das im Hitlerreich in eklatanter Weise der Fall war.

Weinkauffs Argumentation beruht zunächst auf der – insoweit durchaus zutreffenden – These, daß niemand verpflichtet ist, ein Held zu sein. Gleichwohl ist das nur die halbe Wahrheit. Genausowenig wie eine derartige Rechtspflicht existiert, gibt es eine juristische Legitimation, zum Verbrecher zu werden.

Im übrigen ist kein Fall eines Nazijuristen bekannt geworden, der sich damit verteidigt hat, er habe deshalb an Unrechtsakten der Nazijustiz teilgenommen, weil er um sein eigenes Leben fürchten mußte. In der Tat wären wegen einer solchen Weigerung allenfalls Nachteile bei der Beförderung oder eine unerwünschte Versetzung, vielleicht auch die vorzeitige Pensionierung oder im Höchstfall die Einberufung zur Wehrmacht zu befürchten gewesen.

Aus der Literatur ist ein ganz anders gelagerter Fall bekannt: Wie Benedicta M. Kempner berichtete, soll der ehemalige Senatspräsident am Reichskriegsgericht Werner Lueben am 28. Juli 1944 in Torgau Selbstmord verübt haben, um sich einem ihm von Himmler abverlangten Todesurteil gegen die drei katholischen Priester Dr. Karl Lampert, Friedrich Lorenz und Herbert Simoleit zu widersetzen.[8] Die drei Theologen waren gemeinsam mit den Angehörigen der von dem Kommunisten Johannes ter Morsche und dem polnischen Kaufmann Tadeusz Siekierski geleiteten Zinnowitzer Widerstandsgruppe verhaftet worden.[9]

Die näheren Umstände des Freitodes des Senatsvorsitzenden Lueben sind freilich nie völlig geklärt worden. Bekannt ist nur, daß er am Morgen, an dem er das Urteil gegen die drei Geistlichen verkünden sollte, in seiner Wohnung tot aufgefunden wurde.[10]

Abgesehen von dieser Form der Weigerung ist nicht ein einziger Fall festzustellen, in dem ein Angehöriger der faschistischen Ausnahmegerichte seine Vorgesetzten wissen ließ, daß er die Teilnahme an Terrorurteilen verweigere, weil diese seinem Rechtsverständnis und Gewissen zutiefst widersprechen.

8 Der Fall Lueben ist erwähnt bei: B. Kempner, „Er wollte kein Todesurteil fällen“, Paulinus Trierer Bistumsblatt vom 26. 11. 1967; vgl. auch R. M. W. Kempner, Ankläger einer Epoche, Frankfurt (Main)/Berlin (West) 1986, S. 422f.

9 Zur Tätigkeit dieser Widerstandsgruppe vgl. Ch. und H. Reinhold, „Telegramm aus Holland. Erinnerung an J. ter Morsche, ein Kommunist und Widerstandskämpfer“, in: Wolgast – Buch, Wolgast 1986, S. 10ff.

10 Der Suicid des Kriegsrichters soll den Machthabern so viel Verdruß bereitet haben, daß sie – nach Angaben der Angehörigen des Toten – verbreiten ließen, Lueben sei bei einem Luftangriff umgekommen, obwohl es einen solchen damals in Torgau gar nicht gegeben hatte.

2 L 10 / 45
5 J 1637/44.

J m N a m e n
d e s D e u t s c h e n V o l k e s

Jn der Strafsache gegen
den Diplom-Handelslehrer Otto Ernst Alfred G r a t z k i aus Delmenhorst, Hasporterdamm 42, geboren am 14. April 1895 in Taferbude (Ostpreußen),
zur Zeit in dieser Sache in gerichtlicher Untersuchungshaft,

wegen Wehrkraftzersetzung

hat der Volksgerichtshof, 2. Senat, auf Grund der Hauptverhandlung vom 23. Januar 1945, an welcher teilgenommen haben

als Richter :

Vizepräsident des Volksgerichtshofs Dr. Crohne, Vorsitzer,
Landgerichtsdirektor Preußner,
SA-Brigadeführer Hauer,
SS-Brigadeführer Tscharmann,
SS-Obersturmbannführer Wittmer,

als Vertreter des Oberreichsanwalts :

Amtsgerichtsrat Stark,

für Recht erkannt :

I.

Der Angeklagte Otto Gratzki hat im Sommer 1943 unter Mißbrauch seiner Autorität als ehemaliger Lehrer durch mehrere Briefe an einen jungen Arbeitsdienstmann Wehnkraftzersetzung betrieben.

Er wird deshalb

zum T o d e

verurteilt und ist für immer ehrlos.

II.

Der Angeklagte trägt die Kosten des Verfahrens.

Noch am 23. Januar 1945 erwirkte Stark das Todesurteil gegen den Lehrer Otto Gratzki.

Weinkauffs Versuch, das Verhalten weitester Teile der Juristenschaft zwischen 1933 und 1945 vor allem als eine intellektuelle Fehlleistung zu interpretieren, muß zwangsläufig ebenso in die Irre führen wie jedes andere Unterfangen, die faschistische Justiz losgelöst von ihrer politischen und klassenmäßigen Struktur zu beurteilen: Politisch war sie der antikommunistischen Hauptstoßrichtung des Faschismus (und weitgehend auch dessen Antisemitismus) von Anfang an zutiefst verbunden, und soziologisch entstammte das Gros der

Richter und Staatsanwälte dem Klein- und Mittelbürgertum, aus dem sich die Angehörigen und Sympathisanten der Nazipartei zum großen Teil rekrutierten. Hatte diese Klassenstruktur ganz maßgeblich dazu beigetragen, daß die Juristen schon im Frühjahr 1933 in Massen der NSDAP beitraten und die bis dahin als unpolitisch apostrophierten Richtervereine zu den Hakenkreuzfahnen eilten, so führte diese Geisteshaltung den Juristenstand bald zur hemmungslosen Komplizenschaft mit dem Unrechtsstaat.

Die Rechtshilfe der DDR

Die Justizorgane der DDR haben nicht nur auf dem eigenen Territorium der Ahndung der Nazijustizverbrechen stets höchste Bedeutung beigemessen, sondern haben auch den Strafverfolgungsbehörden der BRD und in Berlin (West) seit Jahrzehnten umfangreiches Beweismaterial gegen dort lebende ehemalige Richter und Staatsanwälte zugeleitet.

Bereits vor Jahrzehnten wurden Akten des Volksgerichtshofs an zwei Landesjustizminister und sieben General- bzw. Oberstaatsanwälte in der BRD übergeben:

- Justizminister Baden-Württemberg am 29. Februar 1960,
- Hessisches Ministerium der Justiz in Wiesbaden am 8. April 1960,
- Generalbundesanwalt in Karlsruhe am 1. März und 4. Mai 1960,
- Generalstaatsanwalt in Stuttgart am 14. März 1960,
- Oberstaatsanwalt in Frankenthal am 14. März 1960,
- Oberstaatsanwalt in Bonn am 28. Juni 1960,
- Generalstaatsanwalt in Schleswig am 30. November 1960 und 12. November 1964,
- Generalstaatsanwalt in Bamberg am 28. Februar 1963 und
- Generalstaatsanwalt in Koblenz am 23. März 1965.

Ebenso stellten andere sozialistische Staaten, vor allem die ČSSR, Dokumente über Justizverbrechen zur Verfügung.

Unter dem Druck dieser Beweise und angesichts der Aufmerksamkeit der internationalen Öffentlichkeit sahen sich einige ehemalige Juristen des Volksgerichtshofs damals gezwungen, ihre – zu recht großzügigen Bedingungen gewährte – vorzeitige Pensionierung zu betreiben. Allein nicht ein einziger von ihnen ist in der BRD oder in Berlin (West) wegen seiner Teilnahme an den Justizverbrechen der Nazis rechtskräftig strafrechtlich zur Verantwortung gezogen worden.

Soweit auf entsprechende Strafverfolgungsverlangen der DDR Ermittlungen überhaupt eingeleitet wurden, stellte man sie meist schon nach wenigen Wochen wieder ein. Fast so schnell, wie die Nazijuristen einst Todesurteile erwirkten, attestierte man ihnen jetzt ihre strafrechtliche Unbescholtenheit.

Strafverfahren gegen NS-Verbrecher:

DDR übergibt Dokumente an bundesdeutsche Justiz

BONN. — Vierzig Jahre nach Ende des Zweiten Weltkriegs Strafverfahren wegen nationalsozialistischer Gewaltverbrechen zu führen, stellt die Justiz vor grosse Schwierigkeiten. Dass solche Prozesse noch geführt werden können, zeigen Beispiele aus zahlreichen Städten der Bundesrepublik Deutschland. Erst dieser Tage ist wieder in Bonn ein NS-Prozess eröffnet worden. Über seinen Ausgang kann man jetzt selbstverständlich nichts sagen. Das gilt für alle Strafverfahren.

Wenn nun die DDR der Justiz der Bundesrepublik neue Dokumente übergibt, so drängt sich die Frage auf, warum das so spät geschieht. Wäre es nicht möglich gewesen, die DDR-Archive früher durchzuarbeiten? Da es sich um Unterlagen handelt, die vor allem den Volksgerichtshof betreffen, sieht die ganze Sache allerdings anders aus. Erst im Oktober 1979 hat nämlich die Berliner Staatsanwaltschaft die Ermittlungen gegen alle Mitglieder des Volksgerichtshofs wieder aufgenommen, nachdem Mitte der sechziger Jahre ein Versuch gescheitert war, einen Angehörigen jenes Terrortribunals zur Verantwortung zu ziehen. Nach jenem Scheitern bemächtigte sich damals der bundesdeutschen Justiz zu Recht Resignation, und es bedurfte erst der Strafanzeige des Frankfurter Rechtsanwalts Robert Kempner, einen neuen Anlauf zu versuchen. In dessen Verlauf bat die Berliner Justiz auch die DDR um Rechtshilfe. Im Februar 1983 sagte der Sprecher des Berliner Justizsenators, Volker Kähne, einer Meldung der Deutschen Presseagentur zufolge, die DDR habe alle Ersuchen bisher "in vollem Umfang erfüllt". Ost-Berlin stellte aber die Arbeit offenbar dennoch nicht ein, sondern suchte weiter. So dürfte es zu erklären seien, dass nun neue Dokumente in West-Berlin eingetroffen sind.

Diese Feststellung soll nicht darüber hinwegtäuschen, dass der Rechtshilfeverkehr zwischen den beiden deutschen Staaten keineswegs immer reibungslos funktioniert hat. Hier sollte man allerdings auch die grossen Zusammenhänge nicht ausser acht lassen.

Als im Frühjahr 1965 — also vor 20 Jahren — die Verjährung aller NS-Verbrechen drohte, wandte sich die Bundesregierung zum ersten Mal auch an die Staaten in Osteuropa mit der Bitte um Unterlagen. Bis dahin war es westdeutschen Juristen untersagt, in Archiven etwa der Volksrepublik Polen oder der UdSSR zu arbeiten. Offenbar hielt man jene Dokumentationszentralen für reine Fälscherwerkstätten. Dabei lagen selbstverständlich gerade in Polen die meisten Unterlagen, weil in Polen die meisten Verbrechen begangen worden sind. Auf diese Dokumente und auf die der DDR selbstgefällig zu verzichten, war ein schlimmer Fehler, der bis heute nicht wiedergutgemacht werden konnte. Die damals verlorenen 20 Jahre hat man nie mehr einholen können.

Ein anderer Punkt kommt hinzu: Während in der Bundesrepublik bis auf den heutigen Tag mutmassliche NS-Verbrecher angeklagt werden, war die DDR mit solchen Prozessen Ende des Jahres 1950 so gut wie fertig. Von insgesamt 13.000 Personen, die in der DDR wegen NS-Verbrechen vor Gericht gestellt worden sind, hatten 12.000 Ende 1950 ihren Prozess hinter sich. Damit soll nicht gesagt sein, all diese Prozesse hätten den Grundsätzen entsprochen, die in Westdeutschland vorgeschrieben sind. Aber auf der anderen Seite hat die Justiz der DDR die Maßstäbe übernommen, die vom Internationalen Militärtribunal 1945/46 in Nürnberg aufgestellt worden sind. Und in Nürnberg hat es bekanntlich nicht nur Todesurteile und Schuldsprüche, sondern auch Freisprüche gegeben.

Der vorläufig letzte NS-Prozess in der DDR hat im Mai 1983 begonnen. Angeklagt war ein SS-Führer, der an den Verbrechen in Oradour-sur-Glane in Frankreich beteiligt war. Er wurde zu einer lebenslangen Freiheitsstrafe verurteilt. Hauptverantwortlich für den Massenmord in jenem französischen Dorf war übrigens die Waffen-SS, die wegen des Bitburg-Besuchs von Bundeskanzler

Kohl und Präsident Reagan seit kurzem wieder in vieler Munde ist. Wegen Oradour, aber auch wegen der Ermordung von Frauen und Kindern im tschechoslowakischen Dorf Lidice sowie wegen des Hinmetzelns amerikanischer Kriegsgefangener gegen Ende des Kriegs während der Ardennenoffensive wurde auch die Waffen-SS in Nürnberg zu einer verbrecherischen Organisation erklärt, übrigens auch jene SS-Divisionen, die sich im bayrischen Nesselwang trafen. Es ist beschämend, dass solche Treffen immer noch möglich sind und die SS-Veteranenvereine sogar offenbar als gemeinnützig anerkannt sind. Das Finanzamt Hamburg muss jedenfalls zurzeit prüfen, ob diese Gemeinnützigkeit etwa für das I. Panzerkorps der Waffen-SS gilt.

Die Verbrechen der Waffen-SS sind ausserhalb Deutschlands nicht vergessen. In der Bundesrepublik neigt man dazu, nach 40 Jahren einen Schlußstrich ziehen zu wollen — auch unter die Opfer der Gaskammern von Auschwitz, Treblinka, Majdanek. Dieser Versuch wird scheitern — vielleicht auch mit Hilfe der DDR-Dokumente, die jetzt zur Verfügung stehen.

Heiner Lichtenstein

Aus: Aufbau, New York, vom 24. Mai 1985

Gleichwohl wäre es verfehlt, die Verantwortung für solche Fehlentscheidungen der Nachkriegsjustiz in der BRD ausschließlich bei diesem Berufsstand zu suchen. Schließlich zweifelten seinerzeit Politiker der BRD in offiziellen Verlautbarungen die DDR-Enthüllungen nicht nur an, sondern diffamierten sie als Lüge und Fälschung. Der damalige Generalbundesanwalt der BRD Max Güde erklärte noch kurz bevor Adolf Eichmann in Argentinien im Mai 1961 ergriffen wurde (was selbst in der BRD nicht ohne Denkanstöße blieb) anmaßend, „zukünftig werde er die Entgegennahme jeder weiteren Fotokopie aus der Sowjetzone ablehnen“[1]. Und der in Berlin (West) amtierende Kultursenator ermahnte die dortigen Pädagogen, ja nicht jene Galerie am Kurfürstendamm aufzusuchen, in der 107 Naziurteile und richterliche Personalakten ausgelegt waren.[2]

Angesichts der damaligen Haltung der Verantwortlichen in der BRD und in Berlin (West) muten manche neuere Stellungnahmen von dortigen Justizvertretern recht ungereimt an. So behaupteten zuletzt die Staatsanwälte Bernhard Jahntz und Volker Kähne aus Berlin (West), der Generalstaatsanwalt der DDR habe am 15. Januar 1965 einem entsprechenden Ersuchen des vormaligen Leiters der Zentralen Stelle in Ludwigsburg Erwin Schüle nicht entsprochen, womit „ein nicht unerheblicher Hinderungsgrund für die Aufklärung der Tätigkeit des Volksgerichtshofs“[3] angedauert habe.

Da die beiden Juristen (Jahrgang 1945 bzw. 1941) wohl einer gezielten Fehlinformation aufgesessen sind, soll richtiggestellt werden: Nicht die BRD hatte um die Auswertung gebeten, sondern der Generalstaatsanwalt der DDR Dr. Josef Streit bot diese am 22. Dezember 1964 dem Justizminister Ewald

1 J. Friedrich, Freispruch für die Nazijustiz, Reinbek bei Hamburg 1983, S. 413.
2 Vgl. a. a. O., S. 412.
3 B. Jahntz/V. Kähne, Der Volksgerichtshof. Darstellung der Ermittlungen der Staatsanwaltschaft bei dem Landgericht Berlin gegen ehemalige Richter und Staatsanwälte am Volksgerichtshof, Berlin (West) 1987, S. 15.

Bucher an. Während der diplomatischen Blockade der DDR hielt es der Bonner Minister nicht für angezeigt, die DDR-Offerte auch nur zu beantworten. Vielmehr schickte er den Leiter der Ludwigsburger Zentralen Stelle vor. Daß er damit dem Generalstaatsanwalt der DDR, der langjährig in Nazikonzentrationslagern inhaftiert gewesen war, einen ehemaligen SA-Mann und NSDAP-Angehörigen als Gesprächspartner anbot, zeugte gewiß weder von Feingefühl noch von der Absicht, ein gedeihliches Miteinander bei der Aufklärung von Naziverbrechen zu fördern. Das konnte nicht verwundern, gehörte doch Bucher zu den eifrigsten Verfechtern der Bonner Pläne über die Verjährung der Naziverbrechen. Bucher trat letztlich zurück, als er dafür im Bundestag keine Mehrheit fand. Gleichwohl hat die DDR die Ludwigsburger Anfrage beantwortet und die Bildung einer gemeinsamen Kommission zur Auswertung vorhandener Beweise angeregt.

Ebenso fehlt bei Jahntz/Kähne der Hinweis, daß wohl alle bis dahin in der BRD gegen Juristen des Volksgerichtshofs eingeleiteten Ermittlungsverfahren auf unaufgefordert übergebenen DDR-Beweisen beruhten. Unerwähnt lassen die Genannten auch, daß DDR-Staatsanwälte im März 1965 Originalakten des Volksgerichtshofs – darunter die des Verfahrens gegen den ungarischen Benediktinerpater Josef Pontiller – dem Chefankläger beim Oberlandesgericht in Koblenz ins Haus trugen. Blieb das unerwähnt, weil der Staatsanwalt Gerhard Lenhardt, der Pontillers Tod verlangt hatte, als Rechtsanwalt im Rheinland agierte? Oder lag es daran, daß jener Staatsanwalt Walter Roemer, der die Hinrichtung des Paters Pontiller wie die der Mitglieder der Widerstandsgruppe „Weiße Rose“ Alexander Schmorell und Prof. Kurt Huber leitete, damals als Ministerialdirektor im Bundesjustizministerium einer der ranghöchsten Justizbeamten der BRD war?

Wie man es auch dreht und wendet, eines steht eindeutig fest: Die DDR hat Ermittlungen gegen Verantwortliche der nationalsozialistischen Justizverbrechen stets gefördert, wie das auch für alle anderen Untersuchungen zur Ahndung der vom deutschen Faschismus verübten Kriegsverbrechen und Verbrechen gegen die Menschlichkeit gilt.

Als ab 1979 Ermittlungen gegen die Angehörigen des Volksgerichtshofs in Berlin (West) angestrengt wurden, die durch eine Strafanzeige Robert M. W. Kempners initiiert und durch weitere Strafanzeigen des Präsidiums der Vereinigung der Verfolgten des Naziregimes – Bund der Antifaschisten in der BRD gefördert worden waren, leistete die DDR umfassende Rechtshilfe und stellte zirka 7 000 Blatt Beweisdokumente zur Verfügung. Wäschekorbweise übernahmen Staatsanwälte aus Berlin (West) in der Dienststelle des Generalstaatsanwalts der DDR am 16. Februar, 26. März, 23. Juni, 6. Oktober und 16. Dezember 1981, am 19. März 1982 sowie am 30. Januar 1984 Beweisdokumente. Weitere Beweise gingen dem Generalstaatsanwalt beim Kammergericht in Berlin (West) am 3. Mai 1984, 24. September 1985 und am 2. September 1988 durch die Post zu.

In der Tat: An Beweisnot lag es gewiß nicht, daß man trotz alledem in Berlin (West) nicht einen einzigen der Freisler-Komplizen vor Gericht brachte. Dabei hatte man dort schon 1960 bei Enttrümmerungsarbeiten in der Bellevuestraße sensationelle „Dokumente der Schande" gefunden, wie eine Zeitung damals berichtete.[4]

Die Bemühungen von Angehörigen der Opfer des Volksgerichtshofs, die Verantwortlichen der Justizverbrechen endlich vor Gericht gestellt zu sehen, blieben durchweg ohne Erfolg. Der Hamburger Jurist Helmut Stein – Sohn des Ingenieurs Wilhelm Stein (vgl. Abschn. „Die Widerstandsgruppe") – erlebte ebenso, daß die von ihm initiierten Ermittlungen eingestellt wurden, wie der Wiener Universitätsprofessor Eduard Rabofsky, gegen dessen Bruder Alfred Staatsanwalt Gerhard Lenhardt das Todesurteil erwirkt hatte. Nachdem man Hitlers besessensten Richtern und Staatsanwälten jahrzehntelang kein Haar gekrümmt hatte, wurden diese Entscheidungen nun in aller Regel mit mangelnder Verhandlungsfähigkeit der Beschuldigten begründet.

DDR-Bürger wendet sich an die Westberliner Justiz

Berlin/Westberlin (DW/ADN). Der DDR-Bürger Gerd Fischer aus Brandenburg hat den Generalstaatsanwalt beim Kammergericht in Westberlin aufgefordert, unverzüglich die kürzlich eingestellten Ermittlungen gegen die Nazijuristen des „Volksgerichtshofes" wiederaufzunehmen, meldet ADN am Freitag.

Die Eltern des DDR-Bürgers waren als antifaschistische Widerstandskämpfer am 9. November 1943 von diesem Nazitribunal zum Tode verurteilt worden. Der dafür mitverantwortliche NS-Staatsanwalt Edmund Stark war nach 1945 in der BRD als Richter tätig.

Gerd Fischer wies in seiner Beschwerde nach: Die Westberliner Justiz hat bisher zwar ehemalige Nazijuristen vernommen, sich jedoch nicht um andere Zeugen bemüht. Fischer hat jetzt dem obersten Ankläger von Westberlin zwei Personen benannt, die seinerzeit im Verhandlungssaal des „Volksgerichtshofes" als Zuhörer anwesend waren.

Aus: Wahrheit, Berlin (West), vom 29./30. November 1986

Es soll gewiß nicht geringgeschätzt werden, daß die Untersuchungen der Staatsanwaltschaft in Berlin (West) im letzten Jahrzehnt wenigstens dazu führten, daß einige Verantwortliche der Nazijustizverbrechen immerhin noch mit der Schuld konfrontiert wurden, die sie auf sich geladen haben: Eine Reihe von ihnen mußte in zum Teil mehrtägigen Vernehmungen Rede und Antwort stehen, ohne jedoch die gerechte Strafe für ihre Taten zu erhalten. Im ganzen läßt sich feststellen, daß die strafprozessuale Auseinandersetzung mit dem schwärzesten Kapitel in der Geschichte der bürgerlichen deutschen Justiz in der BRD und in Berlin (West) bis heute unterblieben ist.

Ob eine Bestrafung wenigstens noch in einem einzigen Fall nachgeholt

4 Vgl. Telegraf vom 25. und 30. 11. 1960.

DDR nennt Thälmann-Urteil skandalös

Aufhebung der Verurteilung Ottos „ein Schlag ins Gesicht aller Antifaschisten"

Hz. Berlin/DDR (Eigener Bericht)

Die DDR sieht in der Aufhebung des Krefelder Schwurgerichtsurteils über den des Mordes an dem Kommunistenführer Ernst Thälmann angeklagten ehemaligen SS-Oberscharführer, Wolfgang Otto, und die Verweisung des Verfahrens an das Landgericht Düsseldorf als eine „skandalöse Entscheidung" an. Diese Bewertung findet sich in einem am Donnerstag in den DDR-Zeitungen abgedruckten Bericht der Nachrichtenagentur ADN über die Entscheidung des Bundesgerichtshofs.

Daneben wird in der Berichterstattung der DDR-Medien ausführlich das DKP-Präsidiumsmitglied Kurt Bachmann zitiert, der die Entscheidung als einen „Schlag ins Gesicht aller Antifaschisten und Beleidigung für die Opfer des Faschismus" bezeichnet hatte. Nach Bachmanns Ansicht hat der Krefelder Prozeß „erdrückende Beweise" für eine Beteiligung Ottos am Thälmann-Mord im Konzentrationslager Buchenwald erbracht. Bachmann: „Die Bestrafung Ottos darf nicht rückgängig gemacht werden." Der Rechtsanwalt Heinrich Hannover, der die Nebenklägerin Irma Gabler-Thälmann vertritt, wird mit den Worten angeführt, daß eine Aufklärung faschistischer Massenmorde nach einer so langen Verschleppung des Verfahrens unmöglich werde, wenn man – wie der Bundesgerichtshof – von einer Fülle von Einzeltaten und nicht von staatlich organisierten Verbrechen der Nationalsozialisten ausgehe. (Siehe auch das *Streiflicht*.)

Neue Zeugen zum Volksgerichtshof in Ostberlin vernommen

Berlin (AP)

Die umstrittene Schließung der Ermittlungsakten gegen die letzten lebenden Juristen des nationalsozialistischen Volksgerichtshofes im Westteil Berlins 1986 hatte nun in Ostberlin ein Nachspiel. Der Westberliner Justizsprecher Volker Kähne erklärte, vor dem Ostberliner Stadtbezirksgericht Mitte seien die DDR-Bürger Ella und Walter Schaepe unter Teilnahme zweier Westberliner Staatsanwälte als Zeugen vernommen worden. Die beiden Juristen hätten Gelegenheit gehabt, über den anwesenden Ostberliner Staatsanwalt an die Zeugen Fragen stellen zu lassen. Die Aussagen der Eheleute Schaeper zur Tätigkeit des Volksgerichtshofs-Anklägers Edmund Stark würden nun im Westteil der Stadt daraufhin geprüft, ob das Ermittlungsverfahren doch wiederaufgenommen werden soll.

Bei der Schließung der Ermittlungsakten im Oktober letzten Jahres war auch das Verfahren gegen Stark eingestellt worden. Unter anderem war den Angaben zufolge nicht festzustellen, ob er in einem bestimmten Fall den Antrag auf Todesstrafe gestellt hatte. Das fragliche Todesurteil vom November 1943 liege der Westberliner Justiz vor, eine Beteiligung Starks, der den Fall vergessen haben will, gehe daraus nicht hervor. Die Zeugen Schaepe hätten nun vor dem Ostberliner Gericht erklärt, Stark habe den Antrag auf Todesstrafe gestellt.

Die Eheleute Schaepe waren nach Angaben der Ostberliner Nachrichtenagentur ADN Angehörige der am 9. November 1943 zum Tode verurteilten und später hingerichteten Erich und Charlotte Garske. Dem Prozeß hätten sie als Augenzeugen beigewohnt. Sie hätten geschildert, wie die Eheleute Garske vom Vorsitzenden „angeschrien, von fanatischen Faschisten während der Verhandlung bedroht und schließlich auf Antrag des Anklägers Stark zum Tode verurteilt" worden seien.

Der Fall kam nach Angaben Kähnes erst nach der Schließung der Ermittlungsakten wieder ins Rollen. Der Sohn der Hingerichteten, der in Brandenburg lebende Gerd Fischer, habe gegenüber der Westberliner Justiz schriftlich erklärt, er könne weitere Zeugenaussagen präsentieren. Die Westberliner Justiz habe daraufhin den Generalstaatsanwalt der DDR eingeschaltet. Dieser habe einer Anhörung der Eheleute Schaepe in Westberlin allerdings nicht zugestimmt, eine Teilnahme von Westberliner Staatsanwälten an der Ostberliner Anhörung aber ermöglicht.

Die Ermittlungsakten waren am 21. Oktober 1986 nach siebenjähriger Arbeit endgültig geschlossen worden. Berlins Justizsenator Rupert Scholz räumte damals ein, daß es „trotz intensiver Bemühungen auch keine strafrechtliche Aufarbeitung des dunkelsten Kapitels der deutschen Justizgeschichte mehr geben" werde. Scholz nannte die Schließung der Akten einen „Ausgang, der das Rechtsempfinden großer Teile der Bevölkerung verletzen muß". Der Volksgerichtshof hatte von 1934 bis 1945 mehr als 5200 Menschen hinrichten lassen, die meisten davon nach der Übernahme des Vorsitzes durch Roland Freisler 1942.

Aus: Süddeutsche Zeitung, München, vom 27. März 1987

wird, muß abgewartet werden. Der DDR-Bürger Gerd Fischer aus Brandenburg, dessen Eltern, die antifaschistischen Widerstandskämpfer Erich und Charlotte Garske, am 9. November 1943 vom Volksgerichtshof zum Tode verurteilt wurden, hat durch seine Aktivitäten erreicht, daß die Staatsanwaltschaft in Berlin (West) zweimal die Ermittlungen gegen Edmund Stark (er forderte die Strafen gegen die Eheleute Garske) wiederaufnehmen mußte. Gerd Fischer wies nach, daß die Staatsanwaltschaft in Berlin (West) zwar bemüht war, ehemalige Kollegen Starks zu befragen, es aber versäumte, auch solche Personen zu hören, die Stark während der Verhandlungen des Volksgerichtshofs als Außenstehende hatten agieren sehen. Um das Versäumte nachzuholen, wurden auf Antrag der Generalstaatsanwaltschaft der DDR vor dem Stadtbezirksgericht Berlin-Mitte am 25. März 1987 in Gegenwart der Beauftragten des Generalstaatsanwalts bei dem Kammergericht in Berlin (West) Gisela Wolf und Bernhard Jahntz sowie des dortigen Rechtsanwalts Hans-Peter Mildebrath die DDR-Bürger Ella und Walter Schaepe vernommen, die während des Prozesses gegen die Eheleute Garske in der Bellevuestraße im Zuhörerraum gesessen hatten.

Auch diese Aktivität demonstriert das Bemühen der DDR, die nazistischen Justizverbrechen wie alle anderen Verbrechen gegen die Menschlichkeit und Kriegsverbrechen aufzudecken, aufzuklären und nach Kräften zu deren Ahndung beizutragen. Das besondere Gewicht, das der Abrechnung mit den Völkermördern von gestern zukommt, betonte der frühere Generalstaatsanwalt der DDR Dr. Josef Streit: „Wer also zu deren Verfolgung und Bestrafung beiträgt, handelt letztlich auch im Interesse der eigenen Sicherheit. Niemand sollte vergessen, daß von der strikten Durchsetzung des Völkerrechts, das die konsequente Verfolgung von Kriegsverbrechen einschließt, die Zukunft der Menschheit abhängt."[5]

5 J. Streit, „Völkerrecht gebietet konsequente Verfolgung von Kriegsverbrechen", NJ, 1982/7, S. 290.

Anhang

I.
Das waren die Berufsjuristen des Volksgerichtshofs

Die hauptamtlichen Richter des Volksgerichtshofs

Anmerkung:

Soweit Personalien unvollständig sind, konnten die fehlenden Angaben nicht ermittelt werden. Unterlagen dazu dürften im Document Center in Berlin (West) liegen. In diesem von den USA verwalteten Archiv, aus dem in jüngster Vergangenheit Aktenbestände verschwunden sind, die von dort Beschäftigten an neonazistische „Sammler" für horrende Summen verkauft worden sein sollen, ist der demokratischen Öffentlichkeit der Zutritt nach wie vor verwehrt.

Nazijuristen, die sowohl als Richter als auch als Staatsanwälte am Volksgerichtshof eingesetzt waren, sind in der Liste der Richter erfaßt.

Die Lebensdaten der Juristen werden in Jahreszahlen angegeben. Lediglich bei den im Jahr 1945 Verstorbenen wird das Todesdatum so exakt wie möglich genannt.

Bei den nach 1945 wieder in der BRD oder in Berlin (West) amtierenden Juristen am Schluß vermerkte Jahreszahlen geben Aufschluß, bis zu welchem Jahr die Betreffenden in der dortigen Justiz tätig waren.

Die Mehrzahl der am Volksgerichtshof tätigen Richter und Staatsanwälte trug die Dienstbezeichnung (Amtsgerichtsrat, Landgerichtsdirektor usw.), die ihnen vor ihrer dortigen Tätigkeit zuerkannt worden war. Da diese Titel keine Rückschlüsse auf die Funktion ihrer Träger am Volksgerichtshof erlauben, wurde auf ihre Wiedergabe hier verzichtet.

Dr. **Albrecht**, Kurt (1885–1962), Senatspräsident

Arndt, Hans-Dietrich (1909–1969), Ermittlungsrichter
Nach 1945: Senatspräsident Oberlandesgericht Koblenz

Bach, Bernhard (1896–1962)

Brem, Walter (geb. 1902), Ermittlungsrichter, später: Staatsanwalt
Nach 1945: Landgerichtsdirektor Nürnberg-Fürth

Bruner, Wilhelm (geb. 1875), Senatsvorsitzender, geschäftsführender VGH-Präsident 1934/36, 1. Mai 1936–31. März 1939: Vizepräsident des Reichsgerichts in Leipzig

Dr. **Carmine,** Erich (geb. 1906), Ermittlungsrichter
Nach 1945: Amtsgerichtsrat in Nürnberg (1971)

Cecka, Herbert (geb. 1900; 1950 für tot erklärt)

Dr. **Crohne**, Wilhelm (1880–26. April 1945), Vizepräsident

Dr. **Dahl**, Otto (geb. 1895)

Dr. **Dengler**, Heinrich Anton (1896–1955)

Diescher, Georg Ernst (1893–1971)

Dr. **Diester**, Hans (1896–1975)

Duve, Hans (1902–30. April 1945)
Engert, Karl (1877–1951), Vizepräsident, SS–Dienstgrad: Oberführer
Nach 1945: wegen der am Volksgerichtshof verübten Justizverbrechen im Nürnberger Juristenprozeß vor dem US-amerikanischen Militärtribunal Nr. III angeklagt. Das Verfahren gegen E. wurde wegen dessen Erkrankung am 22. August 1947 abgetrennt und nicht wieder aufgenommen.
Dr. **Falckenberg**, Robert (1899–1944)
Fikeis, Wladimir (auch: Waldemar) (1889–26. August 1945)
Frankenberg, Johannes (geb. 1906), Ermittlungsrichter
Nach 1945: Oberamtsrichter in Münnerstädt/BRD
Dr. **Freisler**, Roland (1893–3.Februar 1945), VGH-Präsident 1942–1945
Dr. **Fricke**, Andreas (geb. 1903), Ermittlungsrichter
Nach 1945: Landgerichtsrat in Braunschweig (1969)
Granzow, Hermann (1877–1948), Volksgerichtsrat
Dr. **Greulich**, Hermann Richard (19890–2. Mai 1945), Volksgerichtsrat
Dr. **Großpietsch**, Josef (geb. 1892)
Dr. **Haffner**, Harry (1900–1969), VGH-Präsident 1945
Nach 1945: unter dem Namen Heinrich Hartmann Knopffabrikant in Sontra/BRD. Am 27. August 1953 offenbarte er der BRD-Staatsanwaltschaft seine Identität. Fortan lebte er wieder unter seinem richtigen Namen. Am 19. Mai 1954 entschied der Niedersächsische Minister der Justiz, daß Haffners letzte Beförderung bei der Pensionsberechnung unberücksichtigt bleiben, ihm aber „ein Übergangsgehalt eines Oberstaatsanwalts" zugestanden wird. Haffner starb als Pensionär. Alle gegen ihn in der BRD eingeleiteten Ermittlungsverfahren wurden eingestellt.
Hammel, Erich (geb. 1906)
Nach 1945: Landgerichtsdirektor in Duisburg/BRD (1964)
Hartmann, Walter (1887–7. Mai 1945), Senatspräsident
Haumann, Paul (1902–1975)
Nach 1945: Rechtsanwalt in Hamm/BRD
Heider, Hermann (1901–1984)
Nach 1945: Rechtsanwalt in Hamburg
Hellrung, Paul (geb. 1898), Ermittlungsrichter
Nach 1945: Landgerichtsrat in Konstanz/BRD (1964)
Dr. **Illner**, Josef (geb. 1897), Volksgerichtsrat
Nach1945: auf der Kriegsverbrecherliste der ČSR A-8/5 erfaßt, seit 6. Januar 1946 Aufenthalt unbekannt
Dr. **Indra**, Rudolf (geb. 1901), Ermittlungsrichter
Nach 1945: Landgerichtsdirektor in Gießen/BRD (1966)
Dr. **Jank**, Richard Ludwig (1896–1979)
Jasching, Bruno (1888–1967)

Jenne, Ernst (geb. 1879), Volksgerichtsrat
Dr. **Klein**, Alois (geb. 1899)
Dr. **Köhler**, Alfred (1883–19. September 1945), Senatspräsident
Dr. **Köhler,** Johannes (geb. 1899; 1945 für tot erklärt)
Dr. **Koehler,** Johannes (1897–1968)
Dr. **Ladewig,** Karl (geb. 1896)
Lämmle, Paul (1892–20. Juli 1945), Volksgerichtsrat
Dr. **Leberl,** Alfred (1900–1962), Ermittlungsrichter
Nach 1945: Landgerichtsrat in Heilbronn/BRD
Dr. **Lob** (geb. 1902)
Dr. **Löhmann,** Günter (1896–1972), Volksgerichtsrat
Dr. **Lorenz,** Adam (geb. 1901)
Nach 1945: Amtsgerichtsrat in Düsseldorf
Lorenz, Johannes (geb. 1907)
Nach 1945: Kammergerichtsrat in Berlin (West) (1970)
Luger, Ludwig (geb. 1891)
Nach 1945: Landgerichtsrat in Mannheim/BRD
Dr. **Makart,** Bruno Otto Paul (1893–1959)
Nach 1945: Verwaltungsgerichtsdirektor in Köln
Dr. **Merten,** Johannes Heinrich Wilhelm (1890–1947), Volksgerichtsrat
Mittendorff, Gerhard (1893–1950)
Mörner, Johannes (1898–1969), Volksgerichtsrat
Nach 1945: Rechtsanwalt in Hamburg-Altona
Müller, Hans (geb. 1906)
Müller, Karl (1890–1959), Volksgerichtsrat
Nach 1945: Amtsgerichtsrat in Baden Kreuznach/BRD
Dr. **Münstermann,** Wolfgang (1898–1971)
Nach 1945: Rechtsanwalt in Celle/BRD
Nebelung, Günter (1896–1970), Senatspräsident, SA-Dienstgrad: Sturmführer
Nach 1945: vor dem US-amerikanischen Militärgerichtshof in Nürnberg wegen der am Volksgerichtshof verübten Justizverbrechen zwar angeklagt, aber mangels – der damals weitgehend noch nicht erschlossenen – Beweise freigesprochen, anschließend bis 1968 Rechtsanwalt in Seesen/BRD
Nötzold, Herbert Hilmar Robert (1903–1968)
Dr. **Ochs,** Albrecht, Ermittlungsrichter
Dr. **Pfeifer,** Waldemar (geb. 1883)
Pieper
Preußner, Heinrich (geb. 1900; 1950 für tot erklärt)
Dr. **Raszat,** Wilhelm (geb. 1898; 1945 für tot erklärt)
Rehn, Fritz (1874–1934), vorläufiger VGH-Präsident 1934
Rehse, Hans-Joachim (1902–1969)

Nach 1945: Hilfsrichter beim Oberverwaltungsgericht in Schleswig/BRD. Am 3. Juli 1967 verurteilte ein Schwurgericht in Berlin (West) Rehse wegen seiner Teilnahme an den Justizverbrechen des Volksgerichtshofs zu einer Freiheitsstrafe von 5 Jahren. Der BRD-Bundesgerichtshof hob dieses Urteil am 30. April 1968 auf. In einer erneuten Verhandlung sprach daraufhin ein Schwurgericht in Berlin (West) Rehse am 6. Dezember 1968 frei. Bevor es zu einer Rechtsmittelverhandlung kam (die Staatsanwaltschaft in Berlin [West] hatte gegen den Freispruch Revision eingelegt), starb Rehse.

Dr. **Reimers,** Paul (1902–1984)

Nach 1945: Landgerichtsrat in Ravensburg/BRD (1962). Die Staatsanwaltschaft in Berlin (West) erhob 1984 gegen ihn Anklage wegen seiner Teilnahme an den Justizverbrechen des Volksgerichtshofs. Reimers entzog sich der Verantwortung durch Selbstmord.

Rinke (geb. 1900)

Ruepprecht, Hans Ulrich, Freiherr von (geb. 1911), Ermittlungsrichter

Nach 1945: Oberlandesgerichtsrat in Stuttgart (1976)

Dr. **Schaad,** Friedrich Andreas (1888–1948)

Schauwecker, Erich (1881–1938), Senatsvorsitzender

Dr. **Schenck zu Schweinsberg,** Hermann Karl Maximilian Ferdinand Reinhold (1900–1974)

Dr. **Schlemann,** Erich (1897–1962)

Dr. **Schneidenbach,** Hans (geb. 1901)

Dr. **Schreitmüller,** Adolf (geb. 1902)

Nach 1945: Landgerichtsdirektor in Stuttgart (1968)

Schulze, Kurt (geb. 1903)

Dr. **Schulze-Weckert,** Gerhard Wilhelm Georg (1893–1948)

Schwingenschlögl, Michael Franz (1898–1977)

Nach 1945: Landgerichtsrat in Kempten/BRD (1962)

Dr. **Springmann,** Eduard (geb. 1883), Senatspräsident

Dr. **Stäckel,** Arthur (1888–1966)

Stier, Martin (1903–7. Februar 1945)

Dr. **Storbeck,** August Heinrich Karl (1899–1980)

Strödter, Gustav (1909–1982), Ermittlungsrichter

Nach 1945: Amtsgerichtsdirektor in Wetzlar/BRD (1974)

Dr. **Taeniges,** Reinhard Karl Friedrich (1893–1972), Volksgerichtsrat

Dr. **Thierack,** Georg (1889–1946), VGH-Präsident 1936–1942, SA-Dienstgrad: Brigadeführer

Waller, Marno (1896–1963)

Nach 1945: Rechtsanwalt in Hamburg

Dr. **Weber,** Kurt (1903–1971)

Weber, Otto (geb. 1902), Ermittlungsrichter

Nach 1945: Amtsgerichtsrat in Ahrensburg/BRD (1968)

Dr. **Wettengel,** Alfred (geb. 1903), Ermittlungsrichter

Nach 1945: Amtsgerichtsrat in Heilbronn/BRD (1964)
Dr. **Wilbert,** Paul (1903–1946)
Dr. **Wildberger,** Ernst (geb. 1900)
Nach 1945: Rechtsanwalt in Fulda/BRD
Wolff, Friedrich (1894–1969)
Dr. **Zieger,** Georg (1897–1966), Volksgerichtsrat
Nach 1945: Rechtsanwalt in Hamburg
Dr. **Zippel,** George (geb. 1895)
Nach 1945: Rechtsanwalt in Bonn
Dr. **Zmeck,** Alfred (1899–1971)

Die Staatsanwälte am Volksgerichtshof

Anmerkung:

Kurzfristige Abordnungen von Angehörigen anderer Justizbehörden zur Dienstleistung beim Oberreichsanwalt am Volksgerichtshof wurden nicht berücksichtigt, wenn eine eigenverantwortliche Teilnahme an Ermittlungs- oder Strafverfahren nicht belegt werden konnte. Im übrigen vgl. Anmerkung zur Liste der Richter am Volksgerichtshof.

Adam, Otto (geb. 1899)
Nach 1945: Arbeitsgerichtsrat in Bonn (1965)
Dr. **Alter,** Bruno (1901–1979)
Dr. **Bach,** Bernhard (geb. 1903)
Nach 1945: Amtsgerichtsrat in Wuppertal/BRD (1963)
Dr. **Bandel,** Robert (geb. 1908)
Nach 1945: Oberamtsrichter in Kehl/BRD (1973)
Dr. **Barnickel,** Paul (1885–1966), Reichsanwalt
Nach 1945: vor dem US-amerikanischen Militärtribunal Nr. III in Nürnberg angeklagt, am 4. Dezember 1947 „mangels Beweises" freigesprochen, danach: Rechtsanwalt in München
Baxmann, Karl (1889–1953)
Becker, Herbert (geb. 1908; 1954 für tot erklärt)
Bellwinkel, Karl-Hermann (geb. 1904)
Nach 1945: Erster Staatsanwalt in Bielefeld/BRD (1969)
Dr. **Beselin,** Werner Valentin (1905–1967)
Nach 1945: Rechtsanwalt in Hamburg
Bischoff, Adolf (1901–28. April 1945)

Dr. **Bogenrieder,** Alfons (geb. 1900)
Nach 1945: Ministerialrat im Justizministerium von Baden-Württemberg in Stuttgart (1966)
Bose, Bernhard (1901–1974)
Nach 1945: Amtsgerichtsrat in Recklinghausen/BRD
Dr. **Brenner,** Peter (1893–1974)
Nach 1945: Landgerichtsrat in Hagen/BRD
Bringmann, Walter (1900–1956)
Nach 1945: Erster Staatsanwalt in Kiel/BRD
Dr. **Bruchhaus,** Karl (geb. 1903)
Nach 1945: Staatsanwalt in Wuppertal/BRD (1961)
Dr. **Brunner,** Arthur (geb. 1908)
Dr. **Busch,** Werner (1908–1978)
Dr. **Busch,** Wolfgang (geb. 1904)
Christian, Ernst-Georg (1896–1973)
Dede, Christian (geb. 1906)
Nach 1945: Landgerichtsdirektor in Hannover (1971)
Dr. **Dettmann,** Gustav (1900–1947)
Dölz, Bruno (geb. 1906)
Dörner, Karl Emil Wilhelm (1909–1964)
Nach 1945: Amtsgerichtsrat in Ravensburg/BRD
Domann, Karl-Heinz Hermann (1904–1969)
Nach 1945: Staatsanwalt in Berlin (West)
Dr. **Dose,** Hans Rudolf (1909–1949)
Dr. **Drullmann,** Ernst (geb. 1904–1946 für tot erklärt)
Eichler, Hermann, Oberstaatsanwalt, ab Oktober 1936: Reichskriegsanwalt
Dr. **Eisert,** Georg (1899–1969), Oberstaatsanwalt
Nach 1945: Landgerichtsdirektor in Würzburg/BRD (1965)
Dr. **Emmerich,** Paul (geb. 1907)
Nach 1945: Landgerichtsdirektor in Saarbrücken/BRD (1962)
Figge, Karl (1903–1972)
Folger, Wolfgang (1904–1977), Reichsanwalt
Folwill, Josef (1909–1943)
Dr. **Franzki,** Paul (geb. 1891; 1947 für tot erklärt), Reichsanwalt
Friedrich, Ernst (geb. 1905)
Nach 1945: vom Landgericht Chemnitz (heute: Karl-Marx-Stadt) wegen seiner Mitwirkung an den Justizverbrechen des Volksgerichtshofs am 20. Mai 1950 zu lebenslangem Freiheitsentzug verurteilt, aus gesundheitlichen Gründen 1956 aus der Haft entlassen. Friedrich hielt sich danach in der BRD auf.
Dr. **Frischbier,** Eduard (1902–1964)
Nach 1945: Erster Staatsanwalt in Heilbronn/BRD
Dr. **Gauster** (geb. 1906)

Dr. **Geipel,** Siegfried (1902–1938)
Geißler, Erich (1898–1983)
Nach 1945: vom Stadtgericht Berlin – Hauptstadt der DDR – wegen seiner Mitwirkung an den Justizverbrechen des Volksgerichtshofs am 15. April 1982 zu einer Freiheitsstrafe von 15 Jahren verurteilt.
Dr. **Görisch,** Gerhard (geb. 1903; 1945 für tot erklärt)
Götzmann, Karl (1906–1954)
Grendel, Wilhelm (geb. 1902)
Nach 1945: Oberlandesgerichtsrat in Celle/BRD (1966)
Dr. **Guntz,** Eduard (geb. 1904)
Nach 1945: Oberlandesgerichtsrat in München (1968)
Dr. **Gustorf,** Wilhelm (1898–1971)
Nach 1945: Landgerichsdirektor in Wuppertal
Dr. **Haag,** Ferdinand (geb. 1898)
Hager, Willmar (geb. 1903)
Nach 1945: Rechtsanwalt und Notar in Usingen/BRD
Harzmann, Willy (1907–1960)
Hegener, Wilhelm (geb. 1906)
Nach 1945: Amtsgerichtsrat in Salzkotten/BRD (1968)
Heintel, Karl (1909–1944)
Hennig, Herbert (1903–1967)
Nach 1945: Oberstaatsanwalt in Berlin (West) (1960)
Dr. Dr. **Herrnreiter,** Ferdinand (geb. 1907)
Nach 1945: Landgerichtsdirektor in Augsburg/BRD
Dr. **Heugel,** Heinz (geb. 1902)
Hoffmann, Engelbert Martin (1900–1966)
Nach 1945: Erster Staatsanwalt in Münster/BRD
Hoffmeister, Willi (geb. 1882)
Hoffschulte, Paul (1899–1979)
Nach 1945: Rechtsanwalt in Altena/BRD
Dr. **Höher,** Konrad (geb. 1905)
Nach 1945: Staatsanwalt in Köln (1964)
Huhnstock, Wilhelm (1891–1981), Oberstaatsanwalt
Nach 1945: wegen seiner Teilnahme an Justizverbrechen vom Landgericht Chemnitz (heute: Karl-Marx-Stadt) am 13. Juni 1950 zu einer Freiheitsstrafe von 20 Jahren verurteilt. Huhnstock lebte nach seiner Haftentlassung in der BRD.
Jaager, Kurt (geb. 1904)
Nach 1945: Staatsanwalt in Flensburg/BRD (1959)
Dr. **Jacobi-Wermke,** Rudolf
Dr. **Jaeger,** Helmut (geb. 1901)
Nach 1945: Oberlandesgerichtsrat in München (1966)
Dr. **Janssen,** Gerhard (geb. 1905)

Joetze, Hans Werner (1900–1969)
Nach 1945: Landgerichtsrat in Amberg/BRD
Jorns, Paul (1871–1942), Oberreichsanwalt
Dr. **Kaven,** Kurt (1902–1969)
Kempter, Rudolf (1901–1942), SS-Dienstgrad: Obersturmführer
Klitzke, Wilhelm (1899–1950)
Nach 1945: wegen seiner Teilnahme an den Justizverbrechen des Volksgerichtshofs vom Landgericht Chemnitz (heute: Karl-Marx-Stadt) am 20. Mai 1950 zum Tode verurteilt.
Dr. **Kluger,** Carl Josef (geb. 1901)
Nach 1945: Amtsgerichtsrat in Berlin (West)
Dr. **Klüver,** Heinrich (geb. 1896; 1945 für tot erklärt)
Koalick, Erich Alfred (1903–1968)
Nach 1945: Rechtsanwalt in Hamburg
Köhler, Werner (geb. 1905)
Dr. **Kömhoff,** Franz (1898–1957)
Nach 1945: Oberstaatsanwalt in Hagen/BRD
Koeppen, Einhart Klaus (1909–1976)
Dr. **Kraemer,** Leo (1901–1982)
Nach 1945: Erster Staatsanwalt in Köln
Kranast, Helmuth (1907–1944)
Krebs, Adolf (geb. 1907)
Krefft, Hans Georg Friedrich Albert (1900–1946)
Krumbholtz, Gustav Adolf (1900–7. Mai 1945), Oberstaatsanwalt
Dr. **Künne,** Hans (1904–1944)
Kurth, Hans Heinrich Otto (1900–6. Mai 1945)
Lautz, Ernst (1887–1977), Oberreichsanwalt 1939–1945
Nach 1945: am 4. Dezember 1947 vom US-amerikanischen Militärtribunal Nr. III in Nürnberg wegen seiner Teilnahme an den Justizverbrechen des Volksgerichtshofs zu einer Freiheitsstrafe von 10 Jahren verurteilt.
Lay, Hans Werner (1906–1974)
Nach 1945: Oberlandesgerichtsrat in Karlsruhe/BRD
Lell, Heinz-Günther (geb. 1904)
Nach 1945: Oberstaatsanwalt in Berlin (West)
Lenhardt, Gerhard (auch: Gerd) (geb. 1898)
Nach 1945: Oberlandesgerichtsrat in Neustadt/Weinstraße/BRD, später Rechtsanwalt in Neuwied/BRD
Dr. **Liebau,** Johannes (1905–1979)
Nach 1945: Oberamtsrichter in Seesen/BRD (1967)
Dr. **Lincke,** Hans (geb. 1903; 1944 für tot erklärt)
Dr. **Maaß,** Gustav Max (1906–1971)
Meenen, Günther van (1895–1980)
Nach 1945: Landgerichtsdirektor in Duisburg/BRD (1962)

Dr. **Meier,** Bodo Gustav (geb. 1904)
Nach 1945: Rechtsanwalt in Bremen
Dr. **Menzel,** Hans-Heinrich (geb. 1899)
Nach 1945: Landgerichtsdirektor in Marburg/BRD
Dr. **Metten,** Alfred (geb. 1902)
Nach 1945: Oberstaatsanwalt in Essen/BRD
Dr. **Möller,** Herbert
Dr. **Münich,** Alfred (geb. 1906)
Nach 1945: Senatspräsident im Oberlandesgericht in München (1970)
Dr. **Naucke,** Kurt (geb. 1905)
Nach 1945: wegen Teilnahme an Justizverbrechen auf dem Territorium der ČSR am 22. Mai 1950 vom Landgericht Chemnitz (heute: Karl-Marx-Stadt) zu einer Freiheitsstrafe von 25 Jahren verurteilt, die später im Gnadenwege auf 15 Jahre herabgesetzt wurde. Nach seiner Haftentlassung amtierte Naucke als Staatsanwalt in Hannover.
Dr. **Nellessen,** Wilhelm (geb. 1900)
Nach 1945: Oberstaatsanwalt in Aachen/BRD (1967)
Dr. **Neuber,** Kurt (geb. 1902)
Nach 1945: Oberstaatsanwalt in Osnabrück/BRD
Nöbel, Rudolf (1902–1984), Oberstaatsanwalt
Dr. **Nugel,** Otto (1904–1942), SS-Dienstgrad: Obersturmführer
Dr. **Obermayer,** Werner (1905–1982)
Nach 1945: Rechtsanwalt in Mosbach/BRD
Dr. **Oehmke,** Fritz (geb. 1901)
Oeing, Josef (1902–1976)
Nach 1945: Amtsgerichtsrat in Gelsenkirchen/BRD (1968)
Oelze, Wolfgang (geb. 1898)
Dr. **Öhlckers,** Sophus Wilhelm (1901–1949)
Opalka, Franz (geb. 1906)
Dr. **Orzechowski,** Wolfgang (1904–1972)
Nach 1945: Oberstaatsanwalt in Köln (1969)
Ostertag, Ernst (geb. 1909)
Dr. **Pamp,** Alfred (1905–1964)
Nach 1945: Oberstaatsanwalt in Hagen/BRD
Parey, Friedrich (1889–1938), Oberreichsanwalt 1937/38
Parrisius, Felix (1885–1976), Reichsanwalt
Nach 1945: trat wiederholt als Entlastungszeuge in Ermittlungsverfahren auf, die in der BRD gegen seine früheren Kollegen und Untergebenen eingeleitet worden waren.
Peich, Arthur (geb. 1893), Oberstaatsanwalt (1937 ausgeschieden)
Picke, Paul (geb. 1898)
Nach 1945: Senatspräsident am Oberlandesgericht in Saarbrücken/BRD (1962)

Dr. **Pilz** (geb. 1903)
Prietzschk, Hans Robert (geb. 1900; 1950 für tot erklärt)
Ranke, Werner (geb. 1905; 1947 für tot erklärt)
Rathmayer, Otto (geb. 1905)
Nach 1945: Landgerichtsrat in Landshut/BRD (1968)
Dr. **Reichelt,** Erich (1904–1974)
Nach 1945: Erster Staatsanwalt in Koblenz/BRD (1969)
Dr. **Renz,** Leopold (geb. 1888)
Dr. **Ricken,** Hans (geb. 1908)
Nach 1945: Amtsgerichtsrat in Nürnberg (1964)
Dr. **Rothaug,** Oswald (1897–1967), Reichsanwalt
Nach 1945: vom US-amerikanischen Militärtribunal Nr. III in Nürnberg am 4. Dezember 1947 wegen Justizverbrechen, die er – vor seiner Tätigkeit am Volksgerichtshof – als Vorsitzender des Sondergerichts Nürnberg verübt hatte, zu lebenslangem Freiheitsentzug verurteilt, 1956 aus der Haft entlassen.
Dr. **Sauermann,** Karl (1900–1973)
Nach 1945: Oberlandesgerichtsrat in München
Schaub, Richard (1905–1949)
Scherf, Hellmuth (1906–1981)
Nach 1954: Staatsanwalt in Düsseldorf (1963)
Dr. **Schlüter,** Franz (geb. 1907)
Nach 1945: Senatspräsident am Bundespatentgericht in München (1972)
Dr. **Schmidt,** Friedrich (geb. 1902), NSDAP-Mitglied seit 1. April 1930, SA-Dienstgrad: Hauptsturmführer
Nach 1945: Amtsgerichtsrat in Hannover (1964)
Dr. **Schoch,** Herrmann (1902–1942)
Dr. **Scholz,** Helmut (1904–August 1945)
Schreiber, Karl (1905–1980)
Schürmann, Siegbert (1905–1963)
Dr. **Schwabe,** Walther (1899–Herbst 1945)
Dr. **Seib,** Walter (geb. 1909)
Nach 1945: Rechtsanwalt in Vürnheim/BRD
Dr. **Seidler,** Oskar (geb. 1902)
Dr. **Simader,** Walter (1908–1942)
Dr. **Skok,** Herbert (1906–1979)
Nach 1945: Oberstaatsanwalt in Hamburg
Dr. **Sommer,** Karl (geb. 1903)
Spahr, Karl (1903–1981), Oberstaatsanwalt
Nach 1945: Landgerichtsrat in Stuttgart (1962)
Spelthahn, Kurt (1902–1942)
Stark, Edmund (geb. 1909)
Nach 1945: Landgerichtsdirektor in Ravensburg/BRD (1974), von 1975–

1980 Vorsitzender des Prüfungsausschusses für Wehrdienstverweigerer in Ravensburg.

Steinke, Max (1910–1981)
Nach 1945: Oberamtsrichter in Singen/BRD

Dr. **Stettner,** Emil (1904–1946)

Suhr, Edmund (geb. 1903)
Nach 1945: Oberstaatsanwalt in Hamburg

Teicher, Hans (geb. 1903)
Nach 1945: Landgerichtsrat in Landshut/BRD

Thomsen, Willy (geb. 1901)
Nach 1945: Geschäftsführer der Falter-Farbenvertriebgesellschaft m. b. H. Hamburg

Treppens, Herbert (1907–1980)
Nach 1945: Landessozialgerichtsrat in Celle/BRD (1962)

Volk, Hans (1902–15. August 1945), Oberstaatsanwalt

Wagner, Harald von (geb. 1906)
Nach 1945: Staatsanwalt in Lüneburg/BRD (1962)

Dr. **Wagner,** Richard (1895–1970)

Wedel, Wolfgang (geb. 1891)

Dr. **Weisbrod,** Rudolf (geb. 1902; 1945 verschollen), Oberstaatsanwalt

Welp, Karl (1904–1949)

Dr. **Welz,** Arthur (geb. 1899)

Weyersberg, Albert (geb. 1887), Reichsanwalt

Wilhelm, Hermann Georg (1889–1957), Oberstaatsanwalt

Wilkenhöner, Johannes (1897–1980)
Nach 1945: Amtsgerichtsdirektor in Minden/BRD (1962)

Winkels, Fritz (geb. 1904)

Wittmann, Heinz (1901–1948)

Dr. **Wrede,** Christian (geb. 1884)

Zeschau, Gustav Adolph Gottfried Heinrich von (1898–1974)
Nach 1945: Landgerichtsrat in Ulm (1962)

II.

Das waren Urteile, die der Volksgerichtshof fällte

Der Oberreichsanwalt
beim Volksgerichtshof.
9 J 187/44 g
Blattnummer: Hauptband.
" : Anlagenband.

Berlin, den 22. September 1944.

Geheim! HV.-u.LV.-Sache!

H a f t !

A n k l a g e s c h r i f t.

Bl.14 1.) Den Werkzeugschlosser Otto Anton Georg S c h u m a n n aus Leipzig, Raustr. 6, geboren am 28. November 1886 in Leipzig, verheiratet,

Bl.14R bestraft wegen Vorbereitung zum Hochverrat,

Bl.27 2.) Den Zimmerer (Milchverteiler) Otto Max E n g e r t aus Leipzig, Reuterstr. 16, geboren am 24. Juli 1895 in Brösdorf, Kreis Altenburg, verheiratet,
mehrmals bestraft,

Bl.42 3.) Den Buchdrucker (Metallarbeiter) Friedrich Kurt K r e s s e aus Leipzig, Kanzlerstr. 35, geboren am 15. Mai 1904 in Leipzig-Kleinzschocher, verheiratet,

Bl.42R bestraft,

Bl.10 sämtlich vorläufig festgenommen am 19. Juli 1944 und seit diesem Tage, zur Zeit in der Untersuchungshaftanstalt I in Leipzig, in Haft,
bisher ohne Verteidiger,

klage ich der Vorbereitung zum Hochverrat, der Feindbegünstigung und der Wehrkraftzersetzung an.

Die Angeschuldigten, alte kommunistische Funktionäre, haben es 1943/44 in Leipzig und anderen Orten unternommen, eine neue kommunistische Organisation aufzuziehen. Sie haben insbesondere den Aufbau von Betriebszellen angebahnt, Hetzschriften hergestellt und verbreitet sowie Verbindungen zu kommunistischen Funktionären aus Berlin und Thüringen aufgenommen. Mit diesen haben sie Besprechungen über die illegale Zusammenarbeit geführt und Schriften ausgetauscht. Bei ihrer Zersetzungspropaganda haben sie sich die Bestrebungen des im feindlichen Ausland gebildeten "Nationalkomitees Freies Deutschland" zu eigen gemacht und damit besonders auf die Zersetzung von Front und Heimat hingearbeitet.

Verbrechen nach § 80 Abs.2,§ 83 Abs.2 und 3 Nr.1,2 und 3,§§ 91^{b},47,73 StGB.,§ 5 Abs.1 Nr.1 KSSVO.

Wesentliches Ergebnis der Ermittlungen.

I.

Die persönlichen Verhältnisse der Angeschuldigten.

Bl.14/5 1.) Der Angeschuldigte Schumann erlernte nach dem Besuch der Volksschule das Werkzeugschlosserhandwerk und arbeitete später in Erfurt und Jena in seinem Beruf.Vom Jahre 1906 ab betätigte er sich in der sozialdemokratischen Jugendarbeit,wirkte maßgebend bei dem Aufbau des Gaues Thüringen der SAJ.mit und wurde mit dessen Leitung betraut. Im Jahre 1913 berief ihn die SPD.,der er seit 1905 angehörte,als Schriftleiter an"die Oberfränkische Volkszeitung" in Hof.Er gab damit seinen Beruf auf und war in der Folgezeit ausschließlich politisch tätig.Von 1914 bis 1919 war er Schriftleiter der Leipziger Volkszeitung und trat dann zur KPD.über.

Schumann hatte auch als Mitglied der KPD.wichtige Funktionen inne.Er war 1919/23 sowie 1926/1928 Bezirkssekretär in Leipzig,Halle und widerum in Leipzig,arbeitete zeitweise als Schriftleiter beim"Volksblatt"in Halle und gehörte 1923/25 als Kassierer dem Zentralkomitee der KPD. in Berlin an.Nach vorübergehender Tätigkeit als Schriftleiter der"Welt am Abend"wurde er im Herbst 1925 zur Beschäftigung bei der Gewerkschafts-Internationale nach Moskau abgeordnet,kehrte im Frühjahr 1926 nach Deutschland zurück und war von 1928 bis 1933 Abgeordneter der KPD.im Reichstag,wo er unter anderem Vorsitzer des Wohnungsausschußes und Mitglied des Strafrechtsausschußes war.

Nach der Machtübernahme durch die NSDAP.verbüßte Schumann die gegen ihn im Jahre 1934 wegen illegaler kommunistischer Betätigung vom Volksgerichtshof erkannte Strafe von 3 Jahren Zuchthaus und befand sich dann bis zum Sommer 1939 in Konzentrationslagern.Nach seiner Freilassung arbeitete er wieder in seinem Beruf als Werkzeugschlosser.

1 H 219/44
8 J 177/44g

IM NAMEN DES DEUTSCHEN VOLKES !

In der Strafsache gegen

1.) den Schlosser Erwin N ö l d n e r aus Berlin, geboren am 29. April 1913 daselbst,

2.) den kaufmännischen Angestellten Bernhard A l m s t a d t aus Groß-Schönau (Sachsen), geboren am 23.August 1897 in Hannover,

3.) die Ehefrau Gertrud T e m l i t z geb.Wittnebe aus Schönow bei Bernau, geboren am 23.Januar 1909 in Magdeburg,

4.) den Optiker Arthur Kurt Paul W e i s b r o d t aus Berlin, geboren am 23.Oktober 1909 daselbst,

sämtlich zur Zeit in dieser Sache in gerichtlicher Untersuchungshaft,

wegen Vorbereitung zum Hochverrat, u.a.

hat der Volksgerichtshof, 1.Senat, auf die am 2.September 1944 eingegangene Anklage des Herrn Oberreichsanwalts in der Hauptverhandlung vom 19.September 1944, an welcher teilgenommen haben

als Richter:

Landgerichtsdirektor Stier, Vorsitzer,
Landgerichtsdirektor Dr.Schlemann,
SA-Oberführer Müller,
Ortsgruppenleiter Winter,
Hauptbannführer Kleeberg,

als Vertreter des Oberreichsanwalts:

Erster Staatsanwalt Ranke,

für Recht erkannt:

Die Angeklagten Erwin N ö l d n e r, Bernhard A l m s t a d t und Arthur W e i s b r o d t, drei alte einschlägig vorbestrafte Kommunisten, haben im fünften Kriegsjahr sich erneut aktiv kommunistisch betätigt und dadurch dem Kriegsfeind geholfen. Sie werden deshalb zum T o d e verurteilt und sind für immer ehrlos.

Die Angeklagte Gertrud T e m l i t z hat kommunistischen Funktionären bei ihrer hochverräterischen und feindbegünstigenden Arbeit geholfen. Hierfür erhält sie 6 - sechs - Jahre Zuchthaus und verliert die Ehrenrechte auf die Dauer von 6 Jahren.

Auf die Strafe wird ihr die Haft voll angerechnet.

Abschr.

10 J 215/41
2 H 130/42

Jm Namen des Deutschen Volkes

In der Strafsache gegen

1.) den Bäckergesellen Hans Joachim G ü n t h e r aus Berlin-Schöneberg, geboren am 12. Januar 1921 in Berlin,

2.) den Arbeiter Wolfgang Israel P a n d e r aus Berlin, geboren am 12. April 1917 in Berlin, Jude,

3.) den Dreher Bernhard Karl Ludwig S i k o r s k i aus Berlin-Neukölln, geboren am 5. Mai 1921 in Berlin,

4.) den Büroangestellten Emmerich Robert Kurt S c h a p e r aus Berlin, geboren am 4. August 1920 in Berlin,

5.) den Musikerzieher Alfred Ernst S c h m i d t aus Berlin, geboren am 26. März 1895 in Schlegel bei Zittau,

6.) die Stenotypistin Dagmar Maria P e t e r s e n aus Berlin-Wilmersdorf, geboren am 10. September 1920 in Berlin,

sämtlich zur Zeit in dieser Sache in gerichtlicher Untersuchungshaft,

wegen Vorbereitung zum Hochverrat u.a.

hat der Volksgerichtshof, 2. Senat, auf Grund der Hauptverhandlung vom 9. Oktober 1942, an welcher teilgenommen haben

als Richter :

Volksgerichtsrat Hartmann, Vorsitzer,
Kammergerichtsrat Diescher,
SS-Gruppenführer Petri,
Oberbereichsleiter Bodinus,
Gauamtsleiter Fischer,

als Vertreter der Oberreichsanwalts :

Staatsanwalt Dr. Bruchhaus,

als Urkundsbeamter der Geschäftsstelle:

Justizassistent Becker ,

für Recht erkannt :

Die Angeklagten Günther, Pander, Sikorski, Schaper und Schmidt werden wegen Vorbereitung zum Hochverrat, von Günther begangen in Tateinheit mit landesverräterischer Feindbegünstigung,

zum T o d e

und zum dauernden Verlust der bürgerlichen Ehrenrechte verurteilt.

Die Angeklagte Petersen wird wegen Beihilfe zur Vorbereitung zum Hochverrat zu 7 - sieben - Jahren Zuchthaus unter Anrechnung von 14 Monaten der erlittenen Untersuchungshaft und zu 7 Jahren Ehrverlust verurteilt.

Die beschlagnahmten zwei Abziehapparate (Wert 25 RM) und das Rundfunkgerät des Angeklagten Günther (Wert 100 RM) werden eingezogen.

Die Angeklagten haben die Kosten des Verfahrens zu tragen.

Von Rechts wegen.

7 J 339/42
6 H 3/42

Jm Namen des Deutschen Volkes

In der Strafsache gegen
die Näherin Rosa H o f m a n n aus Salzburg-Maxglan, geboren am 27.Mai 1919 in Wilhering, Bezirk Linz,
zur Zeit in dieser Sache in gerichtlicher Untersuchungshaft,
wegen Vorbereitung zum Hochverrat,
hat der Volksgerichtshof, 6. Senat, auf Grund der Hauptverhandlung vom 15. Dezember 1942, an welcher teilgenommen haben
als Richter:
Volksgerichtsrat Hartmann, Vorsitzer,
Landgerichtsdirektor Dr.Lorenz,
SA-Brigadeführer Hauer,
SA-Obergruppenführer Heß,
Kreisleiter Reinecke,
als Vertreter des Oberreichsanwalts:
Landgerichtsrat D ö l z,
als Urkundsbeamter der Geschäftsstelle:
Justizsekretär Schreiber,
für Recht erkannt:

Die Angeklagte wird wegen Zersetzung der Wehrkraft des deutschen Volkes in Verbindung mit landesverräterischer Begünstigung des Feindes und Vorbereitung zum Hochverrat zum T o d e und zum Verlust der bürgerlichen Ehrenrechte auf Lebenszeit verurteilt.

Die Angeklagte trägt die Kosten des Verfahrens.

Von Rechts wegen.

Der Oberreichsanwalt
beim Volksgerichtshof.

Berlin-Plötzensee, den 9. März 1943.
(Richtstätte des Strafgefängnisses)

7 J 339 /42

Vollstreckung des Todesurteils
gegen
Rosa H o f m a n n

Gegenwärtig:
als Vollstreckungsleiter:
Landgerichtsrat Dr. H a g e r.
als Beamter der Geschäftsstelle:
Justizangestellter K a r p e

Um 18^{30} Uhr wurde die Verurteilte, die Hände auf dem Rücken gefesselt, durch zwei Gefängnisbeamte vorgeführt. Der Scharfrichter R ö t t g e r aus B e r l i n stand mit seinen drei Gehilfen bereit.

Anwesend war ferner:
der Gefängnisbeamte: Verwaltungsinspektor S t a r k.

Nach Feststellung der Personengleichheit der Vorgeführten mit der Verurteilten beauftragte der Vollstreckungsleiter den Scharfrichter mit der Vollstreckung. Die Verurteilte, die ruhig und gefaßt war, ließ sich ohne Widerstreben auf das Fallbeilgerät legen, worauf der Scharfrichter die Enthauptung mit dem Fallbeil ausführte und sodann meldete, daß das Urteil vollstreckt sei.

Die Vollstreckung dauerte von der Vorführung bis zur Vollzugsmeldung 18 Sekunden.

Dr. Hager

Karpe

Fernmündliche Benachrichtigung der Geschäftsstelle erfolgt.

Der Oberreichsanwalt
beim Volksgerichtshof.

Berlin, den 9. März 1943
(Strafgefängnis Plötzensee Haus II)

7 J 339/42

Verkündung der bevorstehenden Vollstreckung
des Todesurteils gegen:

Rosa H o f m a n n

Gegenwärtig:
als Vollstreckungsleiter:

Landgerichtsrat Dr. H a g e r

als Beamter der Geschäftsstelle:

Justizangestellter K a r p e

In Anwesenheit
a) des Gefängnisbeamten Verwaltungsinspektor S t a r k,
b) des Anstaltsarztes Reg.Med.Rat Dr. S c h m i d t,
c) ~~des Anstaltsgeistlichen~~
d)

eröffnete der Vollstreckungsleiter ~~dem~~ der Verurteilten um 13^{00} Uhr den Erlaß des Reichsministers der Justiz, daß von dem Gnadenrecht kein Gebrauch gemacht worden sei, und teilte ~~ihm~~ ihr ferner mit, daß das Urteil heute um 18^{30} Uhr vollstreckt werden werde.

Die Der Verurteilte verhielt sich während der Verkündung ruhig und gefaßt.

Dr. Hager

Karpe

Begl. Abschrift.

2 H 213 / 44

8 J 194 / 44

J m N a m e n

d e s D e u t s c h e n V o l k e s

Jn der Strafsache gegen

den Hilfsarbeiter Alexis Q u e r aus Oberhausen, geboren am 23. Mai 1921 in Gavres, Departement Morbihan, Frankreich, ledig, französischen Staatsangehörigen,

zur Zeit in dieser Sache in gerichtlicher Untersuchungshaft,

wegen Vorbereitung zum Hochverrat usw.

hat der Volksgerichtshof, 2.Senat,auf Grund der Hauptverhandlung vom 6. Februar 1945, an welcher teilgenommen haben

als Richter :

Volksgerichtsrat Dr. Koehler, Vorsitzer,
Oberlandesgerichtsrat Dr. Großpietsch,
NSKK-Brigadeführer Heinsius,
NSKK-Obergruppenführer Offermann,
Generalleutnant Cabanis,

als Vertreter des Oberreichsanwalts :

Staatsanwalt Dr. Höher,

für Recht erkannt :

Der Angeklagte, der als Franzose in Deutschland zur Arbeit eingesetzt war, hat in einem Arbeitslager unter Landsleuten kommunistische Mundpropaganda getrieben. Er wird deshalb wegen Vorbereitung zum Hochverrat und Feindbegünstigung zu sieben Jahren Zuchthaus verurteilt.

Auf die erkannte Strafe werden ihm sechs Monate der erlittenen Untersuchungshaft angerechnet.

Er trägt die Kosten des Verfahrens.

Die Richtigkeit der vorstehenden Abschrift wird beglaubigt und die Vollstreckbarkeit des Urteils bescheinigt.

Potsdam, den 6. Februar 1945.
gez. Jahnke, Amtsrat
als Urkundsbeamter der Geschäftsstelle.

Geschäftsstelle des Volksgerichtshofs

Beglaubigt :

Justizobersekretär

als Urkundsbeamter der Geschäftsstelle.

8 J 132/43g
6 H 185/43

Im Namen des Deutschen
Volkes !

In der Strafsache gegen
den Reichsbahninspektor Nikolaus S c h w a r z aus Bruck an der Glocknerstraße, zuletzt in Parsch bei Salzburg wohnhaft gewesen, geboren am 28.Februar 1898 in Fließ, Bez.Landeck (Tirol) , zurzeit in dieser Sache in gerichtlicher Untersuchungshaft,
wegen Begünstigung des Feindes in Verbindung mit Vorbereitung zum Hochverrat
hat der Volksgerichtshof, 6.Senat, auf Grund der Hauptverhandlung vom 3.Dezember 1943, an welcher teilgenommen haben

als Richter:
Kammergerichtsrat Granzow, Vorsitzer,
Landgerichtsdirektor Dr.Lorenz,
SA-Gruppenführer und Generalmajor Haas,
General der Flakartillerie Haubold,
Generalleutnant der Luftwaffe Cabanis,
als Vertreter des Oberreichsanwalts:
Staatsanwalt Dr.Alter,

für Recht erkannt:

Der Angeklagte Nikolaus Schwarz hat im April 1943 einen staatsfeindlichen Aufruf verfaßt und diesen in die Hände französischer Kriegsgefangener gelangen lassen.

Er wird deshalb wegen landesverräterischer Begünstigung des Feindes

zum T o d e

und zu lebenslangem Ehrverlust verurteilt.

Der Angeklagte trägt die Kosten des Verfahrens.

Begl. Abschrift
J 118/42
H 46/43

7. April 1943
Reichs-Justiz-Min.
- 5. APR. 1943
Abt. ... Gft.

9

Jm Namen des Deutschen Volkes

In der Strafsache gegen

1.) den Landarbeiter Franz K n o p k i e w i c z , geboren am 1. Dezember 1922 in Deutscheck, (Reichsgau Wartheland),

2.) den Landarbeiter Jan H e b d a, geboren am 3. Dezember 1911 in Dobczyce (Generalgouvernement),

3.) den Landarbeiter Leon Josef K r o t o f i l , unrichtig Josef Brodzinski, geboren am 31. Mai 1920 in Deutscheck,

sämtlich aus Erzingen (Baden), Polen,
zur Zeit in dieser Sache in gerichtlicher Untersuchungshaft,

wegen Vorbereitung zum Hochverrat u.a.

hat der Volksgerichtshof, 1. Senat, auf Grund der Hauptverhandlung vom 25. März 1943, an welcher teilgenommen haben

als Richter:

Oberlandesgerichtsrat Dr. Koehler, Vorsitzer,
Landgerichtsdirektor Storbeck,
Oberstudienrat Ratsherr Heinlein,
SA-Brigadeführer Hohm,
Generalmajor von Hößlin,

als Vertreter des Oberreichsanwalts:

Staatsanwalt Dr. Bruchhaus,

für Recht erkannt:

Der Angeklagte H e b d a hat sich im Mai 1942 vom Reich in die Schweiz begeben, um in die polnische Legion einzutreten und mit der Legion für die Wiederherstellung eines selbstständigen polnischen Staats gegen das Reich zu kämpfen.

Der Angeklagte K n o p k i e w i c z hat H e b d a auf dessen Veranlassung begleitet, um sich Arbeit zu suchen und notfalls ebenfalls in der polnischen Legion gegen das Reich zu kämpfen.

Der Angeklagte Leon K r o t o f i l hat mit dem Angeklagten H e b d a den Eintritt in die polnische Legion verabredet, hat sein Vorhaben aber nicht ausführen können.

Es werden daher verurteilt

H a b d a

zum T o d e,

K n o p k i e w i c z zu 8 Jahren Straflager und

Leon K r o t o f i l zu 6 Jahren Straflager.

Die Richtigkeit der vorstehenden Abschrift wird beglaubigt und die Vollstreckbarkeit des Urteils bescheinig

Berlin, am 29. März 1943

Thiele, Amtsrat

als leit. Urkundsbeamter d. Geschäftsstelle.

Beglaubigt:

Sekretär

als Urkundsbeamter der Geschäftsstelle.

Abschrift

3 L 115/44
9 J 5/44

IM NAMEN DES DEUTSCHEN VOLKES

In der Strafsache gegen

den Kaufmann Pieter Thomas V a d e r aus Kiel, geboren am 8. Januar 1900 in den Haag, holländischen Staatsangehörigen, zur Zeit in dieser Sache in gerichtlicher Untersuchungshaft,

wegen Wehrkraftzersetzung

hat der Volksgerichtshof, 3. Senat, auf Grund der Hauptverhandlung vom 4. April 1944, an welcher teilgenommen haben

als Richter:

Volksgerichtsrat Lämmle, Vorsitzer,
Landgerichtsdirektor Duve,
Generalleutnant der Waffen-SS Petri,
Gauhauptamtsleiter Hartung,
Regierungsdirektor Offermann,

als Vertreter des Oberreichsanwalts:

Erster Staatsanwalt Friedrich,

für Recht erkannt:

Der Angeklagte Pieter Faver*, ein niederländischer Staatsangehöriger, hat im Herbst 1943 zu Kiel in einem Gemeinschaftslager unter seinen Landsleuten kommunistische Propaganda getrieben, herabsetzende Äußerungen über die Person des Führers gemacht und zwei seiner Landsleute, die sich freiwillig zur Waffen-SS gemeldet hatten, zu zersetzen versucht.

Er wird deshalb wegen Vorbereitung zum Hochverrat, Feindbegünstigung und Wehrkraftzersetzung

zum Tode

verurteilt.

* Abweichende Namensschreibweise so im Original.

Begl. Abschrift

9 J 108/ 42g
1 H 299/ 42.

- 2 MRZ 1943

8

Jm Namen des Deutschen Volkes

Jn der Strafsache gegen
den Metalldreher Václav J a r a aus Dubnica (Slowakei),
geboren am 31. Dezember 1912 in Pilsen,
Protektoratsangehörigen, zur Zeit in dieser Sache in gerichtlicher Untersuchungshaft,
wegen Vorbereitung zum Hochverrat u.a.
hat der Volksgerichtshof, 1. Senat, auf Grund der Hauptverhandlung vom 18. Februar 1943, an welcher teilgenommen haben

als Richter:

Oberlandesgerichtsrat Dr. Koehler, Vorsitzer,
Landgerichtsrat Dr. Schreitmüller,
Obergeneralarbeitsführer Dortschy,
Oberstudienrat Ratsherr Heinlein,
Kreisleiter Skoda,

als Vertreter des Oberreichsanwalts:

Amtsgerichtsrat Dr. Pilz,

für Recht erkannt:

Der Angeklagte hat im November 1941 in der Slowakei seine Arbeitsstelle in einem deutschen Rüstungsbetrieb unerlaubt verlassen, um seine Arbeitskraft der Sowjet-Union zur Verfügung zu stellen und dadurch zur Errichtung eines neuen tschechoslowakischen Staates beizutragen.

Er wird deshalb wegen Vorbereitung zum Hochverrat und landesverräterischer Feindbegünstigung zum

T o d e

und zum dauernden Verlust der bürgerlichen Ehrenrechte verurteilt.

Er hat die Kosten des Verfahrens zu tragen.

Die Richtigkeit der vorstehenden Abschrift wird beglaubigt und die Vollstreckbarkeit des Urteils bescheinigt.

Berlin, den 22. Februar 1943.
Thiele, Amtsrat
als leitender Urkundsbeamter der Geschäftsstelle.

Beglaubigt:

Sonnenstein, Sekretär
als Urkundsbeamter der Geschäftsstelle.

eglaubigte Abschrift.
7 J 295/43
5 H 95/43

Im Namen Des Deutschen Volkes

In der Strafsache gegen
die Apothekenhelferin Maria S i p geb.Abfalter aus Wien,
geboren am 25.März 1903 in Almosen Bezirk Zwettl,
wegen Vorbereitung zum Hochverrat und Feindbegünstigung
hat der Volksgerichtshof, 5.Senat, in der Sitzung vom
7.Februar 1944, an welcher teilgenommen haben:

als Richter:

Senatspräsident Dr.Albrecht, Vorsitzer,
Landgerichtsrat Dr.Zmeck,
SA-Gruppenführer Haas,
NSKK-Obergruppenführer Seydel,
Admiral a.D. von Nordeck,

als Vertreter des Oberreichsanwalts:

Landgerichtsdirektor Dr.Lenhardt,

für Recht erkannt:

Die Angeklagte S i p hat in den Jahren 1940 bis Juli 1942 den marxistischen Hochverrat organisatorisch und agitatorisch vorbereitet und dadurch zugleich der Kriegsmacht des Reiches einen Nachteil zugefügt. Sie wird deshalb

z u m T o d e

und zum Ehrenrechtsverlust auf Lebenszeit verurteilt.

Auch hat sie die Kosten des Verfahrens zu tragen.

Die Richtigkeit der vorstehenden Abschrift wird beglaubigt und die Vollstreckbarkeit des Urteils bescheinigt.

Potsdam, den 12.Februar 1944

Schröder-Frey ,Amtsrat,
als Urkundsbeamter der Geschäftsstelle.

Abschrift.
7 J 440/42
1 H 250/42

Jm Namen des Deutschen Volkes

In der Strafsache gegen

1.) den Salinenarbeiter Josef K a s b e r g e r aus Ebensee, geboren am 16. Juni 1894 in Ebensee, Verw.Bez. Gmunden (Oberdonau),

2.) den Holzarbeiter Josef K e f e r aus Bad Ischl, geboren am 8. April 1911, ebenda,

3.) die Ehefrau Maria K a s b e r g e r geb. Derfler aus Ebensee, geboren am 28. März 1897 in Neukirchen, Verw.Bez. Gmunden (Oberdonau),

sämtlich zur Zeit in dieser Sache in gerichtlicher Untersuchungshaft,

wegen Vorbereitung zum Hochverrat,
hat der Volksgerichtshof, 1. Senat, auf Grund der Hauptverhandlung vom 2. März 1943, an welcher teilgenommen haben

als Richter:
Volksgerichtsrat Lämmle, Vorsitzer,
Oberlandesgerichtsrat Dr. Illner,
SA-Gruppenführer Haas,
SS-Brigadeführer Bolek,
SA-Brigadeführer Rappell,

als Vertreter des Oberreichsanwalts:
Erster Staatsanwalt Friedrich,

für Recht erkannt:

Die Angeklagten Josef K a s b e r g e r und K e f e r haben im März 1941 nach der Verhaftung von Kommunisten im Salzkammergut zwecks Unterstützung der Angehörigen dieser Kommunisten Verbindung mit einem kommunistischen Funktionär aus Salzburg aufgenommen und auf diese Weise den kommunistischen Hochverrat vorbereitet. K a s b e r g e r hat auch einige Beiträge für Rote Hilfszwecke gegeben.

Der Angeklagte Josef K a s b e r g e r wird daher mit zehn Jahren Zuchthaus und zehn Jahren Ehrverlust, der Angeklagte K e f e r mit fünf Jahren Zuchthaus und fünf Jahren Ehrverlust bestraft.

Die Untersuchungshaft wird ihnen in vollem Umfange auf die Strafe angerechnet.

Die Angeklagte Maria K a s b e r g e r wird freigesprochen.

egl. Abschrift
2 J 75/43 g
H 165/43

Reichs-Justiz-Min.
24. JUL. 1943

9

Jm Namen des Deutschen Volkes

In der Strafsache gegen
den Eisenbahnangestellten und Gastwirt Josef J e l e n aus Bohuslawitz Nr. 334, Verwaltungsbezirk Nachod, geboren am 19. September 1896 zu Bohuslawitz, Protektoratsangehörigen, zur Zeit in dieser Sache in gerichtlicher Untersuchungshaft,

wegen Vorbereitung zum Hochverrat u.a.

hat der Volksgerichtshof, 1. Senat, auf Grund der Hauptverhandlung vom 15. Juli 1943, an welcher teilgenommen haben

als Richter:

Oberlandesgerichtsrat Dr. Illner, Vorsitzer,
Landgerichtsdirektor Dr. Schlemann,
Generalmajor der Landespolizei a.D. Meißner,
Ratsherr Heinlein,
Vizeadmiral von Heimburg,

als Vertreter des Oberreichsanwalts:

Erster Staatsanwalt Nöbel,

für Recht erkannt:

Der Angeklagte Josef Jelen hat seine Gastwirtschaft im Kriege zu einer feindlichen Propagandazentrale gemacht, indem er wiederholt vor seinen Gästen den Londoner Hetzsender zu Gehör gebracht hat.

Weil er hierdurch den tschechischen Hochverrat vorbereitet und den Feind des Reichs begünstigt hat wird er zum

T o d e

verurteilt.

Die bürgerlichen Ehrenrechte hat er für immer verwirkt.

Die Richtigkeit der vorstehenden Abschrift wird beglaubigt und die Vollstreckbarkeit des Urteils bescheinigt.

Berlin, den 16. Juli 1943
gez. Till , Justizinspektor
als Urkundsbeamter der Geschäftsstelle

Beglaubigt:
[signature], Sekretär
als Urkundsbeamter der Geschäftsstelle.

Begl. Abschrift.

1 J 42 / 43 g

2 L 43 / 43.

Jm Namen des Deutschen Volkes

Reichs-Justiz-Min.
20. MAI 1943

Jn der Strafsache gegen

den Rektor Joseph Martin Hubert P e t e r s aus Malmedy, geboren am 12. Juni 1894 in Verviers (Belgien)

zur Zeit in dieser Sache in gerichtlicher Untersuchungshaft,

wegen Feindbegünstigung u.a.

hat der Volksgerichtshof, 2. Senat, auf Grund der Hauptverhandlung vom 4. Mai 1943, an welcher teilgenommen haben

als Richter :

Vizepräsident des Volksgerichtshofs Dr. Crohne,

Vorsitzer,

Landgerichtsdirektor Preußner,

Obergeneralarbeitsführer Dortschy,

NSKK-Brigadeführer Hoffmann,

SS-Brigadeführer Heider,

als Vertreter des Oberreichsanwalts :

Erster Staatsanwalt Dr. Heugel,

für Recht erkannt :

Der Angeklagte hat in der Zeit vom November 1941 bis zum September 1942 in Malmedy in zahlreichen Fällen es unternommen, junge Deutsche durch Überredung der Erfüllung des Wehrdienstes zu entziehen und dadurch zugleich während eines Krieges gegen das Reich der Kriegsmacht des Reiches Nachteile zuzufügen und der feindlichen Macht Vorschub zu leisten.

Er wird deshalb wegen Zersetzung der Wehrkraft in Verbindung mit landesverräterischer Feindbegünstigung zum T o d e verurteilt.

Die ihm zustehenden bürgerlichen Ehrenrechte werden ihm auf Lebenszeit aberkannt.

Der Angeklagte trägt die Kosten des Verfahrens.

Von Rechts wegen.

Abschrift.
1 L 453/44
5 J 1468/44

35

IM NAMEN DES DEUTSCHEN VOLKES !

In der Strafsache gegen
den Karmeliterpater Franz H e y d e r vom Karmeliterkloster Mariahilfsberg (Bayern), geboren am 30.November 1904 in Lorenzen,
zur Zeit in dieser Sache in Haft,
wegen Wehrkraftzersetzung,
hat der Volksgerichtshof, 1.Senat, auf die am 15.November 1944 eingegangene Anklage des Herrn Oberreichsanwalts in der Hauptverhandlung vom 20.Dezember 1944, an welcher teilgenommen haben
als Richter:
Volksgerichtsrat Dr.Illner, Vorsitzer,
Kammergerichtsrat Rehse,
SA-Brigadeführer Hohm,
Vizeadmiral z.V. von Heimburg,
Kammervorsitzender des Gaugerichts
Ostpreußen der NSDAP Koelling,
als Vertreter des Oberreichsanwalts:
Amtsgerichtsrat Rathmayer,
für Recht erkannt:

Franz Heyder hat im Sommer 1944 als katholischer Priester von der Kanzel herab schwerste Vorwürfe gegen unsere nationalsozialistische Führung erhoben und die feindlichen Terrorangriffe auf deutsche Städte als eine gerechte Strafe Gottes bezeichnet.

Als Zersetzungspropagandist unserer Feinde ist er für immer ehrlos. Er wird mit dem T o d e bestraft.

G r ü n d e.

In einer Predigt, die der Angeklagte am 16.Juli 1944 vor einer versammelten Gemeinde im Rahmen des Gottesdienstes hielt, führte er u.a. aus, in wenigen Minuten würden heute Großstädte, auch unsere deutschen, zerstört. Das sei eine Strafe Gottes, denn die Sünden der Städte ragten wie Berge in den Himmel. Was bisher an Zerstörungen angerichtet worden sei, stelle jedoch nur einen Teil der Strafe dar. Wir - das deutsche Volk - müßten noch härtere Strafen erleiden, bis wir wieder zu Christus zurückfänden. Was wir jetzt erdulden müßten, sei auch eine Strafe dafür, daß in unserem Nationalsozialistischen Reiche die katholische Kirche aus dem öffentlichen Leben verdrängt worden sei. Die sogenannten Wohltäter der Menschheit hätten das deutsche Volk in einen blutigen Krieg gestürzt, weil sie die Warnungen der Kirche überhört hätten. Dafür würden wir jetzt bestraft.

Diesen Inhalt seiner Predigt räumt der Angeklagte ein. Er gibt auch unumwunden zu, daß er als katholischer Priester den Nationalsozialismus als Weltanschauung ablehne, und erklärt, über den Nationalsozialismus in seiner politischen Betätigung und Auswirkung wolle er sich kein Urteil erlauben. Er stehe jedoch "als Vertreter der Wahrheit der katholischen Kirche" auf dem Standpunkt, daß das Bekenntnis des deutschen Volkes zum Nationalsozialismus als Weltanschauung den größten Irrweg seines bisherigen geschichtlichen Daseins bedeute. Nur im Katholizismus werde unser Volk glücklich werden. Deshalb habe er - Heyder - den Nationalsozialismus bekämpft und werde das auch weiterhin tun.

Nach den getroffenen tatsächlichen Feststellungen und im Hinblick auf diese eigenen zusätzlichen Erklärungen des Angeklagten in der Hauptverhandlung erübrigt sich jedes weitere Wort für die Begründung der Feststellung, daß der geschilderte Inhalt der Predigt des Angeklagten bestimmt und geeignet war, den Glauben an die Gerechtigkeit unserer Sache zu nehmen, unsere Einsatzbereitschaft für den Sieg zu untergraben und damit unsere Wehrkraft zu zersetzen (§ 5 Absatz 1 Ziffer 1 KSSVO), denn in völlig unzweideutiger Weise hat der Angeklagte in breitester Öffentlichkeit schwerste Vorwürfe gegen unsere Führung erhoben, ihr sogar die Schuld an den Blutopfern dieses Krieges aufgebürdet und die feindlichen Terrorangriffe auf deutsche Städte als Strafe Gottes zu rechtfertigen versucht.

sucht. Wer so redet, kann nicht Anspruch darauf erheben, mit der Behauptung gehört zu werden, er habe eine Zersetzung weder gewollt noch auch nur in Rechnung gestellt. Die in der Hauptverhandlung klar zu Tage getretene Intelligenz des Angeklagten läßt für den Senat keinen Zweifel daran zu, daß Heyder aus seiner feindlichen Einstellung gegen den Nationalsozialismus die Zersetzung unserer Wehrkraft, wie schon angedeutet, gewollt und sich deshalb auch bewußt zum Kriegshelfer unserer Feinde (§ 91b StGB) gemacht hat.

Zur Strafzumessung bedarf es nur weniger Worte. Der Angeklagte hat vor seiner versammelten Gemeinde unter Mißbrauch seines Amtes als katholischer Priester von der Kanzel herab in denkbar schwerster Form und vor der Öffentlichkeit in zersetzender Absicht gegen unsere Führung und die uns arteigene nationalsozialistische Weltanschauung Stellung genommen, dabei die feindlichen Terrorangriffe auf unsere Städte als eine gerechte Strafe Gottes hingestellt und damit im 5.Kriegsjahr und in einer Zeit schwerster militärischer und politischer Belastungsproben das getan, was unsere Feinde wünschen, nämlich Zweifel ausgestreut und Mißtrauen gesät. Für eine solche unter Mißbrauch des seelsorgerlichen Amtes begangene Tat, die entgegen der Behauptung des Angeklagten denkbar weitreichende Folgen nach sich ziehen konnte, kann es um unseres Sieges willen nur eine Strafe geben, die Todesstrafe, auf die der Senat gegen den für immer ehrlosen Angeklagten erkannt hat.

Als Verurteilter hat Heyder auch die Kosten des Verfahrens zu tragen.

gez.: Dr.Illner Rehse.

Ausgefertigt:
Berlin, den 29.12.1944
[Unterschrift]
Amtsrat
als Urkundsbeamter der Geschäftsstelle

Abschrift.

BS.75.44
3 J 934.44

Im Namen des Deutschen Volkes!

In der Strafsache gegen

den Kraftfahrer Paul Johannzen aus Wiesbaden, geboren am 2. Juni 1902 in Köln a.Rhein,
zur Zeit in dieser Sache in gerichtlicher Untersuchungshaft,
wegen Wehrkraftzersetzung,
hat der Volksgerichtshof, Bes.Senat, auf Grund der Hauptverhandlung vom 28. November 1944, an welcher teilgenommen haben

als Richter:

Präsident des Volksgerichtshofs Dr. Freisler, Vorsitzer,
Volksgerichtsrat Dr. Greulich,
SS-Brigadeführer Oberst a.D. Goetze,
NSKK-Obergruppenführer Regierungsdirektor Offermann,
Reichshauptamtsleiter Giese,

als Vertreter des Oberreichsanwalts:

Erster Staatsanwalt Nöbel

für Recht erkannt:

Paul Johannzen, alter R-G-O-Mann, hat Jahre lang Feindfunk gehört und im Betrieb die Feindnachrichten systematisch verbreitet.

Als für immer ehrloser Zersetzungspropagandist unserer Kriegsfeinde wird er dafür mit dem Tode bestraft.

G r ü n d e :

Paul J o h a n n z e n kaufte sich im Spätherbst 1940 einen Radioapparat. Von da ab bis zum Frühjahr 1943 hörte er mit ihm wöchentlich ein- bis zweimal (es mag auch ab und zu ein längerer Zwischenraum gewesen sein) den Londoner Feindfunk. Wie er sagt, weniger häufig aber dennoch mehrmals hörte er auch den Moskau-Sender und den sogenannten Freiheitssender ab und ebenso hörte er im Sender Beromünster des öfteren die dort wiedergegebenen feindlichen Heeresberichte.

Das was er dort hörte, besprach er mit seinen Arbeitskameraden Fritz Reinhardt und Karl Wiedenmeyer. Sie gingen dabei von dem Gedanken aus, daß der Krieg verloren sei und waren sich darin einig, daß der Nationalsozialismus vernichtet werden müsse. Wiedenmeyer war übrigens ebenso wie Johannzen bei der Machtergreifung wegen seiner politischen Einstellung eine Zeit lang aus dem Betriebe entfernt worden. Man sagt also nicht zu viel, wenn man diese Feindfunkhörgemeinschaft als eine kommunistische Dreierzelle in den Wiesbadener Verkehrsbetrieben kennzeichnet. Außerdem erzählte Johannzen die abgehörten Feindnachrichten einem anderen Bekannten namens Schlosser.

Johannzen hat das alles wie schon früher so auch eben wieder vor uns eingestanden. Und wir haben nicht den geringsten Zweifel, daß er mit diesem seinem Geständnis sich nicht über Gebühr zu Unrecht belastet; sondern daß das, was er zugibt, der Mindestgehalt seiner Schuld ist.

Johannzen ist eben geblieben, was er früher war: der Kommunist, der er vor 1933 in den Wiesbadener Verkehrswerken als RGO-Mann gewesen ist. Nichts hat ihn geändert. Weder die zweimalige Schutzhaft im Jahre 1933 noch die Großzügigkeit ihm gegenüber, die darin bestand, daß er lediglich einmal zehn und einmal vier Tage in Schutzhaft bleiben mußte; noch die Strafe von 6 Monaten Gefängnis, die gegen ihn im Jahre 1934 verhängt werden mußte, weil er die SA und SS beschimpft hat; noch die Tatsache, daß er, wie er sich ausdrückt, "im Betriebe sich das Maul verbrannte" und deshalb vom Betriebsleiter mündlich und schriftlich verwarnt wurde; noch ferner die Tatsache, daß er keinerlei Grund hat, zu klagen, verdient er doch 50 Mk wöchentlich und außerdem seine Frau 300 Mk monatlich.

Wenn er, der all das zugibt, jetzt sagt, er bereue seine Tat, so fällt es sehr schwer, an die Echtheit dieser Reueerklärungen zu glauben. Im übrigen: selbst wenn er jetzt reuig wäre, diese Reue ist zu spät. Denn wer so systematisch wie er jahrelang sich nicht nur selbst feinfhörig vergiftet, sondern dieses Gift in seinem Arbeitsbetrieb und außerhalb desselben weiterverbreitet, der hat sich damit zum Zersetzungspropagandisten unserer Kriegsfeinde gemacht (§ 91 b StGB); der ist also ehrlos geworden; und wer so etwas tut, weiß das auch, vor allem wenn er als einstiger RGO-Mann kommunistisch geschult ist. Wer aber solch ein Verräter wird, hat seine Ehre damit selbst völlig vernichtet. Ihn müssen wir zum Tode verurteilen, damit wir unsere kämpfende Front wie überhaupt unser kämpfendes Volk gegen die Zersetzung schützen, auf die unsere Kriegsfeinde in Erinnerung an den Weltkrieg hoffen.

.-.-.-.-.-.

Weil Paul Johannzen verurteilt ist, muß er auch die Kosten tragen.

gez. Dr. Freisler gez. Dr. Greulich.

Begl.Abschrift:

3 L 312.44
5 J 735.44

Im Namen des Deutschen Volkes!

In der Strafsache gegen

den Reichsbahnarbeiter Franz D ü r a u e r aus Waidhofen an der Ybbs (Kreis Amstetten), geboren am 23. Mai 1902 in Wien, - zur Zeit in dieser Sache in gerichtlicher Untersuchungshaft,

wegen Wehrkraftzersetzung

hat der Volksgerichtshof, 3. Senat, auf Grund der Hauptverhandlung vom 24. August 1944, an welcher teilgenommen haben

als Richter :

Kammergerichtsrat Dr. Makart, Vorsitzer,
Kammergerichtsrat Köhler,
SA-Gruppenführer Haas,
SS-Standartenführer Koch,
SA-Brigadeführer Rappell,

als Vertreter des Oberreichsanwalts:

Erster Staatsanwalt Jaager,

für Recht erkannt:

Der Angeklagte Franz Dürauer hat sich im Februar 1944 in einer Gastwirtschaft wiederholt und zwar auch gegenüber einem Kriegsteilnehmer defaitistisch geäussert, insbesondere erklärt: " Ihr seid ja blöd, dass Ihr noch einrückt, der Krieg ist für die Kommunisten gewonnen."

Er wird daher wegen Wehrkraftzersetzung

zum T o d e

und Ehrverlust auf Lebenszeit verurteilt.

- - - - -

Die Richtigkeit der vorstehenden Abschrift wird beglaubigt und die Vollstreckbarkeit des Urteils bescheinigt.
Berlin, den 28. August 1944
gez. Kaestner, Regierungsinspektor
als Urkundsbeamter der Geschäftsstelle
Beglaubigt:
Justizobersekretär
als Urkundsbeamter der Geschäftsstelle

Abschrift.
1 L 364/44
5 J 1465/44

IM NAMEN DES DEUTSCHEN VOLKES !

In der Strafsache gegen
die Ehefrau Maria Luise E r k e l e n z geb. Werner aus Köln-Ossendorf, geboren am 2. Januar 1896 in Köln-Kalk,
zur Zeit in dieser Sache in Haft,
wegen Wehrkraftzersetzung,
hat der Volksgerichtshof, 1. Senat, auf die am 9. Oktober 1944 eingegangene Anklage des Herrn Oberreichsanwalts in der Hauptverhandlung vom 4. November 1944, an welcher teilgenommen haben
als Richter:
Präsident des Volksgerichtshofs Dr. Freisler, Vorsitzer,
Landgerichtsdirektor Dr. Schlemann,
-Brigadeführer Generalleutnant der Waffen-SS Tscharmann,
Gauamtsleiter Bredow,
SA-Brigadeführer Hauer,
als Vertreter des Oberreichsanwalts:
Erster Staatsanwalt Dr. Bruchhaus,
für Recht erkannt:

Frau Luise E r k e l e n z hat nach einem Fliegeralarm am 21. Juli einer Hausnachbarin gesagt,
es wäre besser, wenn der Führer "mit weg wäre", dann wäre der Krieg und das ganze Elend vorbei.

Dafür bekommt sie vier Jahre Zuchthaus. Vier weitere Jahre ist sie ehrlos.

Ihre Haft wird ihr ganz auf ihre Strafe angerechnet.

Es lag durchaus in der Macht der Nazijuristen, milder zu entscheiden – wenn sie das wollten.

Begl. Abschrift.
4 J 29 / 43 g
3 L 42 / 43

Jm Namen des Deutschen Volkes

Jn der Strafsache gegen

1.) den Arbeiter Karl G r a f , geboren am 19. Mai 1906 in Bad Reichenhall, zuletzt in Solingen - Wald wohnhaft gewesen,

2.) den Arbeiter Anton K r i n g s , geboren am 5. April 1895 in Broich bei Aachen, zuletzt in Solingen-Merscheid wohnhaft gewesen,

beide zur Zeit in dieser Sache in gerichtlicher Untersuchungshaft,

wegen Landesverrats

hat der Volksgerichtshof, 3. Senat, auf Grund der Hauptverhandlung vom 16. Juli 1943, an welcher teilgenommen haben

als Richter :

Volksgerichtsrat Dr. Greulich, Vorsitzer,
Kammergerichtsrat Dr. Zippel,
NSKK-Obergruppenführer Offermann,
Generalmajor Dr. Grobholz,
Bereichsleiter Fischer,

als Vertreter des Oberreichsanwalts

Amtsgerichtsrat Treppens,

für Recht erkannt :

Die Angeklagten haben im Jahre 1942 französischen Kriegsgefangenen Fluchthilfe geleistet. Sie werden deshalb wegen verbotenen Umganges mit Kriegsgefangenen zu je zehn Jahren Zuchthaus und zum Verlust der bürgerlichen Ehrenrechte auf die gleiche Dauer verurteilt.

Auf die erkannte Freiheitsstrafe werden ihnen je fünf Monate der erlittenen Untersuchungshaft angerechnet.

Sie tragen die Kosten des Verfahrens.

(4)
9 J 213/43g
4 L 16/44

Eingegangen am 23. III. 44
[signature]

IM NAMEN

DES DEUTSCHEN VOLKES!

In der Strafsache

gegen den Hilfsarbeiter Michael H o f m e i s t e r, geboren am 29. Juni 1885 in Unterpfraundorf, Landkreis Parsberg, zuletzt wohnhaft gewesen in Dietldorf,

zur Zeit in dieser Sache in gerichtlicher Untersuchungshaft

wegen

Feindbegünstigung,

hat der Volksgerichtshof, 4. Senat, auf Grund der Hauptverhandlung vom 22. März 1944, an welcher teilgenommen haben

als Richter:

Volksgerichtsrat Müller, Vorsitzer,
Landgerichtsdirektor Heider,
Generalmajor Stutzer,
Generalarbeitsführer Müller,
Reichsrichter Dr. Ilz,

als Vertreter des Oberreichsanwalts

Landgerichtsrat Dr. H a g e r

für Recht erkannt:

Der Angeklagte hat unter Missbrauch seiner Stellung als Arbeiter einer Heeresstandortverwaltung ~~einem~~ einem britischen Kriegsgefangenen zur Flucht verholfen. Er wird wegen Feindbegünstigung zum T o d e und zum Verlust der Ehrenrechte verurteilt.

1 L 177/44
5a J 123/44

IM NAMEN DES DEUTSCHEN VOLKES !

In der Strafsache gegen
den Landwirt und Fabrikbesitzer Carl K l i n g s p o r aus Siegen, geboren am 7. Januar 189o daselbst,
zur Zeit in dieser Sache in Haft,
wegen Wehrkraftzersetzung,
hat der Volksgerichtshof, 1.Senat, auf die am 3.Juni 1944 eingegangene Anklage des Oberreichsanwalts vom 25. Mai 1944, in der Hauptverhandlung vom 3o. Juni 1944, an welcher teilgenommen haben

als Richter:

Präsident des Volksgerichtshofs Dr.Freisler,
Vorsitzer,
Kammergerichtsrat Dr. Reimers,
NSKK-Brigadeführer Heinsius,
Generalarbeitsführer von Mangold,
Ortsgruppenleiter Friedrich,

als Vertreter des Oberreichsanwalts:

Staatsanwalt Klitzke,

für Recht erkannt:

Carl K l i n g s p o r hat im schweren ersten Winter des Krieges gegen die Bolschewisten mehreren Volksgenossen gesagt,

der Krieg sei verloren,

und wenn man uns sage, wir kämpfen gegen die Plutokraten -die Berliner Regierung seien die größten Plutokraten,
die Milliarden möchte er haben, die der Führer im Ausland habe.

Und Anfang des vierten Kriegsjahres äußerte er,

der Krieg sei verloren, wir hätten ja keine Waffen, und wie der Führer nur die Feldmarschälle absetzen könne,er sei ja geisteskrank.

Dadurch hat Klingspor mitten in unserem Schicksalskampf unser Vertrauen zu unerem Führer uhd unseren Glauben in die Kraft unserer Wehr angegriffen.

So ist er für immer ehrlos geworden. Er wird deswegen mit dem

T o d e

bestraft.

Carl Klingspor gehörte zu den wenigen, die dank besonderer Umstände überlebten. Neun Monate war er in einer der Zellen für Todeskandidaten, bis ihn die Sowjetarmee im April 1945 befreite.

2 H 225 / 44

10 J 314 / 44.

Jm Namen

des Deutschen Volkes

Jn der Strafsache gegen

die Lehrerin Elisabeth K l i ß aus Lemberg, geboren am 11.Juni 1909 in Königshütte O/S.,

zur Zeit in dieser Sache in gerichtlicher Untersuchungshaft,

wegen Vorbereitung zum Hochverrat usw.

hat der Volksgerichtshof, 2.Senat, auf Grund der Hauptverhandlung vom 9. Januar 1945, an welcher teilgenommen haben

als Richter :

Volksgerichtsrat Diescher, Vorsitzer,

Oberlandesgerichtsrat Dr. Großpietsch,

SA-Brigadeführer Hauer,

SS-Brigadeführer Tscharmann,

Generalleutnant Cabanis,

als Vertreter des Oberreichsanwalts :

Landgerichtsrat Dr. Bach,

für Recht erkannt :

Die Angeklagte hat als Strafgefangene in verschiedenen Strafanstalten in den Jahren 1943 und 1944 staatsfeindliche Aeußerungen kommunistischer Prägung zu ihren Mithäftlingen getan und dadurch unsere Wehrkraft zersetzt. Sie wird deshalb

zum T o d e

und dauernden Ehrverlust verurteilt.

Sie trägt die Kosten des Verfahrens.

Abschrift.
1 L 323/44
3 J 889/44

IM NAMEN DES DEUTSCHEN VOLKES !

In der Strafsache gegen
den Brauereibesitzer und Universitätsdozenten Dr. Rudolf K r i s s
aus Unterau bei Berchtesgaden, geboren am 5. März 1903 daselbst,
zur Zeit in dieser Sache in Haft,
wegen Wehrkraftzersetzung,
hat der Volksgerichtshof, 1. Senat, auf die am 12. September 1944 eingegangene Anklage des Herrn Oberreichsanwalts in der Hauptverhandlung vom 25. September 1944, an welcher teilgenommen haben

als Richter:

Präsident des Volksgerichtshofs Dr. Freisler, Vorsitzer,
Kammergerichtsrat Dr. Reimers,
SS-Brigadeführer Generalmajor der Waffen-SS Tscharmann,
SA-Brigadeführer Hauer,
NSKK-Obergruppenführer Offermann,

als Vertreter des Oberreichsanwalts:

Erster Staatsanwalt Dr. Busch,

für Recht erkannt:

Rudolf K r i ß hat im fünften Kriegsjahr einem Volksgenossen gesagt,

wir hätten 1933 den Reichstag angezündet,
der Nationalsozialismus lasse Persönlichkeiten nicht gelten und erziehe Lügner,
jeder anständige Mensch könne den Zusammenbruch eines solchen Systems nur gutheißen;
wir hätten den Krieg angefangen;
dies Wirken des Nationalsozialismus werde immer nur Blut und Elend nach sich ziehen.

Er zählt sich zu den Hochgebildeten und ist Betriebsführer und Eigentümer eines großen Werkes. Er hätte deshalb in besonderem Maße die Pflicht zu vorbildlicher Haltung.
Und doch griff er derartig unsere Kraft zu mannhafter Wehr in unserem Lebenskampf an.

Dadurch ist er für immer ehrlos geworden.
Er wird mit dem T o d e bestraft.
Sein Vermögen verfällt dem Reich.

3 L 338/ 44

5 J 812/ 44

IM NAMEN DES DEUTSCHEN VOLKES !

In der Strafsache gegen
den Lagerarbeiter August L i n d n e r aus Landshut , dort geboren am 30. November 1905, zur Zeit in dieser Sache in gerichtlicher Untersuchungshaft,

wegen Wehrkraftzersetzung

hat der Volksgerichtshof , 3. Senat , auf Grund der Hauptverhandlung vom 27. Juli 1944 , an welcher teilgenommen haben

als Richter :

Kammergerichtsrat Dr. Makart , Vorsitzer,
Landgerichtsdirektor Storbeck ,
Generalarbeitsführer Müller,
SA-Brigadeführer Zöberlein ,
Staatssekretär Köglmaier,

als Vertreter des Oberreichsanwalts :

Erster Staatsanwalt Jager

für Recht erkannt :

August Lindner hat im fünften Kriegsjahr seinem bei der Waffen-ᛋᛋ stehenden Stiefsohn einen üblen defaitistischen Brief geschrieben .

Er wird daher zum Tode und zum dauernden Ehrverlust verurteilt

---

Die Richtigkeit der vorstehenden Abschrift wird beglaubigt und die Vollstreckbarkeit des Urteils bescheinigt .

Berlin , den 31. Juli 1944.

Regierungsinspektor
als Urkundsbeamter der Geschäftsstelle.

Dieses Urteil wandelte der Reichsjustizminister in eine Zuchthausstrafe von zehn Jahren um.

gl. Abschrift .

429/42
14/42

Jm Namen des Deutschen Volkes

In der Strafsache gegen
den Reichsbahnbediensteten Johann P ö t t l e r aus Salzburg-Itzlingen, geboren am 30. Januar 1910 in Radstadt, Verwaltungsbezirk Markt-Pongau,
zur Zeit in dieser Sache in gerichtlicher Untersuchungshaft,
wegen Vorbereitung zum Hochverrat,
hat der Volksgerichtshof, 6. Senat, auf Grund der Hauptverhandlung vom 15. Dezember 1942, an welcher teilgenommen haben

als Richter:
Volksgerichtsrat Hartmann, Vorsitzer,
Landgerichtsdirektor Dr. Lorenz,
SA-Brigadeführer Hauer,
SA-Obergruppenführer Heß,
Kreisleiter Reinecke,
als Vertreter des Oberreichsanwalts:
Staatsanwalt A l t e r ,
als Urkundsbeamter der Geschäftsstelle:
Justizsekretär S c h r e i b e r,

für Recht erkannt:

Der Angeklagte hat sich als kommunistischer Zellenkassierer betätigt.

Er wird daher wegen Vorbereitung zum Hochverrat zum T o d e und zum Verlust der bürgerlichen Ehrenrechte auf Lebenszeit verurteilt.

Der Angeklagte hat die Kosten des Verfahrens zu tragen.

Von Rechts wegen,

8 J 319/42 g
2 H 64/43

Jm Namen des Deutschen Volkes

In der Strafsache gegen
den Pastor der evangelisch-lutherischen Kirche in Lübeck Karl Friedrich S t e l l b r i n k aus Lübeck, geboren am 28.Oktober 1894 in Münster, zur Zeit in dieser Sache in gerichtlicher Untersuchungshaft ,

wegen Vorbereitung zum Hochverrat u.a.

hat der Volksgerichtshof , 2. Senat, auf Grund der Hauptverhandlung vom 23. Juni 1943, an welcher teilgenommen haben

als Richter :

Vizepräsident des Volksgerichtshofs Dr. Crohne,
Vorsitzer,
Landgerichtsdirektor Preußner,
SA-Brigadeführer Hauer,
Gaugerichtsvorsitzender Kapeller,
Kreisamtsleiter Diestel ,

als Vertreter des Oberreichsanwalts :

Erster Staatsanwalt Dr. Drullmann ,

für Recht erkannt :

I. Der Angeklagte wird wegen Zersetzung der Wehrkraft in Verbindung mit landesverräterischer Feindbegünstigung und Rundfunkverbrechens zum Tode verurteilt .
Die bürgerlichen Ehrenrechte werden ihm auf Lebenszeit aberkannt.

II. Der Angeklagte trägt die Kosten des Verfahrens .
Der sichergestellte Rundfunkempfänger wird eingezogen .

1 L 92/44
4 J 116/44

Jm Namen des Deutschen Volkes!

Jn der Strafsache gegen
den Lokomotivheizer Karl Daniel Franz Adolf Wildies
aus Jnsterburg, geboren am 23. November 1894 in Kruschinnen,
zur Zeit in dieser Sache in Haft,
wegen Wehrkraftzersetzung,
hat der Volksgerichtshof, 1. Senat, auf die am 31. März 1944 eingegangene Anklage des Oberreichsanwalts vom 9. März 1944, in der Hauptverhandlung vom 6. Juni 1944, an welcher teilgenommen haben
als Richter :
Oberlandesgerichtsrat Dr. Jllner, Vorsitzer,
Landgerichtsdirektor Dr. Schlemann,
SA-Brigadeführer Hauer,
Vizeadmiral z.V. von Heimburg,
Ministerialdirigent Dr. Linden,
als Vertreter des Oberreichsanwalts :
Erster Staatsanwalt Jaager,
für Recht erkannt :

Der Angeklagte Adolf Wildies hat im 4. Kriegsjahr in Gesprächen mit Bauersfrauen und anderen Volksgenossen angekündigt, daß wir in Bälde bezw. in 4 Monaten den Krieg verloren hätten. Hierdurch hat er als Defaitist Feindpropaganda betrieben. Für immer ehrlos wird er zum

Tode

verurteilt.

Die Richtigkeit der vorstehenden Abschrift wird beglaubigt und die Vollstreckbarkeit des Urteils bescheinigt.
Berlin, am 6. Juni 1944

Amtsrat

den
Herrn Oberreichsanwalt
beim Volksgerichtshof
5 beglaubigten
5 einfachen Abschriften

III.

So sah das „Recht“ aus

Reichsgesetzblatt

Teil I

1935	Ausgegeben zu Berlin, den 5. Juli 1935	Nr. 70

Gesetz zur Änderung des Strafgesetzbuchs.

Vom 28. Juni 1935.

Die Reichsregierung hat das folgende Gesetz beschlossen, das hiermit verkündet wird:

Artikel 1

Rechtsschöpfung durch entsprechende Anwendung der Strafgesetze

Die §§ 2 und 2a des Strafgesetzbuchs erhalten folgende Fassung:

§ 2

Bestraft wird, wer eine Tat begeht, die das Gesetz für strafbar erklärt oder die nach dem Grundgedanken eines Strafgesetzes und nach gesundem Volksempfinden Bestrafung verdient. Findet auf die Tat kein bestimmtes Strafgesetz unmittelbar Anwendung, so wird die Tat nach dem Gesetz bestraft, dessen Grundgedanke auf sie am besten zutrifft.

Auszug

Mit der nebenstehenden VO wurde der bis 1945 bestehende Ausnahmezustand verkündet.

83

Reichsgesetzblatt

Teil I

1933	Ausgegeben zu Berlin, den 28. Februar 1933	Nr. 17

Verordnung des Reichspräsidenten zum Schutz von Volk und Staat. Vom 28. Februar 1933.

Auf Grund des Artikels 48 Abs. 2 der Reichsverfassung wird zur Abwehr kommunistischer staatsgefährdender Gewaltakte folgendes verordnet:

§ 1

Die Artikel 114, 115, 117, 118, 123, 124 und 153 der Verfassung des Deutschen Reichs werden bis auf weiteres außer Kraft gesetzt. Es sind daher Beschränkungen der persönlichen Freiheit, des Rechts der freien Meinungsäußerung, einschließlich der Pressefreiheit, des Vereins- und Versammlungsrechts, Eingriffe in das Brief-, Post-, Telegraphen- und Fernsprechgeheimnis, Anordnungen von Haussuchungen und von Beschlagnahmen sowie Beschränkungen des Eigentums auch außerhalb der sonst hierfür bestimmten gesetzlichen Grenzen zulässig.

§ 2

Werden in einem Lande die zur Wiederherstellung der öffentlichen Sicherheit und Ordnung nötigen Maßnahmen nicht getroffen, so kann die Reichsregierung insoweit die Befugnisse der obersten Landesbehörde vorübergehend wahrnehmen.

§ 3

Die Behörden der Länder und Gemeinden (Gemeindeverbände) haben den auf Grund des § 2 erlassenen Anordnungen der Reichsregierung im Rahmen ihrer Zuständigkeit Folge zu leisten.

§ 4

Wer den von den obersten Landesbehörden oder den ihnen nachgeordneten Behörden zur Durchführung dieser Verordnung erlassenen Anordnungen oder den von der Reichsregierung gemäß § 2 erlassenen Anordnungen zuwiderhandelt oder wer zu solcher Zuwiderhandlung auffordert oder anreizt, wird, soweit nicht die Tat nach anderen Vorschriften mit einer schwereren Strafe bedroht ist, mit Gefängnis nicht unter einem Monat oder mit Geldstrafe von 150 bis zu 15 000 Reichsmark bestraft.

Wer durch Zuwiderhandlung nach Abs. 1 eine gemeine Gefahr für Menschenleben herbeiführt, wird mit Zuchthaus, bei mildernden Umständen mit Gefängnis nicht unter sechs Monaten und, wenn die Zuwiderhandlung den Tod eines Menschen verursacht, mit dem Tode, bei mildernden Umständen mit Zuchthaus nicht unter zwei Jahren bestraft. Daneben kann auf Vermögenseinziehung erkannt werden.

Wer zu einer gemeingefährlichen Zuwiderhandlung (Abs. 2) auffordert oder anreizt, wird mit Zuchthaus, bei mildernden Umständen mit Gefängnis nicht unter drei Monaten bestraft.

§ 5

Mit dem Tode sind die Verbrechen zu bestrafen, die das Strafgesetzbuch in den §§ 81 (Hochverrat), 229 (Giftbeibringung), 307 (Brandstiftung), 311 (Explosion), 312 (Überschwemmung), 315 Abs. 2 (Beschädigung von Eisenbahnanlagen), 324 (gemeingefährliche Vergiftung) mit lebenslangem Zuchthaus bedroht.

Mit dem Tode oder, soweit nicht bisher eine schwerere Strafe angedroht ist, mit lebenslangem Zuchthaus oder mit Zuchthaus bis zu 15 Jahren wird bestraft:

1. Wer es unternimmt, den Reichspräsidenten oder ein Mitglied oder einen Kommissar der Reichsregierung oder einer Landesregierung zu töten oder wer zu einer solchen Tötung auffordert, sich erbietet, ein solches Erbieten annimmt oder eine solche Tötung mit einem anderen verabredet;
2. wer in den Fällen des § 115 Abs. 2 des Strafgesetzbuchs (schwerer Aufruhr) oder des § 125 Abs. 2 des Strafgesetzbuchs (schwerer Landfriedensbruch) die Tat mit Waffen oder in bewußtem und gewolltem Zusammenwirken mit einem Bewaffneten begeht;
3. wer eine Freiheitsberaubung (§ 239) des Strafgesetzbuchs in der Absicht begeht, sich des der Freiheit Beraubten als Geisel im politischen Kampfe zu bedienen.

§ 6

Diese Verordnung tritt mit dem Tage der Verkündung in Kraft.

Berlin, den 28. Februar 1933.

Der Reichspräsident
von Hindenburg

Der Reichskanzler
Adolf Hitler

Der Reichsminister des Innern
Frick

Der Reichsminister der Justiz
Dr. Gürtner

Verordnung über die Strafrechtspflege gegen Polen und Juden in den eingegliederten Ostgebieten.

Vom 4. Dezember 1941.

Der Ministerrat für die Reichsverteidigung verordnet mit Gesetzeskraft:

1. Sachliches Strafrecht

I.

(1) Polen und Juden haben sich in den eingegliederten Ostgebieten entsprechend den deutschen Gesetzen und den für sie ergangenen Anordnungen der deutschen Behörden zu verhalten. Sie haben alles zu unterlassen, was der Hoheit des Deutschen Reiches und dem Ansehen des deutschen Volkes abträglich ist.

(2) Sie werden mit dem Tode bestraft, wenn sie gegen einen Deutschen wegen seiner Zugehörigkeit zum deutschen Volkstum eine Gewalttat begehen.

(3) Sie werden mit dem Tode, in minder schweren Fällen mit Freiheitsstrafe bestraft, wenn sie durch gehässige oder hetzerische Betätigung eine deutschfeindliche Gesinnung bekunden, insbesondere deutschfeindliche Äußerungen machen oder öffentliche Anschläge deutscher Behörden oder Dienststellen abreißen oder beschädigen, oder wenn sie durch ihr sonstiges Verhalten das Ansehen oder das Wohl des Deutschen Reiches oder des deutschen Volkes herabsetzen oder schädigen.

(4) Sie werden mit dem Tode, in minder schweren Fällen mit Freiheitsstrafe bestraft,

1. wenn sie gegen einen Angehörigen der deutschen Wehrmacht oder ihres Gefolges, der deutschen Polizei einschließlich ihrer Hilfskräfte, des Reichsarbeitsdienstes, einer deutschen Behörde oder einer Dienststelle oder Gliederung der NSDAP eine Gewalttat begehen;
2. wenn sie Einrichtungen der deutschen Behörden oder Dienststellen oder Sachen, die deren Arbeit oder dem öffentlichen Nutzen dienen, vorsätzlich beschädigen;
3. wenn sie zum Ungehorsam gegen eine von den deutschen Behörden erlassene Verordnung oder Anordnung auffordern oder anreizen;
4. wenn sie die Begehung einer nach Abs. 2, 3 und 4 Nrn. 1 bis 3 strafbaren Handlung verabreden, in eine ernsthafte Verhandlung darüber eintreten, sich zu ihrer Begehung erbieten oder ein solches Anerbieten annehmen oder wenn sie von einer solchen Tat oder ihrem Vorhaben zu einer Zeit, zu der die Gefahr noch abgewendet werden kann, glaubhafte Kenntnis erhalten und es unterlassen, der Behörde oder dem Bedrohten rechtzeitig Anzeige zu erstatten;
5. wenn sie im unerlaubten Besitz einer Schußwaffe, einer Handgranate, einer Hieb- oder Stoßwaffe, von Sprengmitteln, Munition oder sonstigem Kriegsgerät betroffen werden oder wenn sie glaubhafte Kenntnis davon erhalten, daß ein Pole oder Jude sich im unerlaubten Besitz eines solchen Gegenstands befindet, und es unterlassen, der Behörde unverzüglich Anzeige zu erstatten.

II.

Polen und Juden werden auch bestraft, wenn sie gegen die deutschen Strafgesetze verstoßen oder eine Tat begehen, die gemäß dem Grundgedanken eines deutschen Strafgesetzes nach den in den eingegliederten Ostgebieten bestehenden Staatsnotwendigkeiten Strafe verdient.

III.

(1) Als Strafen werden gegen Polen und Juden Freiheitsstrafe, Geldstrafe oder Vermögenseinziehung verhängt. Freiheitsstrafe ist Straflager von drei Monaten bis zu zehn Jahren. In schweren Fällen ist Freiheitsstrafe verschärftes Straflager von zwei bis zu fünfzehn Jahren.

(2) Auf Todesstrafe wird erkannt, wo das Gesetz sie androht. Auch da, wo das Gesetz Todesstrafe nicht vorsieht, wird sie verhängt, wenn die Tat von besonders niedriger Gesinnung zeugt oder aus anderen Gründen besonders schwer ist; in diesen Fällen ist Todesstrafe auch gegen jugendliche Schwerverbrecher zulässig.

(3) Die in einem deutschen Strafgesetz bestimmte Mindestdauer einer Strafe und eine zwingend vorgeschriebene Strafe dürfen nicht unterschritten werden, es sei denn, daß sich die Straftat ausschließlich gegen das eigene Volkstum des Täters richtet.

(4) An Stelle einer nicht beitreibbaren Geldstrafe tritt Straflager von einer Woche bis zu einem Jahr.

2. Strafverfahren

IV.

Der Staatsanwalt verfolgt Straftaten von Polen und Juden, deren Ahndung er im öffentlichen Interesse für geboten hält.

V.

(1) Abgeurteilt werden Polen und Juden von dem Sondergericht oder dem Amtsrichter.

(2) Der Staatsanwalt kann die Anklage in allen Sachen vor dem Sondergericht erheben. Er kann die Anklage vor dem Amtsrichter erheben, wenn keine schwerere Strafe als fünf Jahre Straflager oder drei Jahre verschärftes Straflager zu erwarten ist.

(3) Die Zuständigkeit des Volksgerichtshofs bleibt unberührt.

VI.

(1) Jedes Urteil ist sofort vollstreckbar; jedoch kann der Staatsanwalt gegen Urteile des Amtsrichters Berufung an das Oberlandesgericht einlegen. Die Berufungsfrist beträgt zwei Wochen.

(2) Auch das Beschwerderecht steht allein dem Staatsanwalt zu; über die Beschwerde entscheidet das Oberlandesgericht.

VII.

Polen und Juden können deutsche Richter nicht als befangen ablehnen.

VIII.

(1) Verhaftung und vorläufige Festnahme sind stets zulässig, wenn dringender Tatverdacht vorliegt.

(2) Im Vorverfahren kann auch der Staatsanwalt die Verhaftung und die sonst zulässigen Zwangsmittel anordnen.

IX.

Polen und Juden werden im Strafverfahren als Zeugen nicht beeidigt; auf eine unwahre uneidliche Aussage vor Gericht finden die Vorschriften über Meineid und Falscheid sinngemäß Anwendung.

X.

(1) Die Wiederaufnahme des Verfahrens kann nur der Staatsanwalt beantragen. Über Anträge auf Wiederaufnahme des Verfahrens gegen ein Urteil des Sondergerichts entscheidet dieses.

(2) Die Nichtigkeitsbeschwerde steht dem Generalstaatsanwalt zu; über sie entscheidet das Oberlandesgericht.

XI.

Polen und Juden können weder Privatklage noch Nebenklage erheben.

XII.

Gericht und Staatsanwalt gestalten das Verfahren auf der Grundlage des deutschen Strafverfahrensrechts nach pflichtgemäßem Ermessen. Sie können von Vorschriften des Gerichtsverfassungsgesetzes und des Reichsstrafverfahrensrechts abweichen, wo dies zur schnellen und nachdrücklichen Durchführung des Verfahrens zweckmäßig ist.

3. Standgerichtliches Verfahren

XIII.

(1) Der Reichsstatthalter (Oberpräsident) kann in den eingegliederten Ostgebieten mit Zustimmung des Reichsministers des Innern und des Reichsministers der Justiz für seinen Verwaltungsbereich oder einzelne Teile davon anordnen, daß Polen und Juden wegen schwerer Ausschreitungen gegen Deutsche sowie wegen anderer Straftaten, die das deutsche Aufbauwerk ernstlich gefährden, bis auf weiteres von Standgerichten abgeurteilt werden können.

(2) Als Strafe wird von den Standgerichten die Todesstrafe verhängt. Die Standgerichte können auch von Strafe absehen und statt dessen die Überweisung an die Geheime Staatspolizei aussprechen.

(3) Das Nähere über die Besetzung der Standgerichte und ihr Verfahren regelt der Reichsstatthalter (Oberpräsident) mit Zustimmung des Reichsministers des Innern.

4. Ausdehnung des Geltungsbereichs

XIV.

(1) Die Vorschriften der Ziffern I bis IV dieser Verordnung gelten auch für Polen und Juden, die am 1. September 1939 im Gebiet des ehemaligen polnischen Staates ihren Wohnsitz oder ständigen Aufenthalt gehabt und die Straftat in einem anderen Gebiet des Deutschen Reiches als in den eingegliederten Ostgebieten begangen haben.

(2) Örtlich zuständig ist auch das Gericht des damaligen Wohnsitzes oder Aufenthaltsorts; für dieses gelten auch die Vorschriften der Ziffern V bis XII.

(3) Abs. 1 und 2 gelten nicht für Straftaten, die von den Gerichten des Generalgouvernements abgeurteilt werden.

5. Schlußvorschriften

XV.

Polen im Sinne der Verordnung sind Schutzangehörige und Staatenlose polnischen Volkstums.

XVI.

Artikel II der Verordnung über die Einführung des deutschen Strafrechts in den eingegliederten Ostgebieten vom 6. Juni 1940 (Reichsgesetzbl. I S. 844) findet auf Polen und Juden keine Anwendung mehr.

XVII.

Der Reichsminister der Justiz wird ermächtigt, im Einvernehmen mit dem Reichsminister des Innern die zur Durchführung und Ergänzung dieser Verordnung erforderlichen Rechts- und Verwaltungsbestimmungen zu erlassen und Zweifelsfragen im Verwaltungswege zu entscheiden.

XVIII.

Die Verordnung tritt am vierzehnten Tage nach ihrer Verkündung in Kraft.

Berlin, den 4. Dezember 1941.

Der Vorsitzende
des Ministerrats für die Reichsverteidigung
Göring
Reichsmarschall

Der Generalbevollmächtigte für die Reichsverwaltung
Frick

Der Reichsminister und Chef der Reichskanzlei
Dr. Lammers

Abschrift aus 443 - 2.8, 9 und 10. 125/89

Polenvollzugsordnung

AV. d. RJM. v. 7.1.1942 (9170 Ost/2 - II.a [2] 35).

- Deutsche Justiz S.35 -

Freiheitsstrafen gegen Verurteilte, die dem Polenstrafrecht unterstehen, werden von der Justizverwaltung wie folgt vollzogen:

1. Der Vollzug erfolgt in Stammlagern und deren Außenstellen, vollständig getrennt vom Vollzug von Freiheitsstrafen an Deutschen und überhaupt an Verurteilten, die dem Polen- und Judenstrafrecht nicht unterstehen.

2. Verantwortlich für die Vollstreckung ist der Oberstaatsanwalt, der für das Gericht des ersten Rechtszuges zuständig ist. Der Amtsrichter, der das Urteil fällt, trifft die erforderlichen vorläufigen Maßnahmen.

Verantwortlich für den Vollzug ist der Leiter des Stammlagers, in dessen Bereich die Strafe vollzogen wird. Inm gegenüber trägt die Verantwortung für den Vollzug in der Außenstelle der Leiter der Außenstell

3. Die Stammlager bestimme ich. Die Außenstellen bestimmt der Generalstaatsanwalt.

Auch die Außenstellen müssen eine sichere Verwahrung gewährleisten.

Die Verlegung von Gefangenen in Außenstellen und zurück ist Sache des Vollzugsleiters. Er muß sich persönlich über den Vollzug in jeder seiner Außenstellen fortlaufend an Ort und Stelle genau unterrichten.

Die Gefangenen können in gemeinsamer Haft gehalten werden, wenn nicht Gründe der Sicherheit, Zucht und Ordnung und der Gesundheit das verbieten.

4. Der Vollzug wird außer durch die Freiheitsentziehung durch unbedingte Disziplin und durch gemeinnützige Arbeit gekennzeichnet. Die Arbeit soll das deutsche Aufbauwerk im Osten fördern.

Die Arbeit muß die Leistungsfähigkeit des Strafgefangenen voll in Anspruch nehmen. Regelmäßig dauert die Arbeit eine Stunde länger als im Zuchthaus.

Gesundheit und Arbeitsfähigkeit des Gefangenen müssen erhalten werden.

Arbeitsbelohnung gibt es nicht.

5. An Hausstrafen stehen dem Vollzugsleiter zur Verfügung:

Hartes Lager bis zu vier Wochen,

Beschränkung der Kost auf Wasser und Brot einen Tag um den andern bis zu zwei Wochen,

Herrn GStA Lücke strenger.

strenger Arrest von einer Woche bis zu zwei Wochen,

Verschärfung des Straflagers von einem Monat bis zu sechs Monaten.

Im strengen Arrest wird der Arrestraum mit Ausnahme der Mahlzeiten und der Reinigung verdunkelt. In die Strafzeit wird der Arrest nicht eingerechnet.

Gegen einen Gefangenen, der durch Hausstrafe nicht zur Disziplin gebracht werden kann, wird Bestrafung nach dem Polenstrafrecht beantragt. Wer eine schwere Hausstrafe erhält, soll hierauf und auf die Möglichkeit, daß dann nach dem Gesetz auch Todesstrafe verhängt werden kann, hingewiesen werden.

6. Im verschärften Straflager soll besonders schwere Arbeit geleistet werden.

Auch kann die Arbeitszeit um eine weitere Stunde verlängert werden.

Ein Sonntag im Monat wird als strenger Tag vollzogen. An ihm gibt es hartes Lager und nur Wasser und Brot.

Der Generalstaatsanwalt kann den Vollzug an einem Strafgefangenen, der sich hervorragend führt, in einfaches Straflager umwandeln.

7. Polen und Juden, die zu Zuchthaus oder zu Gefängnis verurteilt sind, jetzt aber unter das Polenstrafrecht fallen würden, werden in den Straflagervollzug übergeführt. Die Strafe wird als einfaches Straflager und in Fällen, die der Vollstreckungsleiter als schwere bezeichnet, als verschärftes Straflager vollzogen. Fälle, in denen auf Zuchthaus von drei Jahren oder mehr oder auf Sicherungsverwahrung erkannt ist, werden in aller Regel als schwere Fälle angesehen.

Abschrift aus 4200 e - 2.59. 318

Nr.298. Bestrafung Jugendlicher im Polenstrafrecht.
AV. d. RJM. v. 23.7.1942 (4000 Ost - III.a 2 1520).
- Deutsche Justiz S.510 -

Auf Grund der Ziffer XVII der Verordnung über die Strafrechtspflege gegen Polen und Juden in den eingegliederten Ostgebieten vom 4.12.1941, RGBl.I S.759, bestimme ich zur Behebung von Zweifelsfragen:

1. Ziff.III der Polenstrafrechtsverordnung enthält eine ausschließliche und erschöpfende Regelung auch für die Bestrafung Jugendlicher. Das Jugendgerichtsgesetz findet auf Polen und Juden, die der Polenstrafrechtsverordnung unterliegen, keine Anwendung. Wo das deutsche Gesetz Todesstrafe androht, ist sie auch gegen jugendliche Polen und Juden zu verhängen. Wo das deutsche Gesetz Todesstrafe nicht vorsieht, ist sie nach Ziff.III gegen jugendliche Polen und Juden dann zulässig, wenn der Täter nach Art und Ausführung der Tat und nach seiner Persönlichkeit als Schwerverbrecher anzusehen ist.

Für die Verordnung zum Schutz gegen jugendliche Schwerverbrecher vom 4.10.1939, RGBl.I S.2000, ist im Rahmen des Polenstrafrechts kein Raum; sie kann auch nicht zur Auslegung des in Ziff. III Abs.2 der Polenstrafrechtsverordnung gebrauchten Begriffs "jugendliche Schwerverbrecher" herangezogen werden.

Die im Jugendgerichtsgesetz enthaltene Schuldfähigkeitsgrenze von 14 Jahren stellt einen allgemeinen Grundsatz des deutschen Strafrechts dar, der auch im Polenstrafrecht Gültigkeit hat.

2. Die in Ziff.III der Polenstrafrechtsverordnung genannten Strafarten können auch nebeneinander verhängt werden.

- - - - - -

Vfg.

1.) Je eine Abschrift vorstehender AV. erhalten die Abteilungsleiter, Sachbearbeiter und Leiter der Abteilungen der Geschäftsstelle.

2.) bis 3.) .....

Berlin, den 6. August 1942
Der Oberreichsanwalt beim Volksgerichtshof
gez. L a u t z .

- - - - -

Herrn EStA. Lanke

PERSONENREGISTER

Die Namen jener Angehörigen des Volksgerichtshofs, die ausschließlich in den alphabetischen Listen von Seite 157 bis 167 genannt sind, wurden hier nicht berücksichtigt.

H

I

J

K

L

Lebenslänglich für NS-Verbrecher
Der Fall Schmidt
Horst Busse, Udo Krause
1989, 108 Seiten, zahlreiche Abbildungen und Dokumente, Broschur, ISBN 3-89085-364-1, 19,80 DM
(Lizenzausgabe des Bandes »Lebenslänglich für den Gestapokommissar«, Staatsverlag der DDR)

Mit dem erschütternden Report wird den unter Mitwirkung des Naziverbrechers Schmidt ermordeten Menschen jüdischer Herkunft ein würdiges und bleibendes Denkmal gesetzt.
Siegmund Rotstein, Präsident des Verbandes der Jüdischen Gemeinden der DDR

Der Prozeß gegen den Leiter des Judenreferats bei der Dresdner Gestapo, SS-Obersturmführer Henry Schmidt, vor dem Bezirksgericht Dresden vom 15. bis 28. September 1987:

Der Staatsanwalt Horst Busse, der im Prozeß gegen den ehemaligen Gestapokommissar SS-Obersturmführer Henry Schmidt die Anklage vertrat, und der Rundfunkjournalist und Jurist Udo Krause, der für den DDR-Rundfunk über diesen Prozeß berichtete, schildern an Hand der Prozeßakten Werdegang und »Karriere« des Peinigers der Dresdner Juden. Erschütternde Aussagen der wenigen überlebenden Zeugen und Dokumente über den Leidensweg der Juden, über die unzähligen Terrormaßnahmen gegen sie beweisen das Ausmaß der Schuld des Angeklagten und die Unmenschlichkeit des nationalsozialistischen Systems, dem er willig diente. Es wird darüber hinaus dargestellt, wie es gelang, Schmidt nach so vielen Jahren ausfindig zu machen und seiner Schuld zu überführen.

Autoren: *Horst Busse* ist Staatsanwalt beim Generalstaatsanwalt der DDR. Der Jurist und Rechtspublizist *Udo Krause*, Rundfunkjournalist seit 1949, berichtete über die wichtigsten NS-Prozesse in der Bundesrepublik Deutschland und der Deutschen Demokratischen Republik.

InteressentInnen: Alle an der Geschichte des Dritten Reiches und ihrer Aufarbeitung Interessierte, LehrerInnen, HistorikerInnen, JuristInnen, SchülerInnen und StudentInnen.

Berichte aus der Justiz des Dritten Reiches

Die Lageberichte der Oberlandesgerichtspräsidenten von 1940-45 unter vergleichender Heranziehung der Lageberichte der Generalstaatsanwälte

Hans Michelberger

Reihe Geschichtswissenschaft, Band 16, 556 Seiten,
Broschur, ISBN 3-89085-358-7, 48,- DM

»Die Rolle der Justiz im Dritten Reich« - ein hochinteressantes und viel beschriebenes, gleichwohl immer noch klärungsbedürftiges Thema, das nicht nur die Juristen angeht.
In diesem Buch kommen hochgestellte Vertreter der damaligen Justiz selbst zu Wort: Der Verfasser hat hier die im Bundesarchiv befindlichen, bislang weitgehend unveröffentlichten »Lageberichte« der Oberlandesgerichtspräsidenten und der Generalstaatsanwälte aus den Jahren 1940 bis 1945 aufbereitet, in denen diese auf insgesamt etwa 6.000 Seiten »die Lage in ihren Bezirken« auf Grund eigener Beobachtungen - als »politische Wetterberichte« schildern.
Die Analyse des Verfassers gliedert sich in zwei Hauptteile: einen statistisch-quellenkundlichen Teil zu den einzelnen OLG-Bezirken mit ihren Besonderheiten sowie einen systematischen Teil mit der Beschreibung der »Gemeinsamen Themenbereiche der Lageberichte« und einer systematisierenden Gegenüberstellung zahlreicher Äußerungen der verschiedenen Berichterstatter unterschiedlicher politischer Einstellung. So entsteht u.a. zur »Beeinträchtigung der Unabhängigkeit der Rechtspflege«, zum »Verhältnis der Justiz zur Polizei« oder zum »Selbstverständnis der Justiz« ein vielgestaltiges, nuancenreiches Bild »der« Justiz im Dritten Reich, aus dem jeder Leser anhand der zahlreichen Quellenzitate kritisch seine Schlüsse ziehen kann.

Autor: *Dr. Hans Michelberger* studierte Rechtswissenschaft und ist als Syndikusanwalt tätig.

InteressentInnen: HistorikerInnen, JuristInnen, alle sonstigen an der Geschichte des Dritten Reiches Interessierte.

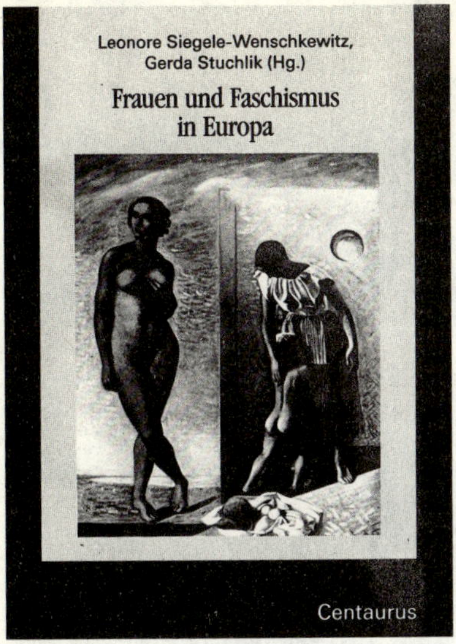

Frauen und Faschismus in Europa
Der faschistische Körper
Leonore Siegele-Wenschkewitz, Gerda Stuchlik (Hg.)
Band 6, 1989, ca. 240 Seiten, zahlreiche Abbildungen, Broschur
ISBN 3-89085-254-8, 38,- DM
(bereits angekündigt)

Auf dem Zweiten Internationalen Symposium *Frauen und Faschismus in Europa* befaßten sich Forscherinnen unterschiedlicher Disziplinen und Nationalität mit dem Frausein im Dritten Reich des nationalsozialistischen Deutschlands, im faschistischen Italien und unter Franco in Spanien. Für das faschistische Verständnis »der Frau« ist es charakteristisch, daß Frauen primär über ihren Körper wahrgenommen werden, daß Frausein auf Körperlichkeit reduziert wird. Erst im Faschismus aber ist der Frauenkörper zum »Schlachtfeld« geworden, aus dem der neue »Volkskörper« hervorgehen sollte.
Eingangs skizziert *Annette Kuhn* die theoretischen Grundlagen der nationalsozialistischen Frauen- und Rassenpolitik, während *Margarethe Mitscherlich-Nielsen* auf die Bedeutung der geschlechtsspezifischen Werte eingeht. Vergleichende Untersuchungen faschistischer Frauenpolitik, insbesondere der praktischen Geburtenpolitik im faschistischen Italien, Spanien und Deutschland schließen sich an.
Die Darstellung der Frau und des Frauenkörpers in der deutschen Malerei, der plastischen Kunst, in der Literatur, in Filmen und der Mode untersuchen die Beiträge des dritten Abschnitts.
Über den rein historischen Zugang hinausgehend wird abschließend die Frage nach Kontinuitäten bzw. Diskontinuitäten einer faschistischen Politik der Auslese und Ausmerze nach 1945 bis hin zu aktuellen Gegenwartsproblemen im Bereich der Gen- und Reproduktionstechnologie untersucht. Denn auch in der modernen Reproduktionstechnologie geht es um den Körper der Frau und ihre Gebärfähigkeit.

Herausgeberinnen: *Leonore Siegele-Wenschkewitz* ist Pfarrerin und Studienleiterin an der Evangelischen Akademie Arnoldshain sowie Lehrbeauftragte für Kirchengeschichte an der Universität Frankfurt. *Gerda Stuchlik* ist Wissenschaftliche Mitarbeiterin an der Universität Frankfurt.

InteressentInnen: HistorikerInnen, SozialwissenschaftlerInnen, PädagogInnen, StudentInnen in diesen Schwerpunkten, an Frauenforschung Interessierte, Frauen mit historischem und politischem Interesse an der Frauenbewegung.